东北亚研究丛书
山东大学东北亚学院资助出版

货币权力、估值效应与美国对外负债的可持续性研究

孙志强　著

山东大学出版社
SHANDONG UNIVERSITY PRESS
·济南·

图书在版编目(CIP)数据

货币权力、估值效应与美国对外负债的可持续性研究/孙志强著.—济南:山东大学出版社,2023.11
ISBN 978-7-5607-7916-4

Ⅰ.①货… Ⅱ.①孙… Ⅲ.①国际债务—可持续性发展—研究—美国 Ⅳ.①F837.12

中国国家版本馆 CIP 数据核字(2023)第 176169 号

责任编辑 李艳玲
文案编辑 谭婧婺
封面设计 王秋忆

货币权力、估值效应与美国对外负债的可持续性研究
HUOBI QUANLI, GUZHI XIAOYING YU MEIGUO DUIWAI FUZHAI DE KECHIXUXING YANJIU

出版发行 山东大学出版社
社　　址 山东省济南市山大南路 20 号
邮政编码 250100
发行热线 (0531)88363008
经　　销 新华书店
印　　刷 济南新科印务有限公司
规　　格 720 毫米×1000 毫米 1/16
　　　　 18.25 印张 313 千字
版　　次 2023 年 11 月第 1 版
印　　次 2023 年 11 月第 1 次印刷
定　　价 71.00 元

总 序

东北亚作为一个地缘区域，包括中国、日本、朝鲜、韩国、俄罗斯、蒙古国六个国家。东北亚国家之间有着天然的链接与利益的紧密联系，在长期的历史相处与交往中，形成了独具特色的“东北亚情结”“东北亚文化”与“东北亚认同”。

历史上，中国与朝鲜半岛国家和日本曾“书同文”，结成了“汉字文化圈”，思想文化交流基础深厚，建立起了以中国为中心的地区秩序。

近代，东北亚经历了综合实力对比的变换、关系和秩序格局的翻转，其中，最重大的转变是作为中心国家的中国衰落，日本崛起，走向了帝国扩张道路，占领了朝鲜半岛，侵略中国，与俄国争夺地区霸权，原有的地区秩序崩塌。

现代，东北亚地区关系与格局历经了重大的转换。第二次世界大战中，中苏美结成反法西斯同盟，日本战败并被美国占领。战后，苏美反目，发生冷战对抗，中国发生内战，新中国诞生并与苏联结盟，蒙古国加入苏联阵营，日本成为美国的盟国，朝鲜半岛一分为二，韩国成为美国的盟国，朝鲜加入苏联阵营，由此，东北亚陷入以冷战为背景的对抗格局。值得提及的是，二战后，由于美国直接介入东北亚事务，并且在日韩有驻军，在关系与利益界定上，东北亚中的美国因素变得非常重要。因此，论及东北亚，不能不提美国。

这种格局自20世纪60年代初开始发生变化。中苏关系发生裂变，进而成为敌对国家，中美建交并共同对抗苏联，中日实现邦交正常化，而朝鲜半岛的分裂与对抗延续。冷战结束，东北亚地区关系与格局发生了新的变化。中俄实现了关系正常化并进一步确立了战略协作伙伴关系，中韩实现关系正常化，而朝鲜半岛出现新的对抗，特别是朝鲜发展核武器使得地区安全关系复杂化，中国的迅速崛起，不仅使得中美关系发生转变，也对东北亚地区的综合关系产生影响。引人注目的是，作为冷战产物的朝鲜半岛分裂格局并没有因为冷战结束而发生转变，而2018年开启的美朝对话、南北和解，虽然带来求解的希望，但能否为半岛带来真正的和平、东北亚地区能否构建基于长久和平的新机制，还有待观察。在当今世界上，像东北亚这样充满大变数的地区为数不多。

在发展上，东北亚是一个创造奇迹的地区。二战以后，日本经济快速恢复，在不长时间内跃升为世界第二大经济体，韩国实现经济起飞，进入发达经济体行列，中国实施改革开放政策，经济实现腾飞，超越日本成为世界第二大经济体。而被安全同盟体系分割的中、日、韩三国，以开放的市场为平台，发展起了紧密的经济联系，并且建立了三国合作机制。事实上，东北亚地区的联系与合作发展起了多层次、多形式的机制，有官方的也有民间的，有大区的也有次区的，有经济的也有社会文化的，等等。

从教学与研究角度看，东北亚既是国别，也是区域，具有区域与国别的综合性和交叉性。区域与国别教学和研究本应是一个独立的学科，因为任何单一的学科都不能说清楚区域的问题、国别的问题以及区域与国别交叉的问题。区域与国别教学和研究，一则需要探究作为合体的区域综合性问题，二则需要探究作为单一的国家特殊性问题，因此，区域与国别二者既相互联系，又各有不同。从本源上说，国别是研究的基础，国别研究内容“包罗万象”，有经济、政治、社会、语言、文化，也有地理、资源、人口、科技等。区域作为国别存在的地缘和利益依托，涉及国家间的关系、区域秩序与治理。在当今时代，区域链接越来越紧密，所涉及的领域也越来越广泛。尽管东北亚没有建立起像欧盟那样的区域组织，但是发展和提升具有东北亚特色的区域机制与区域治理，具有越来越重要的现实意义，也越来越具紧迫性。

当然，东北亚不是一个封闭的地区，而一个是具有很强开放性与外向性的地区，这显著地表现在各国的对外关系、安全机制、经济关系的构建上，在许多方面，区域内的联系甚至弱于区域外的联系。比如，在安全领域，至今没有一个区域性的机制；再如，在经济领域，自贸区构建的重点在域外，区内贸易、投资比重低于区外比重；在区域观方面，公众与政治家的认同感基础并不牢固。因此，国别性是东北亚地区的凸显特征。

2017年，山东大学决定在威海校区建立东北亚学院。东北亚学院集教学与研究于一体，具备多学科配置，拥有从学士、硕士到博士学位的授权，被确立为新兴交叉学科发展的试点单位。我们编撰这套“东北亚研究丛书”就是为了推动作为新兴交叉学科构建的东北亚教学与研究体系，也是为了让人们能够从不同领域、不同视角更深入地了解东北亚。

张蕴岭

中国社会科学院学部委员

山东大学讲席教授

山东大学东北亚学院战略咨询委员会主任

序　言

我从事美国研究已有三十多年，开始是研究美国历史，后来转向美国对外政策和中美关系的研究。在教学和研究工作中，自己一直关注美国国家权力的变化，但注意力更多的是集中于美国经济、军事和科技方面的实力。虽然自己曾意识到美国金融货币权力对于维护其全球霸权的重要性，但囿于自己学科背景和知识结构，无力去从事相关的研究。值得欣幸的是，多年前自己指导的博士研究生孙志强有志于对美国金融货币权力进行研究。他对美国金融权力研究的兴趣和信心源于其跨学科的教育背景和自己持之以恒的毅力，他的博士学位论文《货币权力、估值效应与美国对外负债的可持续性研究》几经修改、不断完善，最终得以成为专著出版，我感到十分欣喜。

一个好的学术研究，首先是应该提出一个好的研究问题。美国于1989年从净债权国转变为净债务国，随后其对外债务规模不断扩大。如果是其他国家，对外债务的扩大无疑会引起其经济的外部失衡，进而导致经济的衰退，然而美国经济却并未表现出可能受到外界冲击的脆弱性，而是仍然保持良好运行。美国作为净债务国，却能在对外投资中获得稳定正收益，这相当于世界其他国家借钱给美国，还要向美国支付利息。虽然美国对外负债规模持续扩张，其经济表现却优于其他发达国家，而新兴市场国家在同样条件下却频频爆发金融危机，甚至产生连锁反应传染给周边国家。为什么会是这样呢？从经验的角度，这些都是值得破解的谜题。基于经验观察，在阅读大量相关研究成果的基础上，本书从货币权力视角提出了研究的核心问题：美国何以能够持续维系高水平对外负债。

一个好的学术研究，还应该选择适当的研究方法，并运用该研究方法提供充分支持论证观点的事实证据。本书选择了比较分析、定量分析和案例分析的研究方法。通过比较分析考察美国对外负债的历史演进，该书阐述了对外负债在美国不同历史阶段的动态表现，并通过具体事例论述了美国在债权国债务国角色之间转换的原因和意义。通过对比分析拉美债务危机、东南亚金融危机、次贷危机的爆发原因、冲击效果、应对措施等，该书解析了美国对外负债与其之间的关联影响。而且，通过比较分析英美两国在不同时期作为金融霸权国所施行的对外经济战略的差异性以及英镑和美元作为国际货币所扮演的不同角色，本书廓清了美国作为债务帝国的独特性。本书的定量分析主要针对美国对外负债的调节机制以及可持续性问题，通过合理地使用数据和数据模型，论述了美元汇率总体倾向于贬值以获得正估值收益以及资产价格变动对估值效应的影响程度等。案例定性分析主要针对货币权力的本质属性、美国对外负债的基本特点、国际货币体系的演变规律、全球经济失衡的具体表现，将难以量化的概念转化为可用事实及案例加以检验的命题，并对原有命题进行适当修正和补充。

能够达到以上两点要求的博士论文，就可以算得上优秀的博士论文了。作为学术研究专著，能做到这样，也算得上是上乘之作了。当然，书中难免存在一些瑕疵，我想读者在阅读过程中自然会有各自的判断和评论。

志强取得博士学位已有五年，在高校学术工作岗位上仍然孜孜以求，潜心学术研究，并不断取得新的学术研究成果，令人欣慰和高兴。《货币权力、估值效应与美国对外负债的可持续性研究》一书付梓，是志强学术历程中的一个新起点，希望他能够继续取得新成果，也希望听到他更多更好的消息。

韩召颖

2023 年 10 月 1 日于南开园

前言

美国对外负债能体现美国的融资能力和国家信用，兼有经济属性和政治属性。布雷顿森林体系解体后，国际货币体系进入事实上的美元本位制时期。20世纪80年代以来，美国经常账户逆差不断累积，金融密集度急剧攀升，对外负债规模持续扩张，逐渐形成金融市场导向的债务依赖型经济体，并于1989年从净债权国转变为净债务国。美国对外负债能否持续对世界经济均衡发展和平稳运行具有重要意义。

美国对外负债的基础在于其拥有国际货币权力。一国外部失衡问题是高度政治化的，权力关系在其中发挥核心作用。货币权力的本质源于货币发行国的自治权及影响力，而货币权力在宏观层面的关键在于谁承担调整支付成本。美元本位制下，美国能够延期支付持续性调整成本以及转嫁规避转型性调整成本。对于延迟调整成本能力，最重要的是一国外部信贷获取和外汇储备存量所代表的流动性状况。对于转移调整成本能力，其实质就是将成本转嫁到其他国家，强迫其替代承担调整成本。美国还可以通过国际货币主导权达到重塑国际货币体系参与者的社会身份和经济利益的目的。

美国对外负债的支撑力量源于美元本位制、金融霸权以及联邦政府和美联储的政策支持。美元本位制是美国对外负债的制度基础，其内含一种债务本位的逻辑。从货币权力衍生出的金融霸权，使美国可将自身意志强制性地在全球金融体系内推行，并通过金融制裁等方式获取外交收益。联邦政府通过主导金融秩序、构建金融制度、转移金融风险等手段强化美国对外负债。美联储则通过流动性供给、汇率调整、利率操控等策略支持美国对外负债。

美国对外负债的调节机制是估值效应渠道。估值效应可视为货币权力的代理变量，其能平滑美国经常账户赤字，放松经济外部约束，并有效地配置资源。汇率变动和资产价格变动是影响估值效应的两大因素。美国对外资产主要以外币计价，而对外负债基本以本币计价，所以美元汇率总体倾向于贬值以获得正估值收益。金融市场发展程度、金融交易的信息不对称、资产价格传导机制决定了资产价格变动对估值效应的影响程度。估值效应还是美国对外资产收益率和对外负债回报率之间存在长期系统性差异的主要原因。对外资产收益率高于对外负债回报率，使美国作为净债务国，却能在对外投资中持续获得正收益，保持净国际投资头寸相对平稳。

美国对外负债具有一定可持续性。美国对外资产以高风险、高收益的对外直接投资和股权类资产为主，对外负债以安全性高、流动性强的债务类资产为主，美国国债更被视为全球资金的避险投资标的。"金融暗物质说"也支持美国对外负债具有可持续性。作为技术知识、金融保险、美元流动性的净提供者，美国向外大量输出"金融暗物质"，因此表面上的外部失衡并不代表真实的债务水平。特朗普上台后，通过税收改革、贸易保护、加强基建投入、放松金融监管等政策，刺激美国经济增长并缓解对外负债。虽然美国外部失衡愈演愈烈，但尚未有信号表明美国对外负债已处于崩溃的"临界状态"。

美国是国际货币体系的"轴心"，依靠对外负债维持经济运行。美国的经常账户逆差以及金融账户顺差，提供美元的长期加速度增长，国内宽松的信贷政策和投资储蓄的不平衡，造成了全球流动性失衡。大规模持续对外负债还引起美国虚拟经济膨胀，经济泡沫产生，促使全球金融危机频发。作为世界前两大经济体，中美两国金融发展具有显著差异性，导致中美经济关系失衡，体现为相互依存关系的非对称性。在美国债务式经济运行框架塑造的国际货币体系中，中国应积极推进人民币国际化，有效配置对外资产，促进外汇储备保值增值，有建设性地参与完善全球金融治理，以达到重构全球货币秩序的目的。

孙志强

2023 年 5 月

目 录

导 论 …… 1
第一节 研究问题及意义 …… 1
第二节 文献综述 …… 9
第三节 基本概念与结构安排 …… 26
第四节 研究方法 …… 31
第五节 创新与不足 …… 33
第一章 美国对外负债的历史演进 …… 36
第一节 从建国到成为世界最大债务国 …… 36
第二节 最大债务国向最大债权国转变 …… 38
第三节 最大债权国地位不断衰落 …… 43
第四节 再次沦为世界最大债务国 …… 48
第二章 美国对外负债的权力基础 …… 51
第一节 货币权力表现特点 …… 51
第二节 延迟调整成本能力 …… 63
第三节 转移调整成本能力 …… 81
第三章 美国对外负债的支撑力量 …… 101
第一节 美元本位的制度基础 …… 101
第二节 金融霸权的维系作用 …… 114

第三节 联邦政府的强化手段 …… 126
第四节 美联储的政策支持 …… 133

第四章 美国对外负债的调节机制 …… 140

第一节 估值效应调整渠道 …… 140
第二节 汇率变动对估值效应的影响 …… 145
第三节 价格变动对估值效应的影响 …… 159
第四节 收益率差对估值效应的影响 …… 172
第五节 估值效应存在性检验 …… 184
第六节 估值效应波动性检验 …… 191

第五章 美国对外负债的可持续性 …… 199

第一节 债务资产的基本特征 …… 199
第二节 衡量指标及其他解释 …… 205
第三节 特朗普政府的政策调整 …… 215
第四节 对外负债崩溃的"临界状态" …… 218

第六章 美国对外负债的影响后果 …… 221

第一节 对外负债造成全球流动性失衡 …… 221
第二节 对外负债引发全球金融危机 …… 229
第三节 对外负债导致中美经济失衡 …… 241
第四节 中国人民币国际化应对策略 …… 250

结 论 …… 257

附 录 …… 259

附录 A 估值效应计算模型推导 …… 259
附录 B 金融加权汇率指数推导 …… 265

参考文献 …… 268

导论

本书是关于美国对外负债可持续性的专题与实证研究，以货币权力为核心自变量，以估值效应为货币权力的代理变量，并关注其调整美国对外负债的运行机理。本书不仅考察了美国对外负债的历史和现实根源，还采用定性分析与定量分析相结合的方式，阐释美国对外负债的内在逻辑与调节渠道，同时也分析了美国对外负债未来发展的趋势。本书还采用对比分析的方式，研究美元本位制、美国金融霸权以及全球经济失衡等相关问题，进而从更深层次的理论视角揭示美国债务式经济运行模式的本质特征。另外，本书也为我国应对不合理的国际货币体系、有效配置对外资产、促进外汇储备保值增值等方面提供了借鉴意义。导论部分作为本书的开篇，主要明确了研究问题及研究意义，对相关文献进行了系统梳理，并重点介绍了与本书相关的概念、方法、创新点以及不足之处等。

第一节 研究问题及意义

20 世纪 80 年代以来，全球各国经济与技术相互依存关系不断发展，以金融、贸易及对外投资等形式存在的市场力量，开始跨越国界限制，脱离政治控制，将各国紧密结合。[①] 伴随全球金融一体化，国际货币体系开始呈现许多新特点：固定汇率制转变为浮动汇率制，资本流动方向发生逆转，大量资本由新兴市场经济体流出，涌入发达经济体金融市场。借款国与贷款国、美国与世界其他国家的调整机制愈发不平衡，突出表现为美国经常账户逆

---

① Robert L. Heilbroner, *The Nature and Logic of Capitalism*, New York: W.W. Norton & Company, 1985, pp.94-95.

差不断累积，金融密集度[①]逐步上升，对外负债规模持续扩张，逐渐形成金融市场导向的债务依赖型经济体。美国对外负债对国际货币体系发展以及世界经济平稳运行均具有重要意义。

一、研究问题

布雷顿森林体系解体后，国际货币体系进入美元本位制时代。美国于1989年从净债权国转变为净债务国，其他各国普遍担心美国经济将因外部失衡而陷入衰退。实际上，美国经济却保持良好运行，并未表现出可能受到外界冲击的脆弱性。全球“美元环流”由布雷顿森林体系时期的经常账户顺差、金融账户逆差转换为美元本位制时期的经常账户逆差、金融账户顺差。美国经常账户逆差虽逐年积累，但净国际投资头寸保持相对平稳，其绝对值小于经常账户逆差累积值。同时，美国作为净债务国，却能在对外投资中获得稳定正收益，相当于世界其他国家借钱给美国，却还要向美国支付利息。这些与逻辑相悖的现象可以归结为美国对外的“头寸之谜”(the position puzzle)和“收入之谜”(the income puzzle)。虽然对外负债规模持续扩张，美国的经济表现却优于其他发达国家，而新兴市场国家在同样条件下却频频爆发金融危机，甚至产生连锁反应传导给周边国家。这些谜题的产生根源于美国拥有国际货币权力。

国际货币权力是一种关系属性(relational property)，体现为一国的行为变化受到该国与他国之间货币关系的影响。[②] 调整国际收支平衡是货币权力的中心议题。货币权力的实施途径既可通过宏观层面的国家，也可通过微观层面的非国家行为体。一国外部调整是高度政治化的，权力关系在其中发挥了核心作用。[③] 货币权力宏观层面的关键在于谁承担调整支付成本。由于调整成本并不同质，有些成本是持续性的，有些成本是转型性的，所以货币权力的组成包括两部分：调整的持续性成本(continuing costs)[④]的延期支付能力和将调整的转型性成本(transitional costs)[⑤]转嫁他国的能

---

① 由阿代尔·特纳(Adair Turner)提出的概念，是指金融市场中金融创新、金融工具、市场完善及金融交易活动等的发展程度。

② David M. Andrews, “Monetary Power and Monetary Statecraft”, in David M. Andrews ed., *International Monetary Power*, New York: Cornell University Press, 2006, p.8.

③ 参见[美]大卫·M.安德鲁:《国际货币权力》，黄薇译，社会科学文献出版社2016年版，第9页。

④ 持续性成本的定义为所有的改变都发生后达到新的收支平衡所需要的成本。

⑤ 转型性成本的定义为发生变化所需要付出的成本本身。

力,即延迟性权力和转移的权力。[①]

美国拥有国际货币权力,得以缓解外部失衡调整压力并转移调整负担。这也是美国作为世界最大债务国,却依然可以成为国际货币体系"轴心",享有"过度特权"(exorbitant privilege),并为其他国家提供贸易激励、金融激励、安全激励的重要原因。由货币权力衍生出的美元本位制及金融霸权,是美国对外负债的制度基础及强化力量。在考虑美国对外负债调节时,本书将估值效应作为货币权力的代理变量。传统经济学分析仅考虑经常账户失衡,但美国外部失衡调整除了贸易渠道,还存在估值效应渠道。贸易渠道通常承担主要作用,估值效应渠道起辅助作用,并通过汇率变动及资产价格变动对美国外部失衡进行动态调整。

本书研究的核心问题是:从货币权力视角探析美国何以持续维系高水平对外负债。研究重点在于美国对外负债的支撑力量以及调整渠道。美元本位制、金融霸权、联邦政府及美联储的政策维系是美国对外负债的支撑力量。估值效应能部分抵消经常账户逆差,并减少外部金融约束,是美国对外负债的重要调整渠道。基于以上原因,美国对外负债具有一定可持续性,也是美国的必然选择。本书逻辑结构如图 0-1 所示。

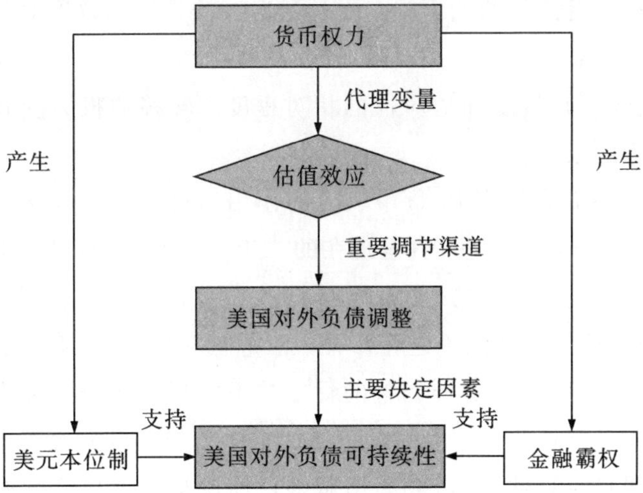

图 0-1　本书逻辑结构

---

① Benjamin J. Cohen, "The Macrofoundations of Monetary Power", in David M. Andrews ed., *International Monetary Power*, Ithaca: Cornell University Press, 2006, pp.49-50.

二、研究意义

1752 年，大卫·休谟(David Hume)提出“价格-铸币流动”机制，外部调整就成为国际政治经济研究领域的经典问题。布雷顿森林体系解体后，外部调整研究主要包含两大主题：一是关于美国经常账户逆差的原因、机制和后果，二是关于全球经济失衡的原因、机制和后果。这两大主题均与美国对外负债规模持续扩张直接相关。对外负债能体现一国的融资能力和国家信用，兼有经济属性和政治属性，是国家间金融关系的一个关键点。美国对外负债是影响全球金融体系稳定与发展的重要因素。

美国对外负债的基础源于美国拥有国际货币权力。货币权力的宏观基础具有双重属性。本杰明·科恩(Benjamin J. Cohen)指出，货币权力在宏观层面上通过两只“手”发挥作用：延迟性权力(旨在规避调整的延迟性成本的权力)和转移的权力(旨在规避调整的转型性成本的权力)。对于延迟性权力而言，最重要的是一国外汇储备和外部信贷获取能力所代表的国际流动性状况。相对于其他国家，一国能处置的流动性水平越高，则该国对自身收支平衡进行延迟调整的能力就越强。延迟性权力受到政府对外汇储备的偏好和国外提供借款意愿的限制。转移的权力依赖于经济基本面结构变量，包括国民经济开放度和适应性的相对程度。转移的权力受到经济体基本特性及能力的限制。①

在美国对外负债调节中，货币权力的作用通过估值效应来体现。对估值效应的研究始于 20 世纪末直至现在的二十多年的时间，且大部分结论产生于次贷危机之前。之后的研究多侧重于次贷危机本身对美国外部失衡的影响，以及对之前的主要结论进行修补。后危机时代，美国对外负债绝对总额仍在持续增大，但美国对外调整的程度并不剧烈。从净国际投资头寸自身变动以及对外资产收益率与对外负债回报率差异角度研究美国外部调整成为新的着眼点。总体来看，对美国对外负债调整和可持续性的关注视角从最初的国际贸易，到资本流动，再到估值效应，研究侧重点从贸易渠道逐步转向金融渠道。

---

① 参见[美]大卫·M.安德鲁：《国际货币权力》，第 50—61 页。

(一)理论意义

第一,本书集中于从货币权力视角研究美国对外负债问题。货币权力是国家主权标志之一,创造自身国内货币的能力是主权国家的重要金融特质。货币权力是一个复合概念,不仅与国际收支失衡紧密相关,还能构建或改变各方参与者的利益和身份。苏珊·斯特兰奇(Susan Strange)曾指出,权力是解释全球经济特点和动态的核心要素。国际金融体系已发展成为“疯狂的赌场”(mad casino),市场超越国家,使权威丧失导致权力真空。但科恩反对这一观点,他指出尽管国际金融体系陷入混乱,但管理错误并不等于权力真空。[①] 科恩认为,权力除了拥有施加影响或强制其他行为体服从的能力外,还意味着不让他者影响自身的能力,即独立行动,免于外界压力干扰,转移他者影响力的能力,科恩称之为“自治权”。影响力(influence)和自治权(autonomy)是权力的两个截然不同的尺度,前者是外在尺度(external dimension),后者是内在尺度(internal dimension)。这两个尺度都是基于社会关系的概念,并且都能通过其行为来直接观察。由于世界各国必然会因国际收支平衡联系在一起,因此在所有的经济关系中,自治权的重要性突出表现在货币问题上。收支失衡引致的不可持续风险一直都是保持政策独立的威胁。收支失衡过度会自动产生需要调整的共同压力,以帮助国际收支回归到均衡状态。无论从政治角度还是经济角度分析,调整均需付出巨大代价。[②]

本书尝试基于货币权力的概念来解释美国对外负债的调整与可持续性,突破仅从经济学考察的狭窄视角。收支失衡必然是相关国家共同经历的,一国的赤字必然是另一国的盈余,然而调整成本却并非遵循这一逻辑。当其他条件不变时,一国有充足动机去规避调整成本,以最大化自治权。一国规避调整成本的能力越强,意味着该国的货币权力越大。当今国际金融体系中,国际货币权力呈现明显非对称性和非公平性的特点,美国拥有国际货币主导权,能有效地规避支付并向外辐射调整成本。

第二,本书聚焦于美国对外负债调节中的估值效应渠道。布雷顿森林

① Benjamin J. Cohen, “Money, Power, Authority”, in Randall Germain ed., *Susan Strange and the Future of Global Political Economy*, Routledge, 2016, pp.113-121.

② 参见[美]大卫·M.安德鲁:《国际货币权力》,第37—41页。

体系解体后，伴随全球金融一体化，少数国家经常账户差额不断扩大并长期持续，造成巨额资本跨境流动，债权债务头寸在失衡国过度累积，国际货币体系的自调整机制难以对此进行“修复”。很多学者对传统上仅将经常账户流量累积作为衡量一国对外净资产的唯一标准提出质疑。国际资本大规模流动以及各国对外资产负债表的持续扩张使得汇率或资产价格小幅波动就会引起一国总财富价值的显著变化。因此计算一国对外净资产时，除了考虑经常账户，还需衡量估值效应的作用。对于估值效应的研究方式，通常是对发达国家及新兴市场国家进行动态面板数据分析。研究主题包括估值效应的结构、规模、测算方式、传导机制、波动性质等。汇率变动、资产价格变动、币种选择与配置、资产负债间收益率差，都与估值效应有直接关系。其中，汇率与资产价格变动的影响具有短期效应，资产结构与规模的影响具有长期效应。估值效应波动性意味着财富通过估值效应渠道在不同国家之间转移，估值效应传导性则意味着估值效应是不同国家的宏观经济政策或经济冲击的传导通道。

本书认为，估值效应是货币权力在解释美国对外负债调整中的有效代理变量。估值效应能平滑美国经常账户赤字，是短期外部失衡调整的重要渠道，但长期调整仍需依赖经常账户。经常账户下的贸易渠道是主渠道，估值效应渠道是调节渠道，即“流量调节为主，存量调节为辅”。虽然美国经常账户逆差在中短期内可以依靠估值效应弥补，但最终仍需未来的经常账户盈余进行偿还。对美国对外资产、负债、净头寸特点的归纳分析，对估值效应的结构、规模、计算的整理阐释及存在性、波动性、预测性的模型研究，为美国对外负债策略提供了理论依据及实证支持，并为后续深入研究提供基础。

第三，本书侧重探讨美国对外负债的可持续性问题。货币权力的内在基础、美元本位的制度支持、金融霸权的维系作用、政府政策的强化手段、估值效应的调整机理，使美国对外负债具有一定可持续性。在新自由主义经济学理论的推动下，金融资本跨越国界，在世界体系中逐渐占据主导地位。金融全球化重塑了货币权力的本质和货币外交的实践，货币体系同时成为国际政治冲突的“舞台”。美元本位制使美国逐步演化为一个金融化国家，金融属性在各种关系中占据统治地位。金融霸权还促使美国将自身意志强制性地在全球金融体系内推行。美国国债已成为全球交易中的担保品和安全港,并决定了美元资产定价权。除了考察 G-L 指数、债务率、对外净负债率等几个指标外,本书还总结了关于美国对外负债可持续性的“金融暗物质”理论。特朗普上台后所推行的税收改革、贸易保护、基建投入、放松监管等经济政策,也缓解了美国的外部失衡状况。对外负债规模的持续扩张反映了美国经济战略是以美国高层次需求可以无限增长的假设为基础,其他国家不得不参与到以美元本位制为基础的国际货币秩序的建构中,塑造着自身乃至国内私人行为体的利益观,也为美元的未来发展创设利益相关者。[①] 美国对外负债使全球化市场成为美国转移外部失衡调整成本的“优良导体”。

(二)现实意义

第一,本书有利于揭示现行国际货币体系中的美元本位制实质。功能完善的货币体系,是国际经济极其重要的环节。它会促进贸易发展、对外投资和全球相互依存关系的增强,效率和稳定是其核心要素。货币体系健全是世界经济繁荣的前提条件,而货币体系崩溃则是世界经济衰退的决定因素。美元本位制的主要特点表现为美元既是官方外汇储备中最主要的货币,也是初级商品贸易中占支配性的标价货币。无论是银行间进行国际收支清算,还是政府为了稳定汇率干预市场,美元都是最重要的货币。美元币值的相对稳定以及美国拥有开放且深广的金融市场,这些特点吸引了全球的私人及官方投资者,使美国成为全球最大的安全性资产供给者。伴随全球金融一体化,美元逐步从资产货币向债务货币转化,推动了资本的全球环流,并促使美国虚拟经济膨胀。[②]

第二,本书有助于解释美国的金融比较优势和全球经济失衡现象。当今国际金融体系中,美国是世界货币中心、国际分工中心、全球消费中心,具有金融比较优势,具体体现为金融体系的成熟度、金融市场的先进性、金融制度的创新性、金融活动的稳定性、资金配置的高效性。美国决定了全球产业分工体系、贸易格局、金融运行规则,支配全球经济资源并影响世界经济周期。美国经常账户或金融账户的大规模调整,都会引起世界经济格局的

---

① 参见[美]乔纳森·科什纳:《金融危机后的美国权力》,江涛、白云真译,上海人民出版社 2017 年版,第 161 页。

② 参见韩召颖、孙志强:《美国对外资产负债扩张下的国际借贷格局》,《新金融》2017 年第 11 期。

显著变化。

美国不仅拥有全球最具广度和深度的金融市场，消除了交易壁垒、促进了交易流动性和对资产价值的合理预测，还拥有大量短期或长期的投资工具以及完善的金融管理制度，得以控制国际信贷和全球资本流动。有限的宪政政府，美联储的独立性，优待债权人的法律架构，主导建立全球支付清算体系等使美国成为世界经济的“火车头”。① 当发生全球金融危机时，美国具备化解危机的能力，往往成为“最后贷款人”和“避险天堂”，为其他国家提供流动性。比如次贷危机后，美国不仅没有面临资本逃逸和美元贬值的困境，全球资本反而纷纷涌入美国避险，这现象佐证了上述论点。

美国大量举债对应于固定收益资产、货币和债券的极速扩张。其中，美国国债对于全球经济稳定具有重要意义。国债是一种有偿性的财政收入形式，而美国国债是全球资金的避险投资标的，通常被视为“零风险”金融资产。国债总额中，超过一半被外国投资者所持有。这也从侧面反映了其他国家对美国国家信用的肯定。美元资产定价权也以美国国债为基础，长期国债的流动性和安全性使其等同于现金的替代物。美国巨大的经济体量和占绝对优势的金融实力，使得其对外负债规模持续扩张，造成全球经济失衡程度进一步加大，如果美国对外负债问题恶化，世界经济也必将面临剧烈振荡。

第三，本书对人民币国际化的实现路径提供借鉴。20 世纪 90 年代以来，利用出口导向战略，中国积累了巨额外汇储备并大量购买美国国债，压低了美国国债利息率和美国资本市场上的借款利率。美国企业在美国资本市场低成本融资，反过来再到中国市场上进行高收益投资，借助“美元环流”，使中国经济增长的收益“循环”到美国经济体系之中。② 这充分反映了美国扮演的“金融中介”角色。由于中国国内金融市场不健全，不得不借助美国的金融市场，将储蓄有效转化为投资，而美国获得的超额收益相当于“中介租金”。美国对外负债式经济运行框架能否持续，也关系到中国在美金融资产的安全性。

美国拥有“过度特权”，源于美元是国际货币金字塔上的“顶端货币”。一国货币“势力范围”越大，其在金字塔上的位置就越高。虽然中国近三十

---

① Eric Helleiner, “Political Determinants of International Currencies: What Future for the US Dollar?” *Review of International Political Economy*, Vol.13, No.3, 2008, pp.354-378.

② 参见丁一凡、钮文新：《美元霸权》，四川人民出版社 2014 年版，第 212—213 页。

年来持续保持经常账户盈余，但由于处于非对称的国际货币体系中，净国际投资头寸增长速度小于经常账户盈余的累积速度，说明外部调整中存在负估值效应。从货币权力角度出发，中国需要推进人民币国际化。人民币国际化意味着对外贸易和金融交易将由人民币计价和结算，有利于中国开放资本市场以及人民币资本项目可兑换，并向持有人民币的国家收取铸币税。同时，人民币国际化还可以丰富国际流动性的供给形式，分散美元作为关键国际货币，减轻对美国金融市场的依赖，提高中国的政治影响力、国家声誉和经济自主性。鉴于中国金融市场不健全以及金融部门的脆弱性，人民币国际化必须以渐进有序的方式进行。对美国对外负债的研究将为我国应对不合理的国际货币体系、优化国际货币治理架构、有效配置对外资产、促进外汇储备保值增值等方面提供借鉴意义。

第二节 文献综述

伴随全球金融一体化，美国外部失衡情况愈演愈烈，对外负债规模逐年扩大。美元本位制下，美国拥有国际货币主导权，其对外负债影响着美国金融战略制定以及世界经济的未来发展方向。从货币权力视角分析，权力是一种关系式“财产”，国际货币权力的存在，说明一国的行为变化取决于与其他国家之间的货币关系。关于美国对外负债的研究，从政治学角度分析的文献较少，而从经济学角度出发，传统上学者通常以经常账户失衡作为研究基础，以经常账户下的贸易渠道研究美国外部调整问题。20 世纪 90 年代以来，以皮埃尔·奥利弗·古里查斯(Pierre Olivier Gourinchas)和埃莱娜·雷伊(Hélène Rey)、菲利普·R. 莱恩(Philip R.Lane)和吉安·马丽亚·米莱西·费雷蒂(Gian Maria Milesi Ferretti)、塞德里克·蒂勒(Cédric Tille)为代表的一批学者，发现估值效应渠道对美国外部失衡调整的重要意义。本书认为，估值效应可以视作货币权力的代理变量，美国通过估值效应渠道将外部调整的成本转移到他国。将调整成本的分配作为货币权力研究核心的学者包括大卫·安德鲁(David M. Andrews)、兰德尔·亨宁(Randall Henning)、乔纳森·科什纳(Jonathan Kirshner)、迈克尔·韦伯(Michael

Webb)、苏珊·斯特兰奇、本杰明·科恩等。①

为实现研究目的,本书分别对国际货币权力、美元本位制、美国外部失衡、估值效应调整四个层面的文献进行系统梳理。国际货币权力使美国可以缓解失衡调整压力,享受"过度特权",美元本位制则是美国对外负债的制度基础。美国外部失衡表现为经常账户逆差与金融账户顺差,二者均是从流量角度出发研究美国对外负债,具有外生性特征。估值效应调整则以汇率、资产价格、投资效率、收益率差等存量角度研究美国对外负债,具有内生性特征。总体上,前两个层面着眼于理论基础,研究美国对外负债的权力根源及制度基础;后两个层面侧重于宏观层次,研究美国对外负债的外在表现及调节机制。

一、国际货币权力

货币是一种以真实历史环境为基础的、不断进化的社会机制,是一种市场实践和行为方式所带来的自我增强型产品。发行货币是人类文明进步的最重要步骤之一,与驯服动物、耕种土地、利用动力的影响力相当。② 权力是迫使人服从的一种力量,无论是个人权力还是国家权力,其行使都是以强制力为后盾的。罗伯特·达尔(Robert Alan Dahl)将权力视为塑造他者行为。彼得·巴克拉克(Peter Bachrach)和莫尔顿·巴拉兹(Morton Baratz)认为达尔所说的是权力的"第一面"(one face),权力的"第二面"(second face)则通过系统创造的限制和机会来间接表达。权力的"第二面"通常表现为被动的,其最重要的不是行为体之间的相互依赖关系,而是世界经济关系的整体

---

① 参见 David M. Andrews,"Capital Mobility and State Autonomy: Toward a Structural Theory of International Monetary Relations", *International Studies Quarterly*, Vol.38, No.2, 1994, pp.193-218; C. Randall Henning,"Systemic Conflict and Regional Monetary Integration: The Case of Europe", *International Organizaion*, Vol.52, No.3, 1998, pp.537-573; Jonathan Kirshner, *Currency and Coercion: The Political Economy of International Monetary Power*, Princeton: Princeton University Press, 1995; Michael C. Webb, "Capital Mobility and the Possibilities for International Policy Coordination", *Policy Science*, Vol.27, No.4, 1994, pp.395-423;[英]苏珊·斯特兰奇:《国家与市场》,杨宇光等译,上海人民出版社 2012 年版; Benjamin J. Cohen,"The Macrofoundations of Monetary Power", in David M. Andrews ed., *International Monetary Power*, Ithaca: Cornell University Press, 2006, pp.49-50。

② E. Victor Morgan, *A History of Money*, Baltimore: Penguin, 1965, p.11.

结构。[1] 大卫·安德鲁(David M. Andrews)明确区分了货币权力与货币权术。货币权力是指一国的行为变化受到与它存在货币关系的其他国家的影响,而货币权术是指对货币关系有意识的操纵以影响其他国家的货币政策。大卫·鲍德温(David Baldwin)曾将“经济权术”定义为主要基于资源价格的影响力体现,即使得资源拥有一个根据货币确定的同时又拥有合理市场价格外表的价格水平。安德鲁认为货币权术是经济权术的子类,指的是操控国家间货币关系的影响力体现。[2]

关于权力分类及衡量尺度有不同的判断标准。苏珊·斯特兰奇认为政治经济中使用的权力包括联系性权力和结构性权力。联系性权力是甲靠权力使乙做他本来不愿意做的事情,而结构性权力是决定办事方法的权力。结构性权力不是存在于单一的结构中,而是来源于安全、生产、知识、金融四个互不相同但互有联系的结构中。[3] 科恩则区分了结构性权力和过程性权力。结构性权力是“通过积极地修改互动情境攫取优势的能力”,过程性权力是“在现存互动情境范围内攫取优势的能力”。简而言之,过程性权力是在现存游戏规则下获益的能力,而结构性权力是通过修改游戏规则来获益的能力。[4] 埃里克·赫莱纳(Eric Helleiner)认为结构性权力是间接实施的一种货币权力形式,通过影响其他国家的运营环境实现。这些间接影响可以通过两种方式发生:一是,涉及货币主导国对于博弈规则的有意和积极操纵;二是,不要求货币主导国的意向或委托,而是源自国际货币体系的主要机制和惯例。[5] 有学者将金融权力理解成一国通过与他国的金融关系影响他国的能力。金融权力分为关系性权力、结构性权力和制度性金融权力。关系性金融权力是一国通过运用金融压力直接影响他国的能力。结构性金融权力是一国通过国际金融体系的结构间接影响他国的能力。制度性金融权力是一国通过国际金融机构的决策间接影响他国的能力。关系性金融权力是操控性的,而结构性金融权力和制度性金融权力既可以操控的方式运

---

① Peter Bachrach and Morton Baratz, “Two Faces of Power”, *American Political Science Review*, Vol.56, No.4, 1962, pp.947-952.

② 参见[美]大卫·M.安德鲁:《国际货币权力》,第15—17页。

③ 参见[英]苏珊·斯特兰奇:《国家与市场》,第20—22页。

④ Benjamin J. Cohen, “The Macrofoundations of Monetary Power”, in David M. Andrews ed., *International Monetary Power*, Ithaca: Cornell University Press, 2006, pp.49-50.

⑤ 参见[美]大卫·M.安德鲁:《国际货币权力》,第95—102页。

用，又可以非操控的方式运用。[①]

克劳斯·诺尔(Klaus Knorr)认为如果A国能够将B国的货币置于其压力之下，则A国对B国拥有货币权力。[②] 王湘穗指出，货币权力是通过控制金融资本影响世界经济体系运行和利益分配的权力。[③] 赵柯提出，货币不仅是市场交易的媒介，更是一种权力，它能够为货币发行者带来财富。[④] 吴袁立则探讨了战争时期的货币权力运作，他认为货币外交可与国家总体战略形成更为系统的融合。[⑤] 林东从法哲学研究范式下对货币权力进行探析，他认为货币彰显国家权力，必然承载权力“自利”的陋习天性。[⑥]

在国际货币的政治基础方面，李巍认为其主要包括两方面：一是支持该种货币国际地位的货币伙伴网络，尤其是伙伴网络中的部分货币支点国家；二是为该种货币国际地位提供“合法效应”和“锁定效应”的国际制度体系。这两大政治基础都需要国家动用政治力量来实现。大国夯实国际货币政治基础的过程又表现为国际政治领导能力的角逐。无论是19世纪的英镑还是20世纪的美元，全球霸权货币的成长和维持，都离不开英国和美国所建立的全球政治领导能力，这种政治领导能力体现为取信于货币伙伴的政治公信力、提供国际公共产品实施利益供给的政治向心力和对背叛者和挑战者实施惩罚的政治强制力三个方面。[⑦] 杰弗里·弗里登(Jeffry A. Frieden)则指出，货币政治能反映大众消费群体、选举人、经济集团的群体机构、特定利益的权力、选举的时间阶段、政客以及政治体制对政治压力的反应等几乎所有其他特征。[⑧]

关于国际货币权力的运用方式，乔纳森·科什纳提出三种方式：进行货

---

① 参见[德]桑德拉·希普：《全球金融中的中国：国内金融抑制与国际金融权力》，辛平、罗文静译，上海人民出版社2017年版，第20页。

② Klaus Knorr, *The Power of Nations*, New York: Basic Books, 1973, pp.83-88.

③ 参见王湘穗：《币权：世界政治的当代枢纽》，《现代国际关系》2009年第7期。

④ 参见赵柯：《货币的政治逻辑与国际货币体系的演变》，《欧洲研究》2011年第4期。

⑤ Yuan-Li Wu, *Economic Warfare*, New York: Prentice Hall, 1952, p.142.

⑥ 参见林东：《法哲学研究范式下的货币权力探析》，《河北法学》2014年第8期。

⑦ 参见李巍：《制衡美元：政治领导与货币崛起》，上海人民出版社2015年版，第318—319页。

⑧ 参见[美]杰弗里·A.弗里登：《货币政治：汇率政策的政治经济学》，孙丹、刘东旭、王颖樑译，机械工业出版社2016年版，第2页。

币操纵、利用货币依赖、实施体系破坏。[①] 安德鲁·沃尔特(Andrew Walter)则区分了国际货币领导关系的两个侧面:货币领导力(currency leadership)和流动性领导力(liquidity leadership)。沃尔特认为,当一国货币在公共或私人部门的国际交易活动中扮演着统治角色,即成为货币锚、交易货币、投资货币时,这种货币领导力从逻辑上优先于流动性领导力。流动性领导力存在于一个或多个国家以稳定的和反周期的方式为世界经济提供短期和长期的流动性之时。沃尔特给出了为建立和维持这种领导力所需的国内货币和金融安排,他指出,货币领导者需要通过制度化安排来保障货币政策制定者的保守承诺具有信誉,也需要这种安排来促进高度发达的金融市场的出现。[②] 对于潜在追随国是否会支持货币领导国,斯特兰奇认为,在国内层面,与国际货币发行国有密切联系的私人参与者会为降低交易成本而游说使用该货币,而在国家层面上,货币领导国和潜在追随国在政治及经济体制上的相似性会鼓励决策者作出支持使用哪种货币的决定。[③]

对于国际货币的国内影响因素,早期理论强调贸易、经济规模以及网络外部性。网络外部性可理解为一种相互依赖关系,任何一个参与者的行为,都依赖于在同一网络中其他参与者所采取的行为。有学者认为一国的经济规模、国内金融发展程度以及财政政策至关重要。[④] 杰拉尔德·M.迈耶(Gerald M. Meier)指出,主权国家最敏感的两个领域就是国防和货币。前者决定了国家的安全,后者影响了物质资源的分配。[⑤] 科什纳也认为国家外交政策目标和货币关系高度相关。[⑥]

货币国际化是国际货币权力的直接体现。国际货币发行国拥有政治优势和强大的金融地位,并带来其强硬的外交政策。因为国际货币发行国无

---

① 参见[美]乔纳森·科什纳:《货币与强制:国际货币权力的政治经济学》,李巍译,上海人民出版社2013年版,第29—31页。

② 参见[美]大卫·M.安德鲁:《国际货币权力》,第13页。

③ Susan Strange, *Sterling and British Policy: A Political Study of an International Currency in Decline*, London: Oxford University Press, 1971.

④ Pierre-Olivier Gourinchas, Hélène Rey and Kai Truempler, "The Financial Crisis and The Geography of Wealth Transfers", NBER Working Paper, No.17353, 2011.

⑤ 参见[美]杰拉尔德·M.迈耶:《世界货币秩序问题》,王槐安等译,中国金融出版社1989年版,第104—105页。

⑥ 参见[美]乔纳森·科什纳:《货币与强制:国际货币权力的政治经济学》,李巍译,上海人民出版社2013年版,第3—6页。

须为债务支付过高的利息，所以它会将资金用于国外运营，并发挥其战略影响。① 德国经济学家罗纳德·沃贝尔(Roland Vaubel)认为由于货币使用服从于经济规模，无限制的货币竞争将导致世界最后只剩下一种货币，即最强大的货币生存。② 有学者认为货币国际化对货币发行国来说，会带来交易成本、铸币税、宏观经济灵活性、战略工具、声誉这五个方面的收益以及货币升值、外部约束、政策责任这三个方面的成本。③ 本币在国际金融市场和外汇储备方面的广泛使用，加强了国际货币发行国的货币自主性，使其更容易推延和转移调整成本。④ 刘玮指出，货币发行国能够通过货币国际化实现收益，例如获得面值租金、降低外汇风险和交易成本，也许承担放弃汇率和利率管制、开放国内金融市场等制度调整成本。⑤

简言之，学者对于货币权力的内涵、外延、分类、衡量尺度、政治基础、运用方式，乃至货币国际化的实现路径及理论意义等各个层面，均进行了详细分析。对于货币权力与国家外部失衡调整间的关联机理也有所涉及，但缺乏对货币权力与国家对外负债直接关系的探讨以及货币权力经济本质的深入挖掘。

二、美元本位制

美元本位制是美国大规模对外负债的制度基础，其内含一种债务本位的逻辑。法国时任财政部部长瓦莱里·吉斯卡尔·德斯坦(Valéry Giscard d'Estaing)于1965年就指责美元享有"过度特权"，提出美国之所以能够获得巨额直接投资收益，源于外国央行非自愿地大规模持有美元储备。"过度

① 参见[美]巴里·艾肯格林：《嚣张的特权：美元的兴衰和货币的未来》，陈召强译，中信出版社2011年版，前言。

② Roland Vaubel, "Free Currency Competition", *Review of World Economics*, Vol. 133, No.3, 1977, pp.435-461.

③ Benjamin J. Cohen, "The Benefits and Costs of an International Currency: Getting the Calculus Right", *Open Economics Review*, Vol.23, No.1, 2012, pp.13-31.

④ Benjamin J. Cohen, "The Macrofoundations of Monetary Power", in David M. Andrews ed., *International Monetary Power*, Ithaca: Cornell University Press, 2006, pp.49-50.

⑤ 参见刘玮：《国内政治与货币国际化——美元、日元和德国马克国际化的微观基础》，《世界经济与政治》2014年第9期。

特权”使美国作为净债务国，但能持续获得对外投资正收益。[①] 有学者认为，美元本位制实质就是一种全球债务本位制。[②] 有学者分析了美元本位制下美国对外负债的基本逻辑，认为美国不进行一般性商品生产，而靠印刷美元去外国购买所需要的商品和服务，再通过出售债券的形式使美元重新回流本土。只要外国资本不断投向美国的股市、债市、汇市，美国的经常账户逆差就会获得金融账户资本流入的补偿。[③]

美元本位制影响了全球外汇市场和主要国家的汇率制度，降低了美国对外负债成本。美元本位制下，美元既是外汇市场的主导货币，也是货币远期市场和期货市场的主导单位，其他各国央行希望依靠美元来稳定汇率，均不愿放弃盯住美元。不论是以成交量还是以交易成本衡量，美国国库券和票据市场都具有其他市场无法比拟的流动性。[④] 美元本位制使美国成为全球经济和金融中心，成为美国对外负债的信用来源。有学者认为，美元本位制下，只要其他国家不对美元失去信任，美国就能保持经常账户巨大的累计逆差额，美元本位制和美国贸易逆差实际上是一枚硬币的两面。[⑤]

美元本位制还体现出美国的金融霸权。彼得·卡赞斯坦（Peter J. Katzenstein）指出，从国际政治角度分析，美元本位制就是“美国帝权”，是一种与大英帝国“自由贸易权”类似的“非领土权力”。[⑥] 有学者指出，美元本位制使美国处于国际金融体系的“关键轴心”，美国可以发挥全球化的资金中介作用，以提供相对安全且富有流动性的金融资产（如政府国债、优良的公司债等）与高额利息来吸引国际资金，而后又将这些资金通过国际金融市场投资到那些流动性差但利率高昂的海外金融资产中。由于世界投资者对美国制度的稳定性非常有信心，美元和美国国债成为其最为放心的保值增值

① Pierre-Olivier Gourinchas and Hélène Rey, “From World Banker to World Venture Capitalist: US External Adjustment and the Exorbitant Priviledge”, NBER Working Paper, No.11563, 2005.

② 参见李俊久、姜默竹：《美元本位制下的货币-金融依附》，《世界经济研究》2011 年第 6 期。

③ 参见丁一凡、钮文新：《美元霸权》，第 101—109 页。

④ 参见[美]巴里·艾肯格林：《嚣张的特权：美元的兴衰和货币的未来》，第 153—155 页。

⑤ 参见[美]杰拉尔德·M.迈耶：《世界货币秩序问题》，第 108—110 页。

⑥ 参见[美]彼得·卡赞斯坦：《地区构成的世界：美国帝权中的欧洲与亚洲》，秦亚青、魏玲译，北京大学出版社 2007 年版，第 5 页。

手段。[①]

以往学者对于美元本位制的分析局限于制度本身的特点、运行形态或美元作为国际本位货币的具体表现,但对于美元本位制作为美国对外负债的制度基础,其内含的债务本位的逻辑与货币权力的相互关联性的阐释较为欠缺。

三、美国外部失衡

美国外部失衡的特点之一是经常账户持续逆差。传统上,一国净国际投资头寸仅指经常账户差额累计值。常用分析方法包括弹性分析法和吸收分析法,这两种方法均将净出口视作经常账户分析,将贸易账户平衡等同于经常账户平衡。莫里斯·奥伯斯法尔德(Maurice Obstfeld)和肯尼斯·罗格夫(Kenneth Rogoff)最早确立了经常账户的跨期研究方法,并认为经常账户包括净出口、净投资收入[②]、净对外资产资本利得、净转移支付四部分。[③]国际货币基金组织则将经常账户定义为净出口、净要素收入、净转移支付三部分之和。

关于美国经常账户失衡的原因,本·伯南克(Ben Bernanke)认为,东亚各国储蓄过度导致投资衰退造成了全球资金剩余,美国财政赤字和贸易赤字正是由于东亚新兴市场经济国家在过去几十年的高额储蓄造成的。全球性储蓄过剩使美国长期实际利率低于正常值。利用哈罗德-多马模型[④],伯南克进一步佐证发展中国家因资本深化程度不足限制了经济增长,所以发展中国家应尽快转变向外输出资本的模式。[⑤] 大卫·福克茨-兰多(David Folkerts-Landau)和彼得·加贝尔(Peter Garber)等学者也认为美国经常项目赤字的增加是新兴市场国家采取出口导向战略,并分散化资产配置需求

---

① 参见李晓、丁一兵:《亚洲的超越:构建东亚区域货币体系与"人民币亚洲化"》,当代中国出版社2005年版,第3—4页。

② 这里指一国在国外投资收入减去国外投资者在本国收入的差额。

③ Maurice Obstfeld and Kenneth Rogoff, "The Intertemporal Approach to the Current Account", NBER Working Paper, No.4893, 1994.

④ 最早由罗伊·哈罗德在1939年提出,是发展经济学中的著名经济增长模型。详见R. F. Harrod, "An Essay id Dynamic Theory", *Economic Journal*, Vol.49, 1939, pp.14-33; E. D. Domar, *Essays in the Theory of Economic Growth*, New York: Oxford University Press, 1957。

⑤ Ben Bernanke, "The Global Saving Glut and the U.S. Current Account Deficit", Remarks at the Jones Lecture, St. Louis, April 4,2005.

的一个自然结果。[①] 曼兹·钦(Menzie D. Chinn)和弘·伊藤(Hiro Ito)证实美国金融市场发展与国内储蓄率存在显著负相关关系。[②] 还有学者论证了"双赤字假设"(twin-deficit hypothesis),提出美国财政赤字和经常账户赤字呈明显正相关性。[③] 从市场分工角度分析,新兴市场国家拥有廉价劳动力,而英美国家拥有金融服务业比较优势,所以英美通常表现为经常账户逆差与金融账户顺差。罗纳德·麦金农(Ronald I. Mckinnon)指出,从长期考虑,由于美国国内储蓄率很低,美国经济会变得十分脆弱,因此需要向世界大量举债以维系国内投资规模。[④]

对于美国经常账户逆差是否可以持续这一问题,学者们形成截然对立的两派观点。

一派学者认为其不可持续。奥伯斯法尔德和罗格夫认为美国经常账户赤字对全球经济稳定造成威胁,并通过模型分析指出,如果美国对外净债务在占 GNP 50%时维持稳定,则经常账户逆差应维持在 GNP 的 2.5%左右。[⑤] 努里埃尔·鲁比尼(Nouriel Roubini)和布拉德·塞策(Brad Setser)认为美国对外贸易依存度很小,因此经常账户对外部负债调节程度就小。即使贸易赤字达到稳定程度,美国经常账户赤字也会不断增长,因为美国需要为外债支付越来越多的利息。[⑥] 埃德文·杜鲁门(Edwin M.Truman)认为美国未来将无法继续维持经常项目高额逆差,最后将不得不提高利率和紧缩

---

① 参见[美]卡门·M.莱因哈特、肯尼斯·S.罗格夫:《这次不一样:八百年金融危机史》,綦相、刘晓峰、刘丽娜译,机械工业出版社 2012 年版,第 165 页。

② Menzie D. Chinn and Hiro Ito, "What Matters for Financial Development? Capital Controls, Institutions, and Interactions", *Journal of Development Economics*, Vol.81, 2006, pp.162-192.

③ M. Feldstein, "The Dollar and the Trade Deficit in the 1980s: A Personal View", NBER Working Paper, No. 4325, 1993; C. L. Mann, "Is the US Trade Deficit Sustainable?", IIE Publications, ISBN Papers, No.0881322644, 1999; Menzie D. Chinn, "Getting Serious about the Twin Deficits", Council on Foreign Relations, CSR No.10, 2005.

④ 参见[美]罗纳德·麦金农:《落入国际美元本位制陷阱》,《新金融》2005 年第 7 期。

⑤ Maurice Obstfeld and Kenneth Rogoff, "The Unsustainable U.S. Current Account Position Revisited", *G7 Current Imbalances: Sustainability and Adjustment*, National Bureau of Economic Research, 2005, pp.339-375.

⑥ Nouriel Roubini and Brad Setser, "Will the Bretton Woods 2 Regime Unravel Soon? The Risk of a Hard Landing in 2005-2006", *Revised Bretton Woods System: A New Paradigm for Asian Development?* Organized by the Federal Reserve Bank of San Francisco and UC Berkeley, San Francisco, February 4, 2005, pp.1-48.

开支造成自身及全球经济的衰退。[①]

另一派学者则认为美国经常账户逆差可以持续。大卫·格鲁因(David Gruen)和杰森·哈里斯(Jason Harris)认为美国经济的良好未来发展前景仍会吸引全世界资本不断流入。[②] 米切尔·科帕里特斯(Michael Kouparitsas)提出贸易逆差不会损害美国利益,流入美国的资金可以继续支撑美国经常项目逆差。[③] 迈克尔·杜利(Michael P. Dooley)等则指出美国经常账户逆差与金融账户顺差是一种利益交换,美元国际循环可以持续运行。[④] 曾任英国财政大臣的尼格尔·劳森(Nigel Lawson)则认为,如果经常账户源于私人部门的借款,且外国投资者愿意为之提供资金,则无需担心经常账户赤字问题。[⑤] 这种观点后被称为"劳森原理"。约翰·基钦(John Kitchen)着重分析美国正变为一个"小佃农"(sharecroppers)社会(将资本收入大部分交给外国投资者)还是一个"精明资本家"(shrewd capitalists)社会(低成本地对外负债)。基钦明确指出美国正变为一个"精明资本家"社会,利用流入的廉价资本对外进行高风险投资,以获取更高收益。由于融资和投资之间存在收益率差,因而不必担心美国的经常账户逆差问题。[⑥] 竹中正治等也指出美国对外资产负债间存在正收益率差。只要正利差持续存在而且对外资产负债占 GDP 比例能够按照一定的速度提升,保持贸易逆差占 GDP 比例在 4%左

---

① Edwin M. Truman, "Budget and External Deficits: Not Twins but the Same Family", Paper Presented at the Annual Research Conference, Held at the Federal Reserve Bank of the Boston, June, 2005, pp.14-16.

② David Gruen and Jason Harris, "Might the United States Continue to Run Large Current Account Deficit?" Conference on Strategies for East Asia Growth and Openness, Bogor, Indonesia, August 1, 2005.

③ Michael Kouparitsas, "Is the Current Account Deficit Sustainable?" Chicago Fed Letter, No.215, 2005.

④ Michael P. Dooley, Folkerts-Landau David, Garber Peter, "An Essay on the Revived Bretton Woods System", NBER Working Paper Series-National Bureau of Economic Research, No.9971, 2003.

⑤ Dan Davies, "The Lawson Doctrine, Where Did it All Go Wrong?" 2023-4-5, https://backofmind.substack.com/p/the-lawson-doctrine.

⑥ John Kitchen, "Sharecroppers or Shrew Capitalists? Projections of the US Current Account, International Income Flows, and Net Internatioal Debt", *Review of International Economics*, Vol.15, No.5, 2007, pp.1036-1061.

右,美国经济可基本维持稳定状态。[①]

美国外部失衡特点之二是金融账户持续顺差。美国外部失衡中的金融账户与经常账户是一枚硬币的两面(见图 0-2)。经常账户只记录了跨国资本的净流量,而没有记录资产负债总流量或总存量;经常账户逆差表示未来要偿还给其他国家的净债务。金融账户主要表现为跨国资本大量流入美国,国与国之间的资本流动除了实际生产贸易的小部分需求外,更多是为了获取资产差价和金融收益或分散风险。

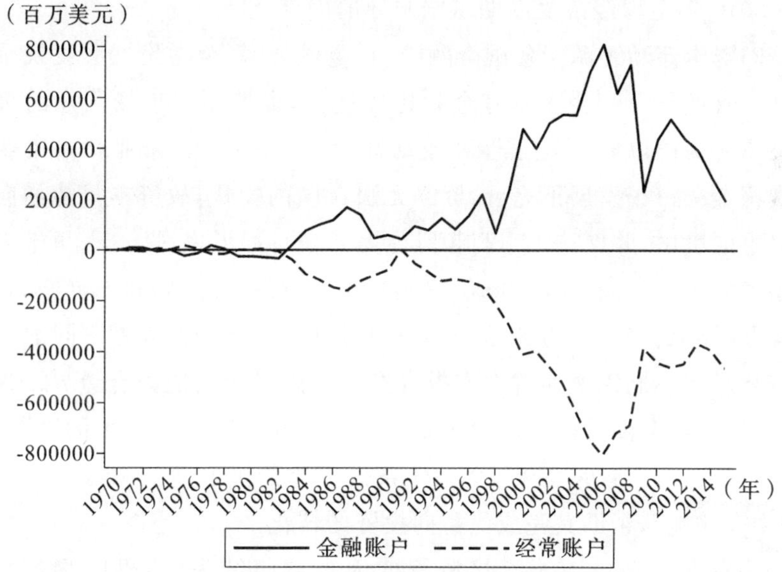

图 0-2 美国经常账户与金融账户(1970—2015 年)

数据来源:美国经济分析局(BEA)。

劳伦斯·H.萨默斯(Lawrence H. Summers)总结了当今国际金融体系资本流动三个重要特点:第一,资本净流动实质上从发展中国家和新兴市场国家流向工业化国家(主要是美国),即"卢卡斯悖论"现象[②]。第二,美国对外净负

① 参见[日]竹中正治、张虎:《美国对外负债的可持续性与国际货币体系的未来》,《国际经济评论》2011 年第 4 期。

② 新古典理论认为,资本流动应遵循要素价格均等化原理,资本应该从边际报酬低的富国流向穷国,但芝加哥大学教授罗伯特·卢卡斯(Robert Lucas)指出,现实中资本从富国流向穷国的资金流量很小,与新古典的理论预测水平相悖。洛伦佐·比尼·斯马吉(Lorenzo Bini Smaghi)对此作了具体解释。参见 Lorenzo Bini Smaghi,"Global Imbalaces and Monetary Policy",*Journal of Policy Modeling*, Vol.29, 2007。

债积累对应新兴市场国家外汇储备积累。第三，新兴市场国家外汇储备实际收益率很低。[①] 对于资本流动的驱动因素有两种观点：推动因子，即发达国家的货币政策和财政政策导致资本流动；拉动因子，即新兴市场国家与发达国家的异质性导致资本流动。马塞尔·弗朗兹施勒(Marcel Fratzshcer)对50个国家基金层面的数据建立因子模型，研究2005—2010年资本流动推动的决定因素，发现对于新兴市场国家和发达国家推动因子有明显影响。同时，拉动因子影响也较明显，尤其是国家经济基本面、机构和国家政策是2009—2010年全球经济复苏期占据主导的因素。[②]

跨国资本流动还源于各国金融结构、金融效率、金融发展程度及金融开放程度具有差异性。美国具有金融比较优势，促使新兴市场国家的金融资本大量流入美国以寻求安全性和流动性。有学者指出，东亚新兴市场国家由于本国金融市场发展不完善，资本无法在国内投资，故资本只能涌向金融体系完善的美国，并保持本币高频盯住美元来对冲汇率风险。[③] 里卡多·卡布来洛(Ricardo Jorge Caballero)等则指出，美国持续经常账户赤字、长期利率下降及对外资产中证券组合投资比例上升，主要源于世界不同地区的潜在经济增长率不同以及通过真实投资生成金融资产的能力有差异。这也部分解释了“格林斯潘难题”(the Greenspan's Conundrum)[④]产生的原因。[⑤] 祝丹涛则强调了金融效率因素，金融体系效率高的国家向效率低的国家输出“金融中介功能”，帮助其完成储蓄向投资的转化。[⑥]

跨国资本流动中无法直接测算的因素被归结为“金融暗物质”(dark matter)。“金融暗物质”的概念最先由哈佛大学的两位经济学家里卡多·豪斯曼(Ricardo Hausmann)和费德里科·施图辛格(Federico Sturzenegger)

---

① 参见[美]劳伦斯·H.萨默斯：《颠倒的秩序——反思全球账目失衡与新兴市场国家外汇储备积累》，《21世纪经济报道》2006年4月24日。

② Marcel Fratzshcer, “Capital Flows, Push Versus Pull Factors and the Global Financial Crisis”, *Journal of International Economics*, Vol.88, No.2, 2012, pp.341-356.

③ Ronald McKinnon and Gunther Schnabl, “The East Asian Dollar Standard, Fear of Floating, and Original Sin”, *Review of Development Economics*, Vol.8, No.3, 2004, pp.331-360.

④ “格林斯潘难题”是指美联储虽然提高联邦基金利率，但由于外来资本大规模涌入，依然无法使美国长期国债收益率上升的情况。

⑤ Ricardo Jorge Caballero, Emmanuel Farhi and Pierre-Olivier Gourinchas, “An Equilibrium Model of ‘Global Imbalances’ and Low Interest Rates”, NBER Working Paper, No.11996, 2006.

⑥ 参见祝丹涛：《金融体系效率的国别差异和全球经济失衡》，《金融研究》2008年第8期。

提出。他们认为经常账户数据错估了一国对外净资产真实数额,而产生误差的原因在于对外直接投资的错误测算、国家间债务减免、美元收益率溢价、国家之间未报道的保险及流动性服务贸易等。金融暗物质的具体数值则由他们所计算出的一国实际对外净头寸与官方统计对外净头寸数据之差来定义。由于存在金融暗物质,全球失衡实际规模很小并很稳定。美国是技术知识、金融保险、流动性的净提供者,虽然表面上存在经常账户逆差,但可能是实质上的债权国,因此并不需要处理对外失衡状况。美国稳定地向外输出金融暗物质的原因在于对外资产中对外直接投资规模不断增长并产生持续超额收益以及自身庞大的经济规模和金融稳定性。① 卢瑾将金融暗物质总结为:美国通过对外直接投资输出知识和技术(know-how),通过发达的金融中介为全球资金流向提供担保服务,并在投融资活动中凭借信用获得信用溢价。②

简言之,美国的外部失衡主要表现为经常账户逆差以及金融账户顺差。跨国资本大量流入美国,使美国可以凭借低成本融资弥补经常账户赤字和财政赤字。对于美国经常账户逆差和金融账户顺差的形成原因、表现形式、是否具有可持续性,学界已有大量论述,但对于其背后的政治因素、制度基础、权力竞争的分析涉及较少。

四、估值效应调整

关于估值效应的定义,范志勇、沈俊杰指出,给定国际投资资产负债的结构和规模不变,由汇率、资产价格和收益率变化所引起的国际净资产头寸的变化可被称为估值效应。③ 贺力平认为,估值效应是指汇率和资产价格变动所引起的对外资产负债表净值或对外收入净值的变动。④ 张纯威则将估值效应定义为,由于汇率、利率等金融资产价格的非预期性变化导致一国对外净头寸市值发生变化,从而影响到外部均衡的现象,其反映了经常项目不

---

① Ricardo Hausmann and Federico Sturzenegger, "Global Imbalances or Bad Accounting? The Missing Dark Matter in the Wealth of Nations", CID Working Paper, No.124, 2006.

② 参见卢瑾:《全球经济失衡:特征、机制及可持续性》,中国社会科学院研究生院博士学位论文,2010年。

③ 参见范志勇、沈俊杰:《估值效应与中国外汇储备损益评估》,《学习与探索》2009年第4期。

④ 参见贺力平:《估值效应和货币错配再定义:兼论汇率风险概念的一个宏观经济新应用》,《国际金融研究》2015年第9期。

能体现的未实现资本利得。[①] 基于会计账簿视角，贺力平和林娟指出，估值效应是指一项会计账簿中的资产或债务的市场价格变动及其所引起的该会计账簿合计项的变动。估值效应是影响货币当局的收益率、外汇市场干预能力和对冲型货币政策可持续性的显著因素。[②]

结合以往学者对估值效应的研究梳理，本书对估值效应作出以下定义：估值效应是指，在假定一国对外资产及负债的规模、结构、币种构成不变的情况下，由于汇率、资产价格的变化所引起的外部存量资产的价值变动，可以简单理解为净国际投资头寸变化中不能被经常账户变动所解释的部分（即图 0-3 两条曲线之间的差额部分）。一国对外投资收益为已实现的净资产收益，估值效应则为未实现的净资产收益。

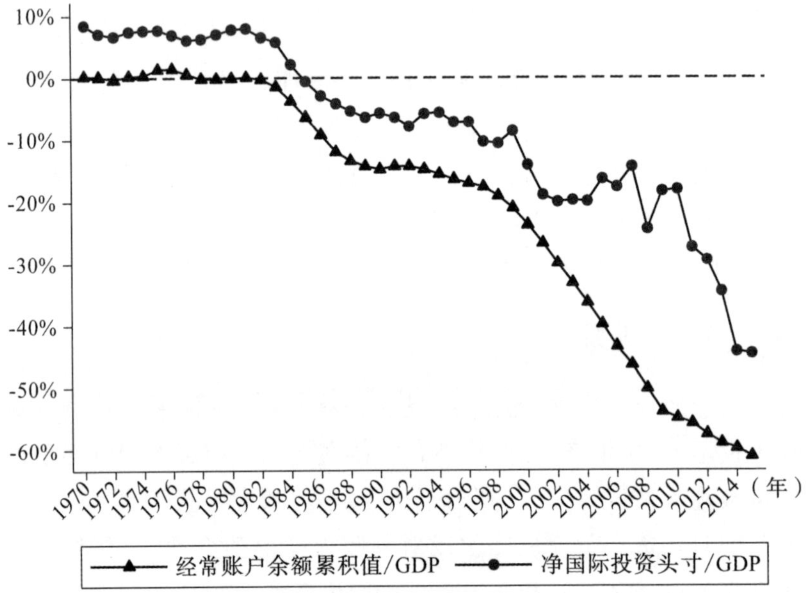

图 0-3　美国经常账户余额累积值与净国际投资头寸分别占 GDP 比例

数据来源：美国经济分析局（BEA）。

美国对外负债的外部调整中存在贸易渠道和估值效应渠道。有学者研究发现，美国外部账户恶化需要未来贸易盈余（贸易渠道）或者资产组合投

① 参见张纯威：《美元本位、美元环流与美元陷阱》，《国际金融研究》2008 年第 6 期。

② 参见贺力平、林娟：《论外汇投资中的估值效应及其经济影响》，《金融评论》2011 年第 6 期。

资的超额收益(估值效应渠道)进行平衡。利用向量自回归(VAR)方程,他们计算得出美国周期性外部调整中估值效应调整大约占27%。长时段来看,外部调整需要净出口增长来解决,其大约占外部调整的64%。因此,长期来看,贸易渠道是外部失衡调整的主要方式,估值效应渠道会承担25%—30%的外部调整。① 帕纳约蒂斯·康斯坦丁努斯(Panagiotis Th. Konstantinou)将净国际投资头寸的方差进行分解来分析贸易渠道和估值效应渠道的相对重要性。周期性外部失衡的时间段一般少于四年。估值效应渠道决定短期效果,通常在短于一年的时间段内起作用,贸易渠道决定中长期效果,通常在一到四年时间段内起作用。② 范小云等认为国际金融外部调整正从贸易调整渠道向金融调整渠道转变。汇率和资产价格变化产生的估值效应对一国外部失衡的调整越来越显著。③ 李晓、周学智将美国对外负债的外部调整分为流量调整和存量调整两部分。流量调整渠道主要对应国际贸易和资本跨国流动,存量调整渠道主要对应估值效应的影响。④

汇率变动对估值效应产生影响。汇率是引起相对价格变动的主要因素,对贸易账户及金融账户的国际收支均产生作用,所以汇率变动既影响贸易渠道也影响估值效应渠道。比如,美元贬值将使得美国出口增加,进口减少,经常账户逆差减小;同时,由于美国对外资产主要以外币计价,而对外负债几乎全部以美元计价,所以美元贬值产生正估值效应,使美国对外资产增值。米歇尔·卡瓦洛(Michele Cavallo)和赛德里克·蒂勒(Cédric Tille)认为当一国资产负债货币组成不匹配时,汇率运动将会导致估值效应。蒂勒假设了一个仅包括美国、欧洲、亚洲的三地区模型,且模型中仅适用美元、欧元和日元。研究发现,总贸易流量导致各地区资产负债积累,已经存在的头寸会产生利息支付,汇率波动影响不同货币计价的资产存量价值。⑤ 有学者

---

① Pierre-Olivier Gourinchas and Hélène Rey, "International Financial Adjustment", *Journal of Political Economy*, Vol.115, No.4, 2007, pp.665-703.

② Panagiotis Th. Konstantinou, "Adjustment of US External Imbalances: At What Horizon?" *Economic Letters*, Vol.106, No.3, 2010, pp.166-168.

③ 参见范小云、肖立晟、方斯琦:《从贸易调整渠道到金融调整渠道——国际金融外部调整理论的新发展》,《金融研究》2011年第2期。

④ 参见李晓、周学智:《美国对外负债的可持续性:外部调整理论的扩展》,《世界经济》2012年第12期。

⑤ Michele Cavallo and Cédric Tille, "Could Capital Gains Smooth a Current Account Rebalancing?" Federal Reserve Bank of New York Staff Reports, No.237, 2006.

推导计算了美元对欧洲、日本、中国的货币敞口，作为汇率影响估值效应的研究基础。[①] 李晓、周学智研究指出，未来十年内，如果美元加权汇率保持稳定或上升，会给美国对外负债带来压力，如果美元加权汇率贬值 10%—20%，美国净国际投资头寸与名义 GDP 之比有可能在 20%—30%达到峰值，之后保持稳态。[②] 刘少英论证了美元汇率变化引起的估值效应对美国经常账户调节影响很小。[③] 贺力平则将估值效应与货币错配的定义联系起来。他认为估值效应是指资产与负债中或收入与支付流中非对称的币种构成条件下汇率变动带来的可正可负影响，而货币错配专指其中的负影响。[④]

资产价格变动对估值效应也产生影响。美国虽然是净债务国，但对外资产价格变动的估值效应更有效率。周学智指出资产价格波动引起的估值效应具有反向调节效果。当美国经济强于全球时，股市行情好于其他国家，资产价格变动引起负估值效应；当美国经济弱于全球时，他国股市表现好于美国，资产价格变动引起正估值效应。[⑤] 哈拉尔德·豪(Harald Hau)等学者发现工业化国家的汇率和股票收益率存在高频度负向共变。[⑥] 约翰·坎贝尔(John Campbell)等认为美元强弱与美国股票市场几乎没有相关性，但与世界股票市场呈现负相关性。国际投资者为了降低风险愿意持有长期美元头寸。[⑦] 有学者指出，1994—2000 年美元升值和国内股票价格上涨给美国造成存量资本损失，但是美国依然获得对外正投资收益，原因在于美国对外资产端股票权重远大于对外负债端股票权重。[⑧] 刘琨、郭其友计算出美国汇

---

① Philip R. Lane and Gian Maria Milesi-Ferretti, "Europe and Global Imbalances", *Economic Policy*, Vol.22, No.51, 2007, pp.519-573.

② 参见李晓、周学智：《美国净对外负债前景与美元汇率调整》，《国际金融研究》2014 年第 2 期。

③ 参见刘少英：《美元贬值对美国经常账户影响的估值效应分析》，《世界经济研究》2012 年第 3 期。

④ 参见贺力平：《估值效应和货币错配再定义：兼论汇率风险概念的一个宏观经济新应用》，《国际金融研究》2015 年第 9 期。

⑤ 参见周学智：《美国对外负债的外部调节研究》，吉林大学博士学位论文，2015 年。

⑥ Harald Hau and Hélène Rey, "Exchange Rates, Equity Prices, and Capital Flows", *Review of Financial Studies*, Vol.19, No.1, 2006, pp.273-317.

⑦ John Y. Campbell, Karine Serfaty-De Medeiros and Luis M. Viceira, "Global Currency Hedging", *The Journal of Finance*, Vol.65, No.1, 2010, pp.87-121.

⑧ Pierre-Olivier Gourinchas and Hélène Rey, "International Financial Adjustment", *Journal of Political Economy*, Vol.115, No.4, 2007, pp.665-703.

率变动对估值效应的贡献为 64.56%,资产价格变动对估值效应的贡献为 70.24%。[①]

既有研究对估值效应的含义、计算、影响因素、作用方式都有详尽分析,但多是基于经济学视角。本书在对美国对外负债调节机制的研究中,视估值效应为货币权力的代理变量,将政治分析与经济分析有机结合,既体现出美国转嫁外部调整成本时与他国间的经济博弈,又体现出其背后的货币权力竞争本质。

五、既有文献不足

既有文献为美国对外负债的权力来源、制度基础、表现形式、调节渠道提供了充分翔实的数据与论证,并从专业角度解释了美国对外负债的非对称性、非公平性、霸权特性等,但对于国际货币权力如何具体支持了美国对外负债的分析文献明显不足。

首先,既有文献未能充分解释美国对外负债的货币权力基础。虽然政治经济学者如斯特兰奇、科恩等对货币权力的含义、组成、分类以及货币权力对国家间经济关系的影响、货币权力的运用方式、货币国际化的政治意义作出了具体解释,科恩和安德鲁等也将国际收支失衡调整视为货币权力的宏观基础,使货币权力与国家外部调整联系起来,但本书认为,既往研究仍偏向于强调货币权力的工具性,将国家间货币关系视为施加政治强制力的工具,一定程度上对货币内在经济规律的解释不足。同时,研究方向多聚焦于货币权力与外部调整的理论层面,缺乏对典型事例的深入剖析。

其次,既有文献对美国对外负债调整的政治解释与经济解释的协调性不足。政治学者过于强调权力视角,偏向于宏观理论层面,而经济学者对于估值效应调节的具体分析又忽视了理论基础。美国对外负债兼有政治属性和经济属性,若分析由对外负债导致的外部失衡的调整,需要将政治竞争与经济博弈有机结合。

最后,未能深入分析美国对外负债的制度环境。本书认为美元本位制是美国对外负债的制度基础,罗纳德·麦金农最早系统提出"美元本位制"

---

① 参见刘琨、郭其友:《估值效应规模及结构对外部均衡调整的影响——基于中、美、日及欧元区的实证研究》,《亚太经济》2016 年第 1 期。

的概念[1]，但也有学者对"美元本位制"的提法持有疑义。查尔斯·金德尔伯格(Charles P. Kindleberger)认为国际货币体系是"美元霸权制"[2]，托明·巴尤米(Tomim Byaoumi)和巴里·艾肯格林(Barry Eichengreen)提出了"后布雷顿森林体系"的概念[3]，迈克尔·杜利等提出"复活的布雷顿森林体系"的概念[4]，奥田宏司则认为当今国际货币体系是"美元体制"，而非"美元本位制"。[5] 虽然学者对于国际货币体系的特点提出了众多理论，但分析视角多集中于制度本身的特点或对全球货币秩序以及全球经济失衡的影响，对于国际货币体系呈现出的货币权力流散特征，美元、欧元等国际货币之间的货币竞争、货币合作、货币外交的阐释较为欠缺，尤其对美元本位制与美国对外负债的关联机理以及二者的可持续性问题关注较少。

第三节　基本概念与结构安排

为实现本书的研究目的，本节首先对基本概念进行界定，然后阐释本书思路与结构安排。本节基本概念包括货币权力、对外负债、估值效应等。其中，货币权力是研究视角，对外负债是研究主体，估值效应是研究重点。

一、基本概念

(一)货币权力相关概念

货币权力体现为一国的行为变化受到该国与其他国家间的货币关系的

---

① Ronald I. Mckinnon, "The International Dollar Standard and the Sustainability of the U.S. Current Account Deficit", *Brookings Papers on Economic Activity*, Vol.32, No.1, 2001, pp.227-241.

② Charles P. Kindleberger, *The World in Depression*: 1929-1939, Berkeley: University of California Press, 1973.

③ Tomim Byaoumi and Barry Eichengreen, "Macroeconomic Adjustment under Bretton Woods and the Post-Bretton-Woods Float: An Impulse-Response Analysis", Center for International and Development Economic Research Working Paper, No.C93006, 1993.

④ Michael P. Dooley, Folkerts-Landau David, Garber Peter, "An Essay on the Revived Bretton Woods System", NBER Working Paper Series-National Bureau of Economic Research, No.9971, 2003.

⑤ 奥田宏司认为"本位"是指货币价值的标准所在，与金本位制和布雷顿森林体系不同，1971年以后的国际货币制度并不存在本位，"美元本位制"是不正确的概念。他还指出"美元体制"是指由于与黄金不能相兑换的美元发挥关键货币功能的国际货币体制以及在此基础上由以美元为核心的短期及中、长期国际信用周转体系所形成的整个国际金融体系。

影响。具体是指各国在货币问题上独立行动，不受外界压力并转移他者影响，以及对其他国家施加影响或强制他国服从的能力，即自制权和影响力两部分。货币最初是交换媒介，而后成为一种资产。国际货币使发行国获得政治优势、战略优势、经济优势，发行国强大的金融地位也会导致其强硬的外交政策。货币权力宏观层面的核心问题是外部失衡调整成本的分配。美元本位制下，美国能够延期支付持续性调整成本以及转嫁规避转型性调整成本。全球金融一体化则使得焦点集中在一国的资产负债表上。美国对外资产负债表扩张增强了金融全球化收益、美元关键货币地位和美元国际货币权力。

金融霸权。金融霸权是指霸权国依托其在军事、政治、科技等领域压倒性的优势，使得自身发行的信用货币在国际货币体系中占据主导地位，并将自己的意志、原则或规则强制性地在整个货币体系内推行，从而维护其利益的地位。[①]

美元本位。美元作为国际本位货币，是国际交易中经常账户和资本账户的价值储藏手段、交换媒介、计价单位和延期支付标准。美元本位制是美国对外负债的制度支撑与信用来源。

国际货币体系非对称性。国际货币体系的非对称性主要体现为，发达国家货币通常是国际货币，尤其是美元获得全球“基轴货币”地位，是国际本位货币。非对称性导致非公平性，发达国家尤其是美国居于货币金融领域主导地位，利用金融自由化，获得明显高于发展中国家的收益，并将成本和风险转嫁给发展中国家。而发展中国家自身金融体系不健全，不得不依附于发达国家。

（二）对外负债相关概念

本书所指对外负债(liabilities)，是国际投资头寸表中显示的一国对外负债，包括外国直接投资、股票、债券、其他项、金融衍生品等类别。相对应地，国际投资头寸表中还包括对外资产(assets)，除以上资产类别外，对外资产端还包括外汇储备项。本书旨在研究广义对外负债的概念，有别于外债、国债、主权债、政府债等概念。

---

① 参见徐以升、马鑫：《金融制裁：美国新型全球不对称权力》，中国经济出版社 2015 年版，第 7 页。

外部失衡。本书所讨论的美国外部失衡及全球经济失衡都涉及均衡概念。失衡与再平衡是在当今政治经济领域经常使用的概念。这里涉及的"衡"主要有平衡(balance)和均衡(equilibrium)[①]两种含义。平衡是指对立的各方在数量和质量上的相等或者相抵。均衡来自物理学概念,指由于受到大小相同但作用相反的两种力的作用而使物体处于一种相对静止的状态,引申到经济学中是指当需求恰好等于供给的时候,市场就会处于一种均衡状态。[②] 通常一国经济越开放,对外资本依赖程度越高,对外负债规模越大,外部失衡越严重。

国际收支平衡表。一国的国际收支账户可以分为经常账户、资本账户、金融账户以及错误和遗漏账户四部分。经常账户反映了一国与他国之间的实际资产的流动,主要由货物、服务、净对外收入、经常转移四部分组成。资本账户反映国内机构部门可用于资本形成的资金来源、资本形成的规模以及资金剩余或短缺的规模。[③] 金融账户则反映了国内机构部门通过各种金融工具所发生的金融交易以及资金的净借入或净借出。

国际投资头寸表。国际投资头寸表是反映在某一时间点某一经济体的居民对非居民的金融资产和负债的价值及构成的统计报表。对外资产中,包括对外直接投资(Foreign Direct Inrestment, FDI)、证券组合投资、其他投资、储备资产;对外负债中包括外国直接投资、证券组合投资、其他投资。国际投资头寸记录的是一国对外资产和负债存量,两者差额是净国际投资头寸。净国际投资头寸为正,则该国为净债权国,净国际投资头寸为负,则为净债务国。国际投资头寸表和反映交易流量的国际收支平衡表共同构成一国完整的账户体系。

国际投资头寸可以视作每个国家希望通过本国金融比较优势和资产多样化组合来获得超额收益的"投资策略",净国际投资头寸则代表每个国家的富余资产。净出口、对外资产及负债规模、对外资产及负债收益率三个因

---

① 均衡大概可以分为两种情况:一种是瓦尔拉斯均衡,它强调的是市场供求相等,进而强调市场出清;另一种是非瓦尔拉斯均衡,它强调价格机制并不能发挥出清市场的作用,市场均衡常常是非瓦尔拉斯式,即供求未必相等,但会出现相对稳定的趋势。非瓦尔拉斯均衡是一种广义的均衡概念,它指的是系统中的各个变量经过调整以后不再具有变动的趋势。

② 参见李扬、张晓晶:《失衡与再平衡——塑造全球治理的新框架》,中国社会科学出版社2013年版,前言。

③ 参见马君潞、陈平、范小云:《国际金融》,高等教育出版社2011年版,第10—11页。

素共同影响净国际投资头寸大小。对于净国际投资头寸(Net International Investment Position,NIIP)、对外净资产(Net Foreign Assets,NFA)、对外净头寸(Net External Position,NEP)三个概念,书中如果不做特殊说明即认为其表示同一含义。[①]

(三)估值效应相关概念

估值效应是指在假定一国对外资产及负债的规模、结构、币种构成不变的情况下,由于汇率、资产价格的变化所引起的外部存量资产的价值变动。它可以简单理解为净国际投资头寸变化中不能被经常账户变动所解释的部分。根据影响效果,估值效应可分为正估值效应和负估值效应。美国对外负债的调节渠道主要包括贸易调整渠道和估值效应调整渠道。

二、结构安排

除导论和结论外,本书共分为六章。

第一章旨在回顾美国对外负债的历史演进情况。18 世纪 70 年代,美国依靠对外负债得以建国。从建国初期到一战前夕美国成为世界最大债务国;从一战爆发到二战结束,美国获得战争“红利”转变为世界最大债权国;二战以后债权国地位逐渐衰落,并于 1989 年再次沦为净债务国;1989 年至今,对外负债规模持续扩张,外部失衡状况不断恶化。美国对外负债变动状况伴随国际货币体系变迁以及国际资本流动方向的转变。自一战始,国际货币体系大体经历金本位制体系、布雷顿森林体系进入美元本位制时代。美国从布雷顿森林体系时期的经常账户顺差、金融账户逆差,转变为美元本位制时期的经常账户逆差、金融账户顺差的形式。由美国对外负债历史演进情况可知,美国对外负债主要源于两大原因:战争融资和经济发展。

第二章着重强调美国对外负债的货币权力基础。在分析货币权力含义后,阐释货币权力结构及货币竞争特点。美元作为国际本位货币,是最主要的国际价值储藏手段、交换媒介、计价与结算单位、延期支付标准,第二章对于上述特点给予数据验证和支持。接下来对美国延迟调整成本能力和转移

---

① 莱恩和费雷蒂在建立国家外部财富数据库(External Wealth of Nations, EWN)时,曾对净国际投资头寸(NIIP)和对外净资产(NFA)做过区分,他们认为计算净国际投资头寸时,在资产端的官方储备一项中不应该包括黄金储备。

调整成本能力进行具体论述。延迟调整成本能力主要解析美国的借款能力、外汇储备、资本流动、银行体系等，转移调整成本能力主要解析美国的财富榨取、利益重构、经常账户调整、经济的敏感性与脆弱性等。

第三章重点论述美国对外负债的支撑力量。首先，美元本位制是美国对外负债的制度背景及信用来源。美元本位制下，发达国家将大量过剩资本投放到以美元为中心的国际金融市场中，推进全球金融一体化。美元本位制推动了资本在全球范围内的环流，通过强有力的网络效应促进多边贸易的金融效率，使美国成为国际金融体系的“关键轴心”。本书对此进行了统计性描述和分析。其次，美国金融霸权维系了美国对外负债。金融霸权是美国货币权力的一种表现形式。布雷顿森林体系解体后，美国积极塑造全球金融资本主义新阶段的主导权，主流的制度构建以及金融权力越发呈现不对称性特点。美国利用货币权力不断扩大金融霸权收益，减少维持金融霸权成本，维系债务式经济发展模式。第三章分析了金融霸权含义，美国作为金融霸权国的主要职责，还利用金融制裁的案例说明美国如何利用金融霸权获取外交收益。再次，联邦政府通过主导金融秩序、构建金融机制、转移金融风险等手段强化美国对外负债。最后，美联储通过流动性供给控制、汇率“武器”、利率操控等方式支持美国对外负债。

第四章具体分析估值效应对美国对外负债的调节作用。首先，解析估值效应的具体含义、理论意义及计算模型。过去主流经济学理论视经常账户为跨期均衡现象，将其等同于一国对外净资产的变化，但实证结果表明这种方式会造成衡量偏误。估值效应则将存量形式的对外净资产和流量形式的对外净出口有效结合。作为一国对外净资产存量价值变动部分，估值效应具有金融资产收益性质，能够传导国家间经济波动，平滑一国外部失衡，促进资源在全球的有效分配。美国外部失衡的调节主要依靠贸易渠道和估值效应渠道。贸易渠道是外部调整的主要方式，而估值效应渠道承担25％—30％的外部失衡调整。汇率变动和资产价格变动是影响估值效应的两大因素。汇率变动对贸易调整渠道和估值效应调整渠道同时存在影响，并且在短期、中期、长期都是可预测的。第四章还分析了汇率变动因素中的币种结构、金融汇率指数、美元贬值的作用。资产价格变动主要指股票和债券价格波动，其影响程度与一国金融市场发展程度、信息不对称性、价格传动机制等紧密相关。无论是“有效市场假说”还是“理性预期假说”，对于资产价格波动分析均存在不足，而美国对外资产收益率与对外负债回报率之间的正收益率差，是美国作为净债务国却保持对外投资持续正收益的重要原因。第四章最后使用向量误差修正模型(VECM)进行估值效应存在性检验，使用面板向量自回归模型(PVAR)进行估值效应波动性检验。

第五章重点论述美国对外负债的可持续性。首先，分析美国债务资产的基本特征，尤其是美国国债的重要作用。其次，总结对比美国的G-L指数、债务率、对外净负债率等几个对外负债的关键衡量指标，并阐释"金融暗物质"假说对美国对外负债的解释。再次，解析特朗普政府经济政策对美国对外负债可持续性的影响，包括税收改革、贸易保护、加强基础设施建设、放松金融监管等四个方面。最后，对美国对外负债是否存在崩溃的"临界状态"进行了说明。

第六章旨在分析美国对外负债的影响以及中国的应对政策。首先，美国对外负债引起全球流动性失衡。货币和具有高度流动性的短期证券的流动性膨胀，是全球经济失衡的重要表现形式。这主要源于美国持续经常项目逆差和新兴经济体大量顺差以及美国大量举债和新兴经济体大量借贷。全球流动性失衡造成的国际资本流动为美国提供了成本低且稳定的融资来源，美国也由于为全球提供流动性而收获了显著溢价。其次，美国对外负债还造成全球金融危机频发。美国对外负债导致全球美元流动性泛滥以及信贷规模急速扩张，逐步形成泡沫经济并引发周期性金融危机。20世纪80年代拉美债务危机、1997年东南亚金融危机、2008年次贷危机均与美国对外负债有很强的关联性。最后，面对非对称国际货币体系下的中美经济失衡状况以及对外净资产存在负估值效应等问题，中国应积极推进人民币国际化。第六章对人民币国际化的含义、条件、目的及实施路径进行了具体分析，然后分别从政治角度和经济角度对人民币国际化提出了中长期建议。

第四节　研究方法

本书的研究目的在于解释美国对外负债这一现实性问题，并尝试为中国的应对政策提供建议。文献综述表明，美国对外负债无法用单一的权力逻辑或财富逻辑说明，也无法用单一的政治视角或经济视角分析。根据以上特点，本书综合使用比较研究法、定性分析法与定量分析法对美国对外负债进行系统研究。

一、比较研究法

比较研究法主要是通过对比找到事物或对象之间的相似性或差异性的研究方法。本书使用比较分析的方式考察美国对外负债的历史演进,详述对外负债在美国不同历史阶段的动态表现,通过具体事例解释性研究美国在债权国、债务国角色之间转换的原因和意义,时间维度的扩展也有助于对问题研究视角的扩展。美国对外负债的同时伴随着国际货币体系变迁与国际主导货币更迭,本书详细描述了金本位制体系、布雷顿森林体系、美元本位制体系的不同特点,为进一步分析提供了事实基础。中美经济具有非对称相互依赖的特点,本书通过对比两国不同的政治经济体制以及金融市场发展程度,在实证检验的基础上,得出美国在外部调整过程中获得正估值效应,而中国却获得负估值效应。

美国债务规模的持续扩张造成全球金融危机频仍。通过对比分析拉美债务危机、东南亚金融危机、次贷危机的爆发原因、冲击效果、应对措施等,解析美国对外负债与其之间的关联影响。本书还比较分析了英美两国在不同时期作为金融霸权国所施行的对外经济战略的差异性,以及英镑和美元作为国际货币所扮演的不同角色,得出美国作为债务帝国的独特性。在此基础上,本书还对美国对外负债的存续状态、国际货币体系的未来发展以及人民币国际化的实施路径做出设想与预测。

二、定性分析法

定性分析侧重于利用归纳与演绎、抽象与概括方式,推断事物的性质和发展趋势。本书的定性分析主要包括对货币权力的本质认识,美国对外负债的基本特点、国际货币体系的演变规律、全球经济失衡的具体表现等。通过详细界定以及可操作化处理,本书遵循逻辑实证主义和演绎推理的方法,将难以量化的概念转化为可用事实及案例加以检验的命题,并对原有命题进行适当修正和补充。货币权力是一个经济概念也是一个政治概念,其本质源于货币发行国的自治权及影响力,对外负债则是一个经济概念。本书在国际政治经济学的基准分析框架下,将政治分析与经济分析有机结合,从货币的政治属性出发,基于货币权力的视角深入研究美国对外负债的理论基础、支撑力量、调节机制、可持续性等问题,尝试利用政治概念来分析国际经济问题的研究方式。立足于从政治角度分析美国负债及外部调整带来的未来经济战略走向,从经济角度研判国际政策选择的现实可操作性。对历史以及现实中美国对外调整相关问题的特征、性质、变化、影响、发展进行理性解析和判断。

三、定量分析法

定量分析力求利用数据精确研究,对数量特征、数量关系与数量变化进行客观理性的理解,科学地把握本质以及揭示规律。本书的定量分析主要针对美国对外负债的调节机制以及可持续性问题,包括估值效应的产生与计算、估值效应的存在性与波动性检验,汇率变动与资产价格变动方式,对外资产负债间收益率差的推导及计算,其他部分则辅之以统计性描述分析。数据的合理使用及估算可以有效地发现变量之间的相关关系以及关联性的强弱程度。实证检验部分用到了能够很好解决内生性问题的向量误差修正模型和面板向量自回归模型,并得到与美国估值效应的大小以及波动性有关的影响因素。利用数理模型可以达到高度简约的目的,并具有逻辑一致和内部有效的特性。

第五节 创新与不足

本书选择了国际政治经济学研究方向下的美国对外负债问题,并以货币权力作为研究视角。无论是对外负债还是货币权力,所涉及的研究领域都比较宽泛,但将二者结合起来的研究很少。本书尝试将"对外负债"这一传统上的经济学概念纳入国际政治学的研究视野,以此为理论发展和实证探索提供新路径。

一、可能的创新点

首先,本书的创新点在于研究视角方面。以往对于美国对外负债的研究以经济学视角为主,强调其本质特点、运行机制、影响路径等,政治学学者即使有所涉及,也局限在货币体系、货币霸权、币缘政治等。本书将美国对外负债置于货币权力的研究视角下,将政治学概念与经济学概念有机结合,重新审视美国对外负债背后的政治逻辑，扩展其理论依据与研究方法，全面立体地剖析美国对外负债的调节机制与可持续性等重要问题。

其次，在美国对外负债调节中，系统研究了估值效应的作用。美国外部失衡表现为对外负债规模的持续扩张，其调整主要依靠贸易渠道和估值效应渠道。随着全球金融一体化，估值效应调整渠道愈发重要。当前有关估值效应的理论并未完全成熟，理论模型属于发展初期，对于其基本定义亦存有争议，一些重要影响变量的内生性和外生性也并未作出严格区分。因此，本书对以往学者的研究进行全面系统梳理，并有效结合货币权力的概念来审视其对美国外部失衡的调节作用。实证部分主要对估值效应的计算模型进行梳理、推导、化简，对汇率运动调节作用和金融汇率指数影响方式进行归纳、对比、计算。利用向量误差修正模型验证估值效应的存在性，面板向量自回归模型验证估值效应的波动性。这些模型注重利用数据本身的特点进行推断，具有用变量的过去值来预测未来值的时间序列分析的优点。技术手段的使用可以更加精确地测量估值效应的作用方式以及美国对外负债的变化规律，并提供具体数据支持。

最后，既往研究往往忽视美国对外负债产生的制度背景及信用来源，而本书重点分析了美元本位制对美国对外负债的影响。一国国际政治影响力范围也会扩展该国的经济交易网络。美元本位制造成美元独大，降低了全球金融交易成本，加速了全球金融一体化，繁荣了国际贸易，促进了衍生品交易，并助长了金融泡沫。美元本位制突显了国际货币体系的非对称性、非公平性特点，体现了美国拥有国际货币主导权的实质，并奠定了美国金融霸权的基础。这一融合了政治属性和经济属性的概念成为分析美国对外负债的有效工具，同时还为人民币国际化实施路径提供了借鉴，有利于中国建设性地参与完善全球金融治理，重构国际货币秩序等。

二、难点与不足

首先，就选题而言，对货币权力与美国对外负债的相互关系并未形成完善的理论分析框架。无论对于权力问题还是债务问题，研究层次以及影响因素非常广泛，很多概念难以完全把控并进行合理抽象。因此，本书只能在既有文献基础上进行适度创新。但鉴于理论复杂性以及综合分析的难度，书中论点难免出现纰漏。此外，书中多处分析需要大量历史材料作为支撑，而对于材料搜集部分本书亦有所欠缺。

其次，本书研究美国对外负债主要考虑美国外部因素，未考虑美国本国因素的影响。对建立在市场原则基础上的全球经济以及建立在国家干预基础上的国内经济之间所固有的紧张关系也未进行完全展开分析。在对美国外部失衡调节的分析中，潜在地假设美国实现了内部均衡，国内经济政策目标不需要调整，从经济学研究逻辑来说这显然不是全部事实。对于美国对外负债是否具有可持续性，学界亦存在较大争议。本书仅从货币权力、美元本位、金融霸权、估值效应、政府干预的视角，作出美国对外负债具有可持续性的论断，具有一定主观性。

最后，从实证研究方面来看，可观测样本较少，数据获得具有局限性。本书所采用的向量误差修正模型和面板向量自回归模型等需要对数据进行详尽整理挖掘。数据缺失对精确度有较大影响，易导致结论存在偏误。同时，一些分析模型本身具有内在缺陷，所得结论与实际情况不可能完全符合。在对估值效应计算模型和金融汇率指数归纳推导中，假设理想条件存在并为求精简性适当省略误差项。这在技术分析层面，一定程度上缺乏严谨性。

第一章　美国对外负债的历史演进

人类学家大卫·格雷伯(David Graeber)在《债:第一个 5000 年》一书中回顾了债务的发展历史,其认为债务的历史比货币的历史更悠久。[①] 从中世纪开始,在税收制度基础上建立的公债体制由意大利扩展至欧洲乃至世界。中世纪后期,威尼斯共和国与邻国发生战争纠纷,为避免给国家财政增加负担,政府决定按照居民贫富水平等比例强征贷款,这是一笔年息为 5%的永续债,债券市场应运而生。文艺复兴时期,从福格家族和其他银行家开始,私人资本以贷款和证券投资的形式支持国际经济。18 世纪 70 年代,美国正是依靠外债得以建国。战争融资和经济发展是美国对外负债的两大主要原因。一个国家的繁荣与否与其处于债权国地位或债务国地位并无直接关系,而核心在于该国能否有效利用外债保持经济持续健康增长。

第一节　从建国到成为世界最大债务国

1776 年,美国宣布独立之后面临的最大挑战是战争经费来源。当时大陆会议(Continental Congress)可从法国和荷兰借款购买武器,但不能在美国国内发行足够国债来支援战争。政府只有求助于硬性贷款,签发借据强制征用各种物资并发行“大陆法币”[②]。“大陆法币”的滥发引起严重的通货膨胀,短短几年内,货币价值便下跌到原有面值的 2.5%。独立战争使美国对外负债达到其经济总量的大约 1/3,战争结束后,国内金融系统一片混乱。

---

① 参见[美]大卫·格雷伯:《债:第一个 5000 年》,孙碳、董子云译,中信出版社 2012 年版。

② 这是一种“不兑现货币”,指由政府批准,但不能与金银兑换的法定货币。

亚历山大·汉密尔顿(Alexander Hamilton)成为美国第一任财政部部长后，开始建立完善的联邦税收体系以保证美国稳定的财政来源。他按照英格兰银行的模式建立中央银行，并利用美国政府信用作为担保，以优厚条件发行新债来偿还旧债以及独立战争期间各州的债务。在汉密尔顿的影响下，美国建立了与英国类似的公债体系，计划恢复票据信用，并建立永久基金以备政府未来不时之需。① 汉密尔顿计划导致了大量可交易证券的突然涌现，包括国债、新发行的州政府债券、银行及保险公司发行的股票等。美国逐渐建立起了一个信誉良好、统一的货币供应体系。1792 年，联邦政府收入仅为 367 万美元，而到 1808 年，收入增长了 3.6 倍，达到 1706.1 万美元。②

尽管汉密尔顿进行了大量金融创新，实际上直到 1800 年，美国仍以农业为主，经济金融化水平很低，货币供应仅为 2800 万美元。1803 年，美国斥资 1500 万美元进行“路易斯安那购地”(the Louisiana Purchase)方案，使当时国土面积增加一倍。由于所涉金额巨大，美国用发行政府债券的方式进行融资。该债券于 1804 年发行，是首笔在国际市场发行的美国证券，票息为 6%，每半年在伦敦、巴黎和阿姆斯特丹付息。1812—1814 年的美国第二次独立战争，使美国国债数额由 5320 万美元急剧扩大至 1.27 亿美元。到 1825 年时，联邦债务才有所缓解，但仍占 GDP 的 10%。之后由于经济发展，国债规模不断缩小，到 1835 年仅余 4 万美元，这也是美国历史上唯一一次几乎全部偿还所有债务。③

1861—1865 年的南北战争，再次带来了战争融资的巨大需求。1861 年后，美元成为美国境内唯一的法定货币。北方联邦政府发行了 4.5 亿美元的“绿背纸币”(greenback)，达到战争费用融资的 13%。著名银行家杰伊·库克(Jay Cooke)没有采用传统上私下向银行和经济商出售债券的方式(即私募发行)，而是革命性地通过华尔街直接向公众发售战争国债(即公募发行)。库克的金融创新行为使 5%的北方人口购买了国债，到战争后期，国债出售速度已经超过联邦政府战争花销速度。同时期，南方联邦政府也通过

---

① 参见[英]尼尔·弗格森:《金钱关系》，唐颖华译，中信出版社 2012 年版，第 107 页。

② 参见[美]约翰·S.戈登:《伟大的博弈:华尔街金融帝国的崛起(1653—2011)》，祁斌译，中信出版社 2011 年版，第 15—43 页。

③ 参见邓子基、张馨、王开国:《公债经济学——公债历史、现状与理论分析》，中国财政经济出版社 1990 年版，第 28—29 页。

法国瑞郎尔银行(Erlangeret Cie)发行总额为7500万法郎的“瑞郎尔债券”,也称“棉花债券”,年收益率高达7%。[①] 在葛底斯堡战役南方军队挫败后,“棉花债券”价格开始疯狂下跌,同时南方联邦政府还面临高达9000%的通货膨胀率,这些因素使其最后不得不接受战败结局。1861年,美国国债只有6480万美元,而到1865年末,联邦政府共积累27.55亿美元债务,增长了41倍还多,约占当时美国国民生产总值的一半。政府债务的大部分是所谓的“5—20”债券,即政府有权以6%的利率选择在5年内主动购回债券或强制在20年后赎回债券。债券的发行文件规定用黄金来支付利息,由于当时美元正处于贬值的顶点,使得实际利率高达12%。[②] 南北战争虽然造成巨大的经济破坏,但推动了美国资本市场的发展,使纽约一跃成为仅次于伦敦的世界第二大资本市场。

1870年,美国的商品和服务生产开始超过当时世界头号工业强国英国。19世纪末,美国更一跃成为世界最大工业国,工业总产值由1859年的不足20亿美元上升到1918年的840亿美元。强大的工业生产能力使美国的商品出口在1912年也超越英国。1900年,美国国会通过了《金本位法案》(*Gold Standard Act*),明确指出黄金是美元的唯一基础,奠定了美元的国内信誉基础,成为美元在国际市场上崛起的开端。[③] 联邦债务方面,1878年债务规模达到美国当年GDP的41%,到一战前的1913年又回落到GDP的14%。虽然占比下降,但债务绝对总额由10亿美元激增至250亿美元,使美国成为当时世界最大债务国。[④]

第二节　最大债务国向最大债权国转变

1913年,美国通过《联邦储备法案》,美国中央银行——美联储成立(还包括12家地区联邦储备银行),其主要目的是提供更具弹性的货币供给以及更有效的监管。美国联邦储备体系的成立标志着美国现代金融体系的确

① 参见[美]克里斯·奥马利:《债市无疆——离岸债券市场:走过50年》,万泰雷、郭中宝等译,中国金融出版社2016年版,第4—10页。

② 参见[美]杰弗里·A.弗里登:《货币政治:汇率政策的政治经济学》,第50页。

③ Emily Rosenberg, “Foundations of US International Financial Power: Gold Standard Diplomacy, 1900-1905”, *Business History Review*, Vol.59, No.2, 1985, pp.169-202.

④ 参见[英]尼尔·弗格森:《金钱关系》,第117页。

立。1917年颁布的《第二自由债权法》设定了联邦政府债务上限。20世纪20年代,美国颁布了"Q条例"(Regulation Q),又设定了银行存款利率上限。1929年股灾和20世纪30年代大萧条使美国金融体系遭受重创,随后出台的《证券法》(*Securities Act*)、《证券交易法》(*Securities Exchange Act*)、《格拉斯-斯蒂格尔法》(*Glass-Steagall Act*)则标志着美国金融监管框架初露端倪。

20世纪初期,美国虽然持续保持贸易账户顺差,但直至1914年7月仍是世界最大债务国,对外负债高达71亿美元。世界总负债规模约为450亿美元,美国占其中的15.78%,俄罗斯位居世界第二,对外负债达38亿美元。英国是当时世界最大债权国,对外资产达180亿美元;法国位居第二,对外资产达90亿美元;德国居第三位,对外资产达73亿美元;美国居第四位,对外资产达35亿美元。到二战前夕的1938年,英国对外资产总额仍高居世界榜首,高达229亿美元,美国则跃居第二位,达115亿美元。同时,美国对外负债金额为70亿美元,约占当时世界总负债规模的12.73%,绝对总额排名世界首位(见表1-1)。[①]

表1-1　1914—1945年美国对外资产与负债　　单位:十亿美元

	1914年7月	1918年12月	1929年12月	1938年12月	1939年12月	1941年6月	1945年12月
美国对外资产	3.5	13.7	27.1	11.5	n/a	n/a	13.9
美国对外负债	7.1	3.0	5.8	7.0	6.2—8.7	6.0	7.9
美国当年GNP	36.4	76.4	103.1	87.4	90.5	124.5	211.5
对外负债/GNP	19.5%	3.9%	5.6%	8.0%	6.8%—9.6%	4.8%	3.7%

注:n/a=无数据。

一战期间,欧洲大国为了进行战争融资,大量抛售在美资产,并向美国大幅举债。从1914年8月到1917年4月,在美国市场上,英国融资12.5亿美元,法国融资6.4亿美元,俄国融资1.07亿美元。1917—1919年,美国本土投资者还被兜售了170亿美元的"美国自由债"和45亿美元的"胜利债"。[②] 一战结束时,美国已是世界重要债权国,拥有全球40%的黄金储备,

① Mira Wilkins, *The History of Foreign Investment in the United States*, 1914-1945, Cambridge, MA: Harvard University Press, 2004, p.351.

② 参见[美]克里斯·奥马利:《债市无疆——离岸债券市场:走过50年》,第12页。

国民财富达到5000亿美元，超过欧洲各国财富总额，对外净资产达107亿美元，占美国当年GNP的14%。[①] 一战后，英、法均成为美国的债务国。美国还利用债务偿付机制控制黄金流入和国际物价水平，并通过向战败国德国注资，推动形成"美国债权—欧洲债务—德国赔款"的关联机制，积极介入欧洲赔款纠纷，先后主持了"道威斯计划"和"杨格计划"，实现从债权主导到货币主导的跃进。[②]

从外国流入美国的资本情况考察，从19世纪末到二战前，英国始终是美国最大资金来源国，加拿大、荷兰则分居外国对美投资排行榜的第二位和第三位(见表1-2)。

表1-2　英国、加拿大、荷兰对美国的长期投资情况　单位：百万美元

	1918年	1929年	1934年	1937年	1938年	1939年
英国	1850	1560	1935	2388	2500	2348
加拿大	275	935	1075	1085	1190	1060
荷兰	540	400	685	823	875	888

数据来源：Mira Wilkins, *The History of Foreign Investment in the United States*, 1914-1945, Cambridge, MA: Harvard University Press, 2004, p.72.

受一战的影响，1919年外国在美国的投资总额不及1914年的一半。1929年的世界性经济危机再次重创美国，使美国"咆哮的二十年代"(Roaring Twenties)戛然而止，外国在美国的投资又一次大幅减少。截至1933年末，外国对美国长期证券投资、直接投资、投资总额等仍未恢复到1914年的水平(见表1-3)。

表1-3　外国在美国长期投资的发展(1914—1945年)　单位：百万美元

	长期证券投资	直接投资	投资总额
1914	5406	1684	7090
1919	1624	899	2523
1924	1933	975	2908
1929	4325	1485	5810

① 参见李巍：《制衡美元：政治领导与货币崛起》，第90页。

② 参见康欣：《国家债权与霸权转移——美国对英国的债权政治研究(1917—1945)》，复旦大学博士学位论文，2014年。

续表

	长期证券投资	直接投资	投资总额
1933	2565	1518	4083
1939	5815	2875	8690
1940	3797	2004	5801
1941	5761	2438	8199
1945	4600	2700	7900*

*79 亿美元的总额除前两项外还包括政府借款 6 亿美元。

数据来源：Mira Wilkins, *The History of Foreign Investment in the United States*, 1914-1945, Cambridge, MA: Harvard University Press, 2004, p.67.

表 1-4 展示了一战到二战期间外国在美国投资的收入额。由数据可知，1914—1918 年，由于战争原因，欧洲各大国纷纷从美国撤资，导致收入额显著减少，待战争结束才缓慢上升。1929 年世界性经济危机使外国在美国投资收入再次开始大幅下降，1933 年时甚至未达到一战前水平，随后开始缓慢上升。1939 年二战的爆发使得收入额再次开始下降。

表 1-4 外国在美国投资的收入(1913—1941) 单位：百万美元

年份	收入额	年份	收入额
1913	210	1928	275
1914	200	1929	330
1915	136	1930	295
1916	118	1931	220
1917	100	1932	135
1918	100	1933	115
1919	130	1934	135
1920	120	1935	155
1921	105	1936	270
1922	105	1937	295
1923	130	1938	200
1924	140	1939	230
1925	170	1940	210

续表

年份	收入额	年份	收入额
1926	200	1941	187
1927	240		

数据来源：美国商务部。

国债发行方面，1919 年美国国债规模约为 274 亿美元，占当年国民生产总值的 30%，而同期欧洲国家的相应比例则高达 150%。1929—1933 年的经济大萧条，使美国遭受重创。罗斯福总统上任后，开始推行“罗斯福新政”。罗斯福是美国历史上第一位采取赤字财政政策干预经济周期的总统。1934 年以前，美国国债总额除了一战后 1919 年达到峰值 273.9 亿美元外，基本保持稳定态势，甚至在 1930 年下降至 161.8 亿美元。1934 年，美国联邦政府债务再次升至 270.5 亿美元，此后国债数额开始显著增长。1941 年美国正式加入二战后国债数额开始成倍增长，截至 1945 年达到 2586.8 亿美元，约为 1934 年的 10 倍，占当年 GDP 的 113.5%（见图 1-1）。1939—1945 年，美国债务上限调整了六次。整个二战期间，美国共发行七次战争国债和一次胜利国债，全部军费的 57%依靠举债筹集。

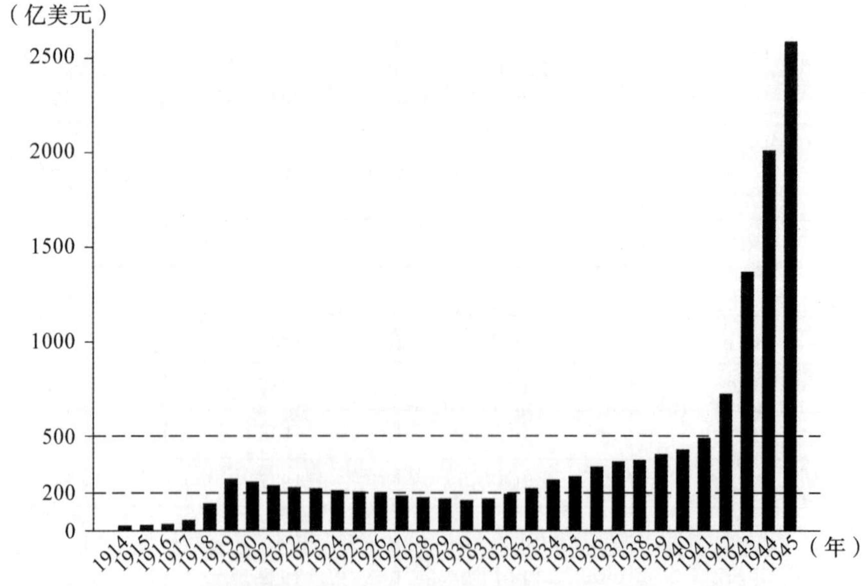

图 1-1　一战爆发到二战结束美国国债总额变化（1914—1945 年）

数据来源：Historical Debt Outstanding—Annual 1900-1949，www.treasurydirect.gov.

第三节 最大债权国地位不断衰落

20世纪五六十年代是美国经济发展的黄金时期，日本和西欧经济增长率的大幅提高为美国盈余资本提供了投资机会，使美元资本净输出规模不断增加。1960年，美国货币性负债首次超过本国黄金储备。1961年，在美国敦促下，伦敦黄金总库成立。其目的是阻止外国政府持美元外汇向美国兑换黄金，以减轻美国黄金储备压力。肯尼迪政府时期，为缓解美国对外赤字，纽约联邦储备银行经济学家罗伯特·鲁萨（Robert Roosa）代表美联储与外国央行达成一系列货币互换协议。为了营造联邦政府正在积极削减国际收支赤字的形象，美国向外国银行发行了顶替黄金的中期国债。这些表面上看来不可出售、不可兑换的国债是具有潜在流动性的债务工具。其名义上的不可流动性只是一种伪装，实际上只需2—9天的时间，它们就可以被转换成完全可售的流动债券，然后即可兑换黄金。美国提供给外国央行这种带息金融工具的主要目的是转移外国央行持有的过剩美元。①

1968年，美元危机爆发，美国关闭了美元黄金兑换窗口，其债务融资模式开始得到日本、加拿大等主要发达国家的认可。受肯尼迪政府时期推行的一系列社会项目的影响加之越南战争爆发，到1969年尼克松政府时期，美国国债规模已高达3529亿美元。1971年8月15日，尼克松正式宣布美元停止与黄金兑换。

20世纪70年代爆发的石油危机和通货膨胀，使美国不得不大规模举债来弥补财政赤字，对外负债规模迅速增长。这一时期是美国最大债权国地位不断衰落的阶段。从二战后到20世纪70年代，全世界国民生产总值翻了三番。在贸易、货币、对外投资方面，世界经济相互依存性凸显，美国成为全球资本账户自由化的倡导者。布雷顿森林体系时期，美国经常账户顺差，金融账户逆差，保持着净债权国地位。布雷顿森林体系解体后，国际货币体系进入美元本位制时代，美国呈现经常账户逆差、金融账户顺差，外围国家资本开始大量涌入美国。由图1-2可知，除了20世纪70年代初期的小幅波

---

① 参见[美]迈克尔·赫德森：《金融帝国：美国金融霸权的来源和基础》，嵇飞、林小芳等译，中央编译出版社2008年版，第267页。

动外，1976 年美国就出现经常账户逆差，此后只有在 1980 年、1981 年和 1991 年出现经常账户顺差，但所占 GDP 比例均很小。1991 年出现经常账户顺差的异常现象，主要是因为外国政府为了协助海湾战争进行一次性大规模转移支付所造成的。1991 年以后，美国经常项目逆差占 GDP 比例不断扩大，直到 2006 年达到最大规模，其绝对数额达到 8067.26 亿美元，约占当年 GDP 的－5.82%。

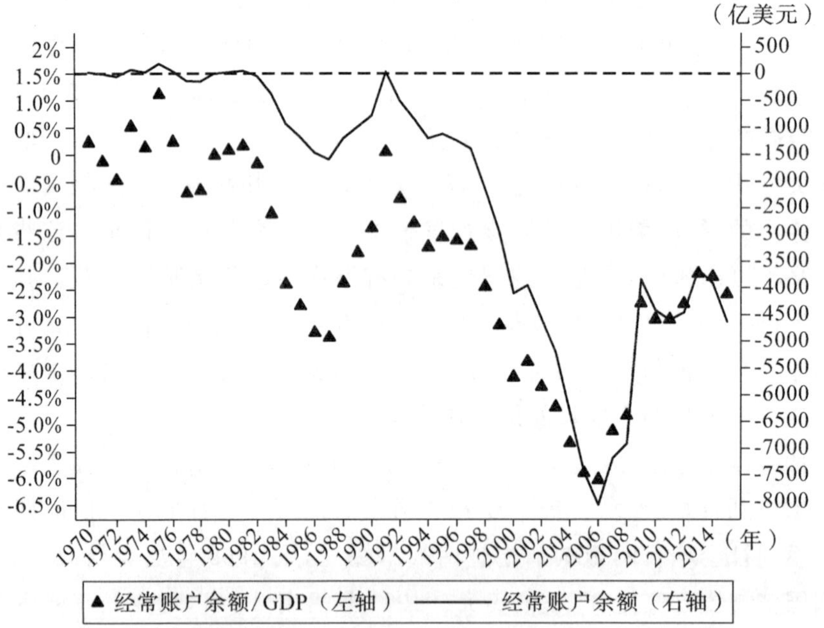

图 1-2　美国历年经常账户余额及其占 GDP 比例(1970—2015 年)

数据来源：美国经济分析局(BEA)。

美国通过经常项目逆差向国际社会供给美元，逆差扩大美元供给增加，逆差缩小美元供给减少。美元经常账户逆差除了满足世界流动性需求外，也意味着美国对外国商品需求增长以及外国对美国资产需求增长。[①] 东亚"贸易账户区"国家和中东石油出口国对美元有大量需求，这些国家的经常账户顺差导致外汇储备激增。由于这些国家金融市场不健全，只能购买安全性高、流动性强的美元资产，尤其是零风险的美国国债。美国通过经常账

① Blanchard Olivier, Francesco Giavazzi, Filipa Sa, "The U.S. Current Account and the Dollar", NBER Working Paper Series-National Bureau of Economic Research, No.11137, 2005.

户逆差将低息资产卖给其他国家,然后再利用低成本融资得来的资金对外进行高回报投资,赚得净利差。①

20 世纪七八十年代,美国的经常账户逆差主要源于贸易失衡,尤其是日美间贸易失衡。当时全球贸易格局突出表现为日本对美国的持续贸易顺差。1985 年 9 月 22 日,为了摆脱利率上升、美元升值、贸易赤字剧增的“三重烦恼”,美、日、英、德、法五国财长在纽约广场饭店签订协议,要求日本实现金融资本市场自由化,扩大资本市场的融资能力,放开利率并允许银行从事创新业务以及放松资本管制等。《广场协议》后,西方大国开始联合干预外汇市场,各国开始抛售美元,强行迫使被高估的美元“软着陆”。不到三年时间,日元兑美元升值一倍,到 1988 年升值到 128 日元兑换 1 美元。② 由图 1-3 可知,从 1970 年开始,日元兑美元持续升值,直至 1994 年后才基本维持稳定。日元大幅升值后,日本企业开始将生产转移到国外。

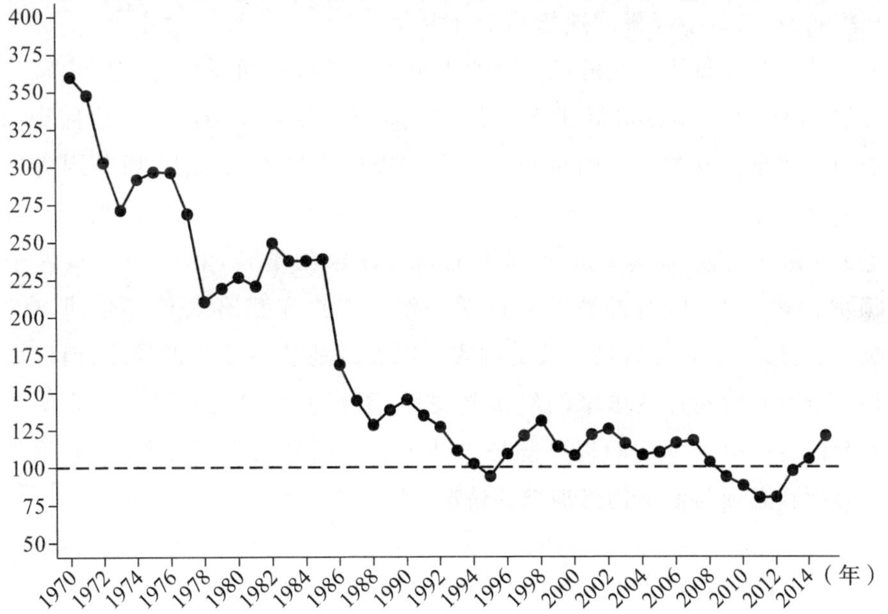

图 1-3 美元兑日元汇率

数据来源:美国圣路易斯联储。

---

① Peter Brust and Vivekanand Jayakumar, “Introducing Valuation Effects-Based External Balance Analysis into the Undergraduate Macroeconomics Curricula: A Simple Framework with Applications”, *The Journal of Economic Education*, Vol.43, No.4, 2012, pp.363-376.

② 参见丁一凡、钮文新:《美元霸权》,第 135—140 页。

日元兑美元的急剧升值对日本宏观经济造成巨大影响，使日本贸易收支产生很大不确定性。由于出口按照美元结算而变得更加昂贵，因此日本出口减少，又由于经济减速，进口变得更少。日元升值使日本跌入了10年的通货紧缩式衰退期。由于贸易顺差并未明显下降，为了冲销外汇占款，日本不得不增加本国货币供应，从而导致物价水平上涨，经济开始产生巨大泡沫。① 金融体系行政管制自由化和利率受抑状态，导致爆炸式的信用创造，投机性资本源源不断流入日本金融市场。1975—1984年，日本国内中介经手的资金总量达59万亿日元，1985—1990年则达到123万亿日元。新资金的洪流推高了日本金融市场的市值，到20世纪80年代末，日本股票市场已占全球股市市值的44%，而美国股票市场仅占30%，东京债券市场年交易量也已超过纽约。② 麦金农和大野健一认为，日元几乎长达十年的升值使日本患上了"日元升值综合征"，表现为经济持续不景气，直至现阶段即使在零利率刺激下，日本经济增速依然十分缓慢。③

美国对外负债恶化的最直接原因也源于持续的贸易逆差。罗伯特·蒙代尔(Robert A. Mundell)指出美国的贸易逆差来自于美国的自愿借贷和其他国家的自愿放款。美国贸易逆差并非美国出口数额减少，而是因为进口数额增长过快，并主要表现为商品贸易逆差，而在服务贸易项和投资收入项下都是顺差。美国贸易赤字推动全球总需求的增长，其比例大概占全球GDP的2%。一国对外贸易开放对于经常账户累积有两种互相冲突的影响：积极影响是对外贸易开放的国家可以方便地从国外获得贷款；消极影响是由于对外贸易开放国家的经济脆弱性，不得不积累对外资产作为调节性库存储备(buffer stock)以预防外来冲击。美国则几乎不受此影响，因为其不会面临必须与信贷约束捆绑的情况。④

---

① 参见增永岭：《广场协议后的日本经济》，《银行家》2008年第5期。

② Andrew Leyshon, "Under Pressure: Finance, Geo-economic Competition and the Rise and Fall of Japan's Postwar Growth Economy", in S. Corbridge, N. Thrift, R. Martin eds., *Money, Power and Space*, Oxford: Blackwell, 1994, pp.116-145.

③ 参见[美]罗纳德·麦金农、[日]大野健一：《美元与日元—化解美日两国的经济冲突》，王信、曹莉译，上海远东出版社1999年版，导言。

④ Pierre-Olivier Gourinchas and Hélène Rey, "From World Banker to World Venture Capitalist: US External Adjustment and the Exorbitant Priviledge", NBER Working Paper, No.11563, 2005.

美国债权国地位历史性转变的原因还在于里根政府的税收和财政政策。里根政府时期，美国经济实现由“需求经济”向“供给经济”过渡，税收大规模削减却并未辅之以减少政府开支，导致巨额预算赤字并带来一种凯恩斯式的财政刺激。由于国内储蓄不足，美国不得不在世界资本市场上大量举债以为预算赤字融资，造成美元溢值和世界利率提高，加剧了美国经常账户逆差。“里根经济学”诱发衰退后，美国不得不靠外部债权国提供的资金进行经济复兴。外国持有的美元债券大幅增加，其中大部分由日本提供。美国实际利率和日本实际利率之间利差的急剧增长，也促进日本资本大量流入美国。① 时任纽约联邦储备银行总裁杰拉尔德·科里根(Gerald E. Corrigan)认为：“我们片刻也无法离开外国储蓄资金的流入，这些钱直接或间接地为一半以上的预算赤字融通资金。”②1980—1985 年，联邦政府必须每年弥补 2000 多亿美元的预算赤字，使得美国储蓄率从 17%下降到 12%。国民储蓄的减少只能靠减少国内投资和向外国借债进行平衡，美国每年净借债高达 1000 亿至 1200 亿美元。预算赤字还意味着资本积累严重下降，资本积累率从 1979 年占国民生产总值的 17.5%下降到 1985 年的 16.2%。③

固定汇率制度崩溃后，整个世界的财政赤字占国民生产总值的比例增加了一倍。④ 20 世纪 80 年代，已有学者对美国预算赤字和贸易赤字表示担忧，但大多数仍秉持乐观态度。按照当时总统经济顾问委员会主席马丁·费尔德斯坦(Martin Feldstein)的观点，美国只需每年获得 1000 亿美元的贸易盈余，若干年后即可清积所欠外债。但这种乐观的预测忽视了大量引进外资以及由此造成的美元溢值对美国经济产生的持久影响。偿还外债和支付债务利息，将在未来很多年内消耗美国大部分财政收入。美国由此陷入恶性循环之中，一方面，它需要大量外国资本为预算赤字融通资金；

---

① Kent E. Calder, “The Emerging Politics of the Trans-Pacific Economy”, *World Policy Journal*, Vol.2, No.4, 1985, pp.593-623.

② Martin Mayer, “Risk Reduction in the New Financial Architecture: Realities, Fallacies, and Proposals”, Levy Economics Institute of Bard College Working Paper, No.268, 1999.

③ 参见[美]罗伯特·吉尔平:《全球政治经济学》，杨宇光、杨炯译，上海人民出版社 2020 年版，第 317—319 页。

④ Jacques de Larosière, *Restoring Fiscal Discipline—A Vital Element for Economic Recovery*, International Monetary Fund, March 16, 1982.

另一方面，外国资本的供应造成美元大大溢值，降低了美国经济的竞争力，削弱了美国的工业基础，而遭到削弱的经济则更加依赖外国资本的支持。[①]

第四节　再次沦为世界最大债务国

20 世纪 80 年代后期，美国金融市场开始加速发展。高度金融化带来前所未有的金融资本供给，为对外投资、科技创新、个人创业提供资本。美国对外负债规模随之不断膨胀，并于 1989 年重新成为净债务国。美国债务经济模式运行的基本逻辑为：美国印刷美元去外国购买所需的商品和服务，再通过出售美国债券（国债、机构债及企业债）使花出去的美元重新回流美国本土，变成美国政府或企业可以任意支配的现金。只要世界各国经济增长对美元的需要越来越多，美国国债就会有源源不断的需求；只要外国资本不断投向美国的股市、债市、汇市，美国的经常账户逆差就会获得金融账户下外国资本流入的补偿，其国际收支就能维持平衡。[②]

图 1-4 展示了美国 1970—2016 年对外资产、对外负债以及净国际投资头寸占 GDP 比例的变化情况。20 世纪 80 年代后，受新自由主义思潮的影响，金融管制放松，美国债务占 GDP 的比例迅速攀升，并在 1998 年后呈加速增长趋势。债务占 GDP 比例的增长必定对应于货币、债券或固定收益资产的扩张。1980 年，美国货币市场基金为零，但到 2007 年已飙升至 3.1 万亿美元。1989 年，美国股票市值占 GDP 比例为 58%，到 2007 年上升到 142%。2007 年，美国普通民众的负债（主要是住房和消费负债）共计 14 万亿美元，相当于 GDP 的 101%，平均每人负债约 7 万美元。2008 年次贷危机后，由于联邦政府的有效管控，美国对外债务有小规模缩减，但 2009 年后再次急剧增长。截至 2016 年年底，美国对外总资产（不包括金融衍生品）达 21.64 万亿美元，对外总负债（不包括金融衍生品）达 30.02 万亿美元，分别占美国 GDP 的 116.54%和 161.67%。

---

① 参见[美]罗伯特·吉尔平：《全球政治经济学》，第 308—309 页。

② 参见丁一凡、钮文新：《美元霸权》，第 101—109 页。

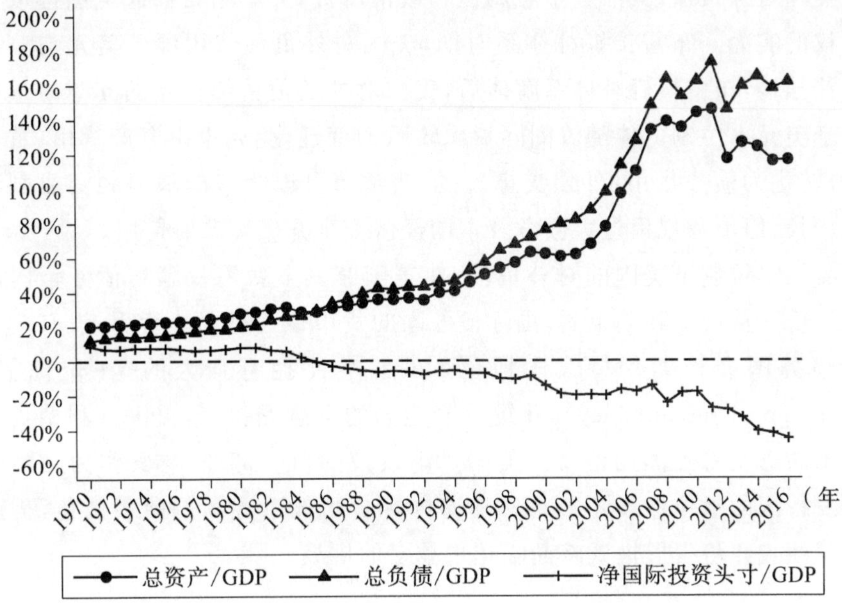

图 1-4 美国对外资产负债及净国际投资头寸占 GDP 比例(1970—2016 年)

数据来源:国家对外财富数据库(EWN,1970-2011)、美国经济分析局(BEA)。

1950—2010 年,美国金融业产值在经济中的份额提高了 3 倍。1970—2012 年,美国固定收益类金融资产占 GDP 的比例由 137%上升至 265%。机构投资者持有的银行债务和非银行信贷证券也急剧增长,直接或间接地为所增加的借款提供了融资。[①] 阿代尔·特纳(Adair Turner)认为,金融市场具有一种脱离社会需要而过度发展的内在倾向,金融机构和金融产品的发展具有合理的界限,如果金融创新和金融衍生品过度复杂化,将使金融体系变得不稳定。[②]

美国对外负债是两百多年来美国崛起及兴盛的主要决定因素之一。南北战争、第一次世界大战、第二次世界大战、战后重建、朝鲜战争、越南战争、对外军事援助、对苏联冷战等,很大程度上美国都是依靠发债来渡过难关。

① 数据来源于美联储。此处的固定收益类金融资产是指所有非股权形式的金融资产,投资者的收益由事前合约确定,而不依赖于公司或项目的经济表现,也包括可变利率的债券或存款,其回报随市场利率波动而变化。

② 参见[英]阿代尔·特纳:《债务和魔鬼:货币、信贷和全球金融体系重建》,王胜邦、徐惊蛰、朱元倩译,中信出版社 2016 年版,序言。

关于美国对外负债，其兼具金融属性和政治属性，并不断支撑起美国攫取全球霸权的实力。布雷顿森林体系时期，美国对外负债信用源于美元与黄金的直接挂钩，布雷顿森林体系解体后，美国对外负债持续扩张的支撑力量则来源于美元本位制。伴随着国际货币体系的变迁，美元也由资产货币（黄金支撑）转化为债务货币（外债支撑）。虽然举债可以为一国战争融资或刺激经济增长，但债务规模过大会危及本国经济安全并破坏政府信用。

美元本位制下美国的对外负债，使美国兼具金融霸权国和债务帝国的双重身份。从历史经验上看，国际债务国的货币往往是弱势货币，没有一个国际债务国会长期保持大国地位。虽然美元拥有强大的“在位优势”(advantage of incumbency)，并维系着美国的金融霸权，但美国自利型货币政策不断透支着美国的信誉。美国货币政策的负外部性，与其作为国际本位币发行国的地位愈发不相称。随着国际货币体系逐渐趋向多极化，美国对外负债式经济发展模式将面临越来越多的挑战。

第二章　美国对外负债的权力基础

美国对外负债的基础源于美国拥有货币权力，货币权力的本质源于货币发行国的自治权及影响力，其可以重塑国际货币体系参与者的社会身份和经济利益。美国对外负债并不是普通意义上的对外借债，而是在美元本位制下，外国与美国形成经贸相互依存关系后正常的账面表现。国家间货币关系是世界经济的核心特征，拥有货币权力使美国对外负债规模得以持续增长并对本国经济发展产生正向的促进作用。本章首先解析货币权力的表现特点，然后介绍美国延期支付持续性调整成本的能力，最后阐释美国转嫁转型性调整成本的能力。

第一节　货币权力表现特点

20 世纪 80 年代以来，全球金融一体化影响着国家的能力与自主性，重塑着国家、非国家行为体以及社会力量之间的相对权力。政府与其他行为体在货币竞争与交易网络创建的社会空间中频繁互动。货币权力背后体现着社会信任关系，对于货币权力起作用的必要条件是清偿债务的普遍接受性。美国还利用美元的主导性国际货币地位塑造着全球金融治理的合法性。本节主要介绍美元作为国际本位币的三个表现特征、货币权力的结构特点以及货币权力竞争的根源。

一、美元国际本位币地位

美元作为国际本位货币，其主要功能体现为国际贸易以及全球资本流动中最主要的价值储藏手段、最重要的交换媒介以及结算货币和计价单位。

价值储藏方面，私人部门可以将其作为未来资产持有，公共部门可以将其纳入外汇储备；交换媒介方面，私人部门可以用其进行国际交易结算，公共部门可以用其干预外汇市场。计价单位方面，私人部门用其作为国际贸易和金融资产交易的计价货币，公共部门用其作为汇率平价的价值标准或国内货币可以盯住的货币锚。[①] 高度一致的价值和内生稳定性，是占支配地位国际货币出现的基本条件。美国政治体制的稳定性、对通胀的良好控制、高效开放的金融市场支持了其他国家对美元未来价值的信心。

（一）价值储藏手段

世界外汇储备的主要币种包括美元、欧元、日元、英镑，其中美元占比大约为 65%。1999 年末，美元作为世界储备货币为 9797.83 亿美元，占世界可分配外汇储备总额的 71.01%；欧元作为世界储备货币为 2469.50 亿美元，占世界可分配外汇储备总额的 17.90%；日元为 879.39 亿美元，占比为 6.37%；英镑为 398.27 亿美元，占比为 2.89%。截至 2017 年第二季度，美元作为世界储备货币达到 5.91 万亿美元，占世界可分配外汇储备总额的 63.79%；欧元达 1.85 万亿美元，占世界可分配外汇储备总额为 19.91%；日元为 4294.91 亿美元，占比为 4.64%；英镑为 4080.83 亿美元，占比为 4.41%。[②] 据统计，美国政府发行的纸币和硬币一半以上在国外流通。虽然欧元在世界外汇储备中也占据很大比例，但次贷危机之前，欧元并没有过多"侵蚀"以美元为基础的国际货币体系。2011 年欧洲主权债务危机后，欧元在各国外汇储备中所占比例更是逐渐下降，国际资本仍大量流入美国避险。

美元本位制下，美国作为主要外汇储备币种获得了显著溢价。当美元趋于疲软时，各国会将美元储备换成欧元、日元、英镑等其他币种来抵御冲击；而一旦美元坚挺，欧元、日元、英镑又被换回美元。2018 年初，伴随主要发达国家经济缓慢复苏，美元进入新一轮弱势周期。美元指数由 93 跌至 90 左右，引发国际大宗商品价格上涨，其他国家遭受输入型通货膨胀的威胁。美联储"加息"和"缩表"推进货币正常化的政策，引发美元大量回流美国，对其他国家金融市场产生溢出效应。

---

① 参见[德]桑德拉·希普：《全球金融中的中国：国内金融抑制与国际金融权力》，第 45 页。

② 数据来源于 IMF 官方外汇储备货币构成数据库（Currency Composition of Official Foreign Exchange Reserve，COFER）。

(二)交换媒介

外汇市场是全球最大的市场,是一个 24 小时不停运转的市场,全球外汇交易量大约是全球产品和服务交易量的 73 倍。伦敦是世界第一大外汇交易市场,纽约居于第二位。外汇市场每日交易量超过 5 万亿美元,有近 87%的交易以美元作为交易对象,而且全球逾一半跨境贷款和存款也用美元交易。[①] 外汇市场交易以银行间市场为主,而美元是银行间交易市场服务私人部门客户的载体货币。当各国央行干预外汇市场影响汇率时,会发现用美元作为官方干预货币成本更低也更方便。

随着东亚和拉美经济的强势增长,美元主导地位反而继续走强,因为快速增长的东亚和拉美经济体银行间支付仍须以美元清算。以美元为基础的外汇市场流动性增强,导致银行交易费用进一步下降。尽管美国经济相对规模有所下降,但基于美元的银行间兑换范围反而增加。[②] 全球主要国家都选择以美元或欧元作为参考本币价格的"货币锚"。[③] 2014 年,22.5%的国家采取了美元汇率锚的货币政策、13.6%的国家采取了欧元汇率锚的货币政策,合计达 36.1%。[④] 从外部流通的国际债券及票据的币种结构来看,截至 2015 年 6 月,以美元计价的证券总金额达 88160 亿美元,占比为 42.7%;以欧元计价的证券总金额达 80920 亿美元,占比为 39.2%。[⑤] 美元除了是美国主权信用货币,还扮演着全球"基轴货币"的角色,而主导美国货币政策的美联储成为世界"央行"。

(三)结算货币和计价单位

美元是最主要的国际结算货币。国际结算是指为清偿国际间债权债务关系或跨国转移资金而发生在不同国家之间的货币收付活动。美元的清算

① 参见《法国抨击美元在国际交易中的支配地位》,2014 年 7 月 7 日,http://www.xinhuanet.com//world/2014-07/07/c_126720107.htm。

② 参见[美]罗纳德·麦金农:《失宠的美元本位制:从布雷顿森林体系到中国崛起》,李远芳、卢谨等译,中国金融出版社 2013 年版,第 14—16 页。

③ 参见李巍:《制衡美元的政治基础——经济崛起国应对美国货币霸权》,《世界经济与政治》2012 年第 5 期。

④ 参见范小云、陈雷:《国际流动性安排与人民币国际化》,《南开学报(哲学社会科学版)》2015 年第 5 期。

⑤ 参见[美]埃斯瓦尔·S.普拉萨德:《赢得货币战争》,刘寅龙译,新世界出版社 2018 年版,第 248 页。

网络主要有四个:1853 年成立的美国票据交换所(Clearing House)、1918 年成立的美联邦资金转账系统(Federal Reserves Wire Trans-fer System, FEDWIRE)、1970 年开始运行的纽约清算所银行同业支付系统(Clearing House Interbank Payment System,CHIPS)、1975 年开始运行的纽约自动清算所。美国票据交换所和纽约自动清算所主要清算美国境内的美元,而美联邦资金转账系统和纽约清算所银行同业支付系统主要清算美国境外的美元。纽约清算所银行同业支付系统主要由美国 12 家联邦储备银行和一系列联系成员银行组成,美联邦资金转账系统则是美联储利用其集中的存款准备金建立的跨地区票据托收服务系统。[①] 此外,国际贸易中美元支付和结算还主要通过环球银行间金融电讯协会(Society for Worldwide Interbank Financial Telecommunications, SWIFT)。这是一家由比利时公司运营的信息交换系统,为全世界的银行提供有关金融交易的信息服务,并被誉为"全球银行业的神经中枢"。

美元还是最主要的世界贸易计价货币。同质初级商品,如石油、铜、铁的出口都倾向于按照某个集中交易的价格以美元结算。尽管以美元计价的大宗商品交易所在伦敦和其他国际金融中心也存在,但对冲每种商品价格风险的期货市场都位于芝加哥和纽约等美国城市。各国央行为了稳定本国货币的国际购买力,通常正式或非正式地紧盯美元,也因此盯住美元代表的规模巨大并具有价格黏性的国际贸易货物。例如,在韩国和泰国,超过 80% 的贸易以美元计价,尽管出口中只有大约 20% 出口到美国,澳大利亚 70% 的出口以美元计价,但只有 6% 出口到美国。[②]

美元作为许多国际大宗商品的计价货币,其中最能体现美国货币权力的就是石油。"欧佩克"(OPEC)国家通过出口石油获得巨额贸易顺差,但由于相关国家人口数量少,油价提升所带来的巨额利润无法转化为消费,只能存在银行中。石油进口国为了维持经济增长必须大量购买石油,因此向石油出口国借款来弥补贸易赤字就成为一种重要手段。但是石油出口国必须选择某种货币作为出借资本,但本国货币通常又无法胜任这一任务。原因在于:首先,石油出口国经济体量太小,无法提供足够的金融资产;其次,石

① 参见张东祥、高小红:《国际清算》(第四版),武汉大学出版社 2011 年版,第 1—14 页。

② 参见[美]巴里·艾肯格林:《嚣张的特权:美元的兴衰和货币的未来》,前言。

油消费国无偿占有石油出口国财富，增加的只是资本账户账面上不断增长的赤字，而石油出口国则可能面临国内严重的通货膨胀；[1]最后，只能是美元充当石油资本的“载体”，成为“欧佩克”出口石油的唯一计价与结算货币。由于世界各国都离不开中东石油，所以为了购买中东石油，就不得不继续把美元当作最重要的国际储备货币。如果石油价格不断上涨，世界为购买石油就需要更多的美元，相应地，美国就可以不断增大美元的发行，满足全球美元需求，同时获得铸币税收益。中东国家则把出口石油所获得的美元通过购买美国债券、股票、基金等金融产品，重新投放回美国。这一过程形成了“石油美元环流”。[2]

二、货币权力的结构特点

全球货币关系中，结构是指权力资产在国际体系中的分布，由规模、开放度和国家脆弱性所决定。货币权力的结构性特点主要基于一国金融市场的国际吸引力和其货币的国际储藏价值。货币权力赋予主导国使用汇率和外汇储备作为强制手段，并通常表现出非对称性的结构特点。货币主导国控制着国际货币发行与全球金融资本流动，其他国家则形成对货币主导国的依赖。货币主导国能改变他国面临的选择范围，而又无须明显地对其施加直接压力。科恩提出用“集中度”(concentration)的概念来描述国际货币体系的结构特征。外汇储备、外汇交易、银行负债的币种结构也能体现出货币权力的结构特点。

(一)结构权力的本质

结构权力是主导国通过影响其他国家的运营环境来间接实现。结构权力行使存在两种方式。第一种方式是主导国通过积极改变或塑造全球政治经济惯例和机制来影响其他国家，这主要涉及主导国对于博弈规则的有意和积极操纵。第二种方式是“无意的权力”(non-intentional power)，不要求主导国的意向或委托，即结构权力“不一定是寻求有意义的结果”。主导国能够仅仅通过单边行为，甚至是其组织全球政治经济的方式，去“不自觉地

① Robert Z. Aliber, *The International Money Game*, New York: Basic Books, 1987, pp.137-141; Brian Tew, *The Evolution of the International Monetary System, 1945-1981*, London: Hutchinson, 1982, p.190.

② 参见丁一凡、钮文新:《美元霸权》,第97—98页。

和无意地”影响结果。[①]

斯蒂凡诺·古兹尼(Stefano Guzzini)指出,结构权力可分解为有意向性权力(也称间接制度性权力)和非意向性权力。有意向性权力是指一个行为体操控治理全球政治经济的正式规则和非正式习惯的能力,非意向性权力是指一个行为体施加那些源于自身在某一特定政治经济结构内位置的影响的能力。结构上强有力的国家,其国内决策或许会对其他国家产生非预期影响,同时也会根据本国政策偏好,利用自身位置,蓄意影响他国内部政策。[②] 苏珊·斯特兰奇认为,美国攫取他国财富的能力是美国结构性权力最重要的方面。

科恩提出用“集中度”(concentration)的概念来描述国际货币体系的结构特征。传统上,国际货币体系中经常使用“极”的概念,但“极”的概念本质上假设各“极”在结构上是等同的,其能力和影响力没有太大差异。科恩指出,描述一个货币体系,不仅应包括“极”的数量,也应考虑各“极”之间的不平等性,因此“集中度”的概念更为适合。“集中度”将“极”的概念和不平等的概念有机结合,来度量竞争性的货币结构。关于“集中度”,可以使用赫芬达尔-赫希曼指数(HHI)来衡量。这是一种测量产业集中度的综合指数,其方法是计算出一个行业中各竞争主体占行业总资产百分比的平方和,以此可以观测国际货币的“集中度”变化趋势。选取美元、欧元、日元、英镑和瑞士法郎五种国际货币为基准($N=5$),根据各币种担任不同国际货币角色时所占全球总份额的比例计算 HHI 指数。[③] 由表 2-1 可知,20 世纪 90 年代以来,国际货币体系的“集中度”并未发生明显改变。这也从侧面说明,美元的国际主导货币地位也未发生明显改变。

---

① 参见[美]大卫·M.安德鲁:《国际货币权力》,第 101—116 页。

② Stefano Guzzini,“Structural Power: The Limits of Neorealist Power Analysis”, *International Organization*, Vol.47, No.3, 1993, pp.443-478.

③ Benjamin J. Cohen and Tabitha M. Benney, “What Does the International Currency System Really Look Like?”, *Review of International Political Economy*, Vol.21, No.5, 2014, pp.1017-1041.

表 2-1　赫芬达尔-赫希曼指数(HHI)的变化趋势

	1989 年	1992 年	1995 年	1998 年	2001 年	2004 年	2007 年	2010 年
外汇市场交易量	0.272	0.272	0.288	0.287	0.280	0.272	0.269	0.269
跨境银行头寸	0.394	0.346	0.304	0.322	0.347	0.348	0.343	0.347
证券市场交易量	n/a	0.271	0.258	0.245	0.365	0.357	0.363	0.364
外汇储备	0.402	0.383	0.390	0.467	0.551	0.510	0.483	0.452
平均值	0.358	0.319	0.311	0.331	0.386	0.372	0.365	0.358

注:n/a=无数据。

数据来源:Benjamin J. Cohen and Tabitha M. Benney, "What Does the International Currency System Really Look Like?", *Review of International Political Economy*, Vol.21, No.5, 2014, pp. 1017-1041.

(二)外汇储备与外汇交易结构

外汇储备的一般作用是防止货币贬值,同时维持本币币值稳定。国际外汇储备以美元为主,无论是发达国家还是发展中国家,美元占比都维持在65%左右。欧元居于第二位,占比维持在20%—30%(见表 2-2)。

表 2-2　官方外汇储备的币种结构(占全球百分比)　　单位:%

	币种	2002 年	2004 年	2006 年	2008 年	2010 年	2012 年	2014 年
发达国家	美元	66.50	65.51	65.08	63.77	61.84	61.30	63.09
	欧元	23.65	24.68	24.95	26.21	26.00	24.21	22.13
	日元	4.94	4.28	3.47	3.47	3.66	4.09	3.90
	英镑	2.92	3.49	4.52	4.22	3.94	4.04	3.79
发展中国家	美元	66.96	61.94	60.78	60.33	59.50	60.20	62.48
	欧元	24.30	28.34	28.72	29.14	28.07	23.90	21.36
	日元	3.77	2.78	2.29	2.59	2.77	2.97	3.09
	英镑	3.17	5.38	6.44	5.92	5.53	5.24	4.90

数据来源:国际货币基金组织(IMF)。

美元的货币权力非对称性特点还体现在全球外汇交易中。全球外汇交易的85%—90%都使用美元作为媒介货币。截至2016年,全球外汇交易中,美元占比为87.6%,欧元占比为31.4%,日元为21.6%,英镑为12.8%,

澳大利亚元为6.9%,加拿大元为5.1%,瑞士法郎为4.8%。[①] 表2-3表明,外汇市场中主流的货币对也以含美元的货币对为主。

表2-3 外汇交易市场中的货币对[②]占全球交易的百分比 单位:%

	2001年	2004年	2007年	2010年	2013年	2016年
美元/欧元	30.0	28.0	26.8	27.7	24.1	23.1
美元/日元	20.2	17.0	13.2	14.3	18.3	17.8
美元/英镑	10.4	13.4	11.6	9.1	8.8	9.3
美元/瑞士法郎	4.8	4.3	4.5	4.2	3.4	3.5
美元/澳大利亚元	4.1	5.5	5.6	6.3	6.8	5.2
美元/加拿大元	4.3	4.0	3.8	4.6	3.7	4.3

数据来源:国际结算银行(BIS)。

(三)银行跨境负债结构

当前国际间银行交易的90%都是通过美元进行。美元对于降低交易成本,提高交易效率有明显的规模经济效应。美国之外银行的美元资产在2007年次贷危机以前曾达到10万亿美元之巨。由表2-4可知,从2013年到2015年第一季度,全球银行跨境负债主要币种仍是美元,约占50%份额,并有逐步上升趋势。可见2008年次贷危机以及由此带来的全球经济不景气并未撼动美元在全球金融体系中的地位。欧元占比约为30%,但欧洲主权债务危机以来,欧洲经济持续低迷,欧元占比呈现下滑趋势。日元、英镑、瑞士法郎所占比例基本维持稳定,但三者加总仅占大约10%,与美元、欧元相比影响力过小。有学者通过对欧美经济的观察,指出欧洲的国际银行正在变为美国储蓄的"中介",它们通过批发市场(the wholesale market)在美国进行融资,引导全球流动性,其中还包括大量回流美国市场的美元。[③]

---

① 由于每笔交易涉及两种货币,每笔交易计算两次,因此百分数之和应为200%。数据来源:Bank for International Settlement, Triennial Central Bank Survey of Foreign Exchange Turnover in April 2016, Monetary and Economic Department.

② 货币对是由两种货币组成的外汇交易汇率,分隔符"/"前面代表"基本货币",后面则是"二级货币",外汇交易市场中主流的货币对以含美元的货币对为主。

③ Hyun Song Shin, "Global Banking Glut and Loan Risk Premium", *IMF Economic Review*, Vol.60, No.4, 2012, pp.155-192.

表 2-4 银行跨境负债(各币种占全球总量的百分比) 单位:%

	2013 年(Ⅰ)	2013 年(Ⅱ)	2013 年(Ⅲ)	2013 年(Ⅳ)	2014 年(Ⅰ)	2014 年(Ⅱ)	2014 年(Ⅲ)	2014 年(Ⅳ)	2015 年(Ⅰ)
美元	49.49	50.41	49.58	49.67	49.62	49.67	51.35	51.12	52.16
欧元	32.51	32.17	32.12	31.89	32.08	31.80	30.12	30.02	29.04
日元	3.29	2.97	3.09	2.94	2.91	3.04	3.17	3.15	3.02
英镑	5.53	5.44	5.79	5.85	5.69	5.82	5.63	5.54	5.48
瑞士法郎	1.65	1.53	1.84	1.89	1.85	1.71	1.71	1.64	1.69
其他	4.30	4.17	4.36	4.48	4.64	4.67	4.78	4.45	4.46
总负债	24615	24596	24574	25933	26402	26654	26029	25428	24978

注:因为四舍五入的原因,细项加总可能不等于合计。Ⅰ、Ⅱ、Ⅲ、Ⅳ分别表示第一季度、第二季度、第三季度、第四季度。总负债单位为十亿美元。

数据来源:国际结算银行(BIS)。

三、货币权力竞争的根源

货币是调控宏观经济的重要工具,是增进国家认同感的有力的政治象征,也是使国家免受外来影响或限制的实用工具。货币还是一种社会制度。如果将货币理解为从历史实践的自我约束模型中产生,显然货币权威的有效运行既不需要正式的组织也不需要明确的法规。货币范围是由各种社会空间以及每一种货币的有效使用和威信来界定。货币空间规模依据供给和需求中的各式代理人(包括政府),在货币全球市场中的行为和决策进行衡量。① 货币权力还是国家权力高效率的组成部分。国家对货币的宏观弹性和微观效率平衡特别敏感。货币权力非对称性的结构特点导致了货币权力竞争。在国际货币体系演进过程中,特里芬难题、不可能三角定理、货币替代等现象对货币权力竞争产生重要影响。

(一)特里芬难题

耶鲁大学经济学家罗伯特·特里芬(Robert Triffin)曾指出,布雷顿森林体系中,美元的供给与美元币值稳定之间存在着根本性矛盾。美国依靠

① 参见[美]本杰明·科恩:《货币地理学》,代先强译,西南财经大学出版社 2004 年版,第 25 页。

经常账户赤字提供清偿能力,但长期来看,这种慢性赤字会破坏人们对美元的信心。一旦人们对清偿制度失去信心,金融投机就会发生,货币将变得不稳定。美国要么不得不减少国际收支赤字,降低清偿能力的创造率,减缓世界经济增长;要么找出一种新的清偿能力创造机制。这就是著名的"特里芬难题"。"特里芬难题"也揭示了单一货币的国际货币体系的内在脆弱性。货币发行国的国内货币政策目标与其国际责任是不可调和的:如果货币发行国试图打击国内通胀,它就无法满足国际流动性需求;如果货币发行国试图刺激国内需求,又会导致国际流动性过剩。

布雷顿森林体系时期,"特里芬难题"表现为美联储掌握的黄金储备(对美元的"支撑")与外国持有美元资产不匹配。美元本位制时期,这个问题逐渐演变为"新特里芬难题":美国的财政能力(代表对美国长期国债的"支撑")与外国持有的储备资产存量(即美国的外债)不匹配。① 或可简单理解为,美元储备货币的供给能力与美国经常账户赤字可持续性之间的矛盾。② 在这种全球性凯恩斯主义中,美元政策成为全球货币政策,美元输出提供了世界贸易的清偿手段,美联储成为世界央行,美元则成为国际货币体系的基础。

(二)不可能三角定理

20 世纪 60 年代,美国经济学家罗伯特·蒙代尔和德国经济学家马库斯·弗莱明(John Marcus Fleming)在研究斯旺模型③的基础上加入了外部平衡的分析,由此提出了开放经济条件下的"蒙代尔-弗莱明模型"。其认为国际收支平衡是由国民收入决定的经常账户状态和由市场利息率水平决定的资本账户状态总体上的综合平衡状态。通过此模型,从财政政策、货币政策对国内产出的效果来看,如果资本完全自由流动,固定汇率制度下,财政政策有效,货币政策无效(但可以改变基础货币的构成);浮动汇率制度下,货币政策有效,财政政策无效(但可以改变总需求的构成)。在此基础上,他

① 简单来说,"特里芬难题"是指国际货币的实际供给能力无法满足国际货币的需求,在布雷顿森林体系下,储备货币国家持有的黄金数量决定了其供给国际货币的能力;在现代国际货币体系下,储备货币国家的财政水平决定了其供给国际货币的能力,因而也被学者们称为"新特里芬难题"。

② Ricardo J. Caballero and Cowan, K.,"Financial Integration without the Volatility", MIT Working Paper, November 27, 2006.

③ 斯旺(Swan)在 1955 年提出斯旺模型,认为不存在国际资本流动的条件下,外部失衡是指经常账户不为零,即出口总额与进口总额不相等。

们提出了“不可能三角定理”,也被称为“三难困境”,即资本自由流动、货币政策独立性、固定汇率制度三个目标中只能同时实现两个。①

全球金融周期理论将“三难困境”转变为“双重困境”:当且仅当资本账户被谨慎管理的失衡条件下,直接或间接地通过宏观审慎政策,独立的货币政策是可能的。为了应对“双重困境”,一国应当实施有目的的资本管制,并按照全球金融周期特点以及美联储和其他主要央行的货币政策而行动。在金融周期上升阶段,通过限制信贷增长和杠杆率,作用于传输渠道的周期性,通过对所有金融中介实行严格措施限制杠杆率,作用于传输渠道的结构性。对于美元溢出效应的国际合作可能会与外围国家央行的国内授权起冲突。比如,从中短期看来,国际金融稳定性与国内通货膨胀目标并不一致。外围国家不能既抵制美国宽松货币政策引起的过量资本流入,又同时要求美国保持较高水平的经济活动来刺激全球总需求。

蒙代尔进一步指出,当国际资本流动对利率差异很敏感,并且汇率正在浮动的时候,预算赤字很大,没有靠发行货币获得融资的国家,将会招致经常账户赤字,但其货币是坚挺的。预算赤字会抬高利率,吸引外资进入。但是在汇率自由浮动时,一个面临净资本输入的国家不得不采取有效措施,应对经常账户赤字。② 尽管消费者会从美国的扩张性财政政策中获益,但美国吸收世界巨额资本为其预算赤字融资并弥补储蓄率低下的做法,会对美国出口产生一些负面影响,高利率也加重了世界债务负担。

(三)竞争类比

美元与其他货币的竞争关系可以比喻为A、B、C三家大型购物超市发行的购物卡之间的关系(见表2-5)。假设A购物卡只能在A超市进行消费,B购物卡只能在B超市进行消费,而C购物卡则可以同时在A、B、C三家超市进行消费,那么C购物卡就具有显著优势。如果三家超市中,只有B超市可以卖水,并且B超市的绝大多数商品是水,那么C购物卡的优势更加明显。因为对于任何顾客来说,为了购买水,那么必须拥有一张B或C购物卡。但是如果只持有B购物卡,为了获得其他商品,则必须同时再另外持有

① Robert A. Mundell, *International Economics*, New York: Macmillan, 1968, pp.1-10.

② Peter B. Kenen, "Beyond Recovery: Challenges to U.S. Economic Policy in the 1980s", in Hewlett, Sylvia Ann, Henry Kaufman and Peter B. Kenen eds., *The Global Repercussions of U.S. Monetary and Fiscal Policy*. New York: Ballinger, 1984, pp.18-19.

一张 A 或 C 购物卡。但是,如果顾客选择持有 C 购物卡,那么这一张卡即可满足所有的商品需求。为了购物方便,人们更愿意接受 C 购物卡。尽管水作为商品所涉及的交易量在超市总交易额中并不占多数,但是由于其具有不可替代性,增加了可以购买水的购物卡的权重。即使 C 超市商品相对于 A、B 超市商品涨价,即 C 购物卡"贬值",只要价格差别不是太大,考虑到 C 购物卡的普遍接受程度和购物卡之间兑换的手续费等因素,C 购物卡依然可以占据优势。但如果 A 和 B 两家超市达成协议,相互接受对方的购物卡,则 C 购物卡的优势则将不复存在。[①]

表 2-5　三种超市购物卡的使用范围

	A 超市提供除水以外的商品和服务	B 超市主要提供水	C 超市提供除水以外的商品和服务
A 购物卡	可以使用	不可使用	不可使用
B 购物卡	不可使用	可以使用	不可使用
C 购物卡	可以使用	可以使用	可以使用

上述类比中,水代表不可或缺的并对全球政治经济格局产生重要影响的资源,比如石油。美元相当于 C 购物卡,它可以购买一切商品和服务,包括石油;产油国货币类似于 B 购物卡,只能购买本国石油;其他国际货币类似于 A 购物卡。尽管很多国家拥有强大的商品和服务生产能力,例如日本、德国、英国可以提供除石油以外的几乎所有商品和服务,但因为不是国际原油的计价货币,而在与美元的竞争中处于劣势。其他国家选择美元,并不是美国政府、军方或美联储的强迫行为,而是基于美元的低成本以及便捷性。

(四)货币替代

货币替代(currency substitution)的概念最早由美国经济学家卡鲁潘·切蒂(V. Karuppan Chetty)提出,其是指外币在货币的各个职能上全面或部分地替代本国货币发挥作用的一种现象。货币替代是货币主权从属的一种极端形式,表现了本国居民对外币的过度需求。当本币失去了货币的各项职能时,一些国际货币就会超越国家界限进入该国的储藏领域、支付领域甚

① 参见梁亚滨:《称霸密码:美国霸权的金融逻辑》,新华出版社 2012 年版,第 177—179 页。

至流通领域。[1] 货币替代描述了一种“良币驱逐劣币”的现象。

很多发展中国家由于本币缺乏信用而出现的“美元化”是最典型的货币替代现象。“美元化”是指美元在美国以外的国家全面替代该国货币并获得该国法偿货币基本功能的过程。在这种情况下，本国央行不发钞，却流通美联储钞票。本国财政得不到这笔债务收入，国内经济行为主体得不到这笔借款收入，而本国中央银行也得不到相应利息收入。[2] “美元化”现象严重时，会使利率政策复杂化削弱央行对信贷和货币流通总量的控制能力，并导致政府的铸币税和通货膨胀税下降。

“美元化”的国家属于极端的“搭便车”(free riding)型货币伙伴。例如，巴拿马采用美元作为国内法定货币，列支敦士登采用瑞士法郎作为国内法定货币。肯尼思·詹姆森(Kenneth P. Jameson)指出，美元化进程在全球催生了许多功能相似的美元集团。[3] “美元化”也会产生有利影响，比如，稳定金融收益以及节约管理成本。巴拿马就利用美元创造了抑制通货膨胀的稳定环境，保证了货币及价格的基本稳定。美元减少了汇兑风险，促进了巴拿马国际贸易的发展，甚至使其成为一个重要的离岸金融市场。对于一些滥发纸币的发展中国家而言，美元是公众的“金融避难所”，是应对本国政府滥用铸币税特权的保护措施。

第二节　延迟调整成本能力

延迟调整成本能力既包括延迟调整赤字的权力也包括延迟调整盈余的权力。延迟的权力来源于该国可弥补国际收支赤字的清偿能力，其主要组成部分就是外部借款能力和外汇储备规模。外部借款能力依赖本国金融市场的国际吸引力和外国投资者的信誉评估，外汇储备则依赖经常账户盈余以及抑制冲销成本的能力。因此对于延迟调整成本能力而言，最重要的就是一国控制流动性的能力。一国处理流动性水平越高，对自身收支平衡进行延迟调整的能力就越强。赤字国有动力尽可能地推迟调整的持续性成本

---

① 参见姜波克：《国际金融新编》(第五版)，复旦大学出版社 2012 年版，第 212 页。

② 参见黄达：《金融学》，中国人民大学出版社 2012 年版，第 361 页。

③ Kenneth P. Jameson, “Dollar Bloc Dependency in Latin America: Beyond Bretton Woods”, *International Studies Quarterly*, Vol.34, No.4, 1990, pp.519-541.

的发生。一个赤字国延迟调整的过程越长，转由其他赤字国承受负担的压力就越大。

一、借款能力

借款能力通常是一个主观概念，涉及不确定性和风险评估问题，并经常出现大幅波动甚至失控，反映出债权债务关系或市场风险敏感度的改变。美国主要利用外部借款来支付赤字。一国从国外筹措到的流动性越多，其延迟调整的时间就越长。美国对外借款一般通过债券融资、信贷融资和赤字融资三种形式。

（一）债券融资

债券融资是美国对外借款的主要形式，属于直接融资方式。布雷顿森林体系解体后，国际金融市场的一个特点就是发行有价证券来替代传统的财团信贷。美国国债市场是世界上流动性最充裕的市场，它反映了美国经济的规模以及金融市场的广度与深度，这种现状能够自我强化。因为美国国债市场具有充裕流动性，所以外国投资者选择在这里交易并将所持财产集中在这里，这又给美国国债市场带来更多的流动性。美国债券市场中规模最大的是资产证券化产品①。

现代社会经济中，国债是弥补财政赤字的主要来源。美国是唯一能够以本币大举借债的国家，美联储可以“印制”足够的美元偿付美国财政部所借的外国美元债务，所以完全未按期付款是不可能的。美元资产定价权也以美国国债为基础。事实上，在国际组合投资中，相比以其他币种计价的债券而度量的风险溢价，美国财政部债券风险度很低。在国际市场中，私人和主权债券也大多以美元定价。持续贸易盈余的中国，或多或少地限于用美元发放贷款，并在海外直接投资中积累高流动性的美国债券。新兴市场国家如果积累了贸易赤字，会通过借入美元来平衡国际收支，并将美国国债作为外汇储备的重要组成部分。机构投资者则大量持有美国国债来对冲风险，这为美国经济提供了长期廉价的美元信用额度。穆迪、惠誉、标准普尔等国际评级机构也以美国国债为基准评价全球新兴市场发行的主权债券的

① 主要包括抵押支持债券“Mortgage-backed Security”即“MBS”，以及资产支持证券“Asseted-backed Security”即“ABS”等。

信用级别。这些债券的利率风险溢价通常表示为高于美国国债多少个百分点。[①]

联邦政府内部账户和美国公众持有美国国债的比例一直在上升。2013年第一季度,联邦政府总债务高达16.8万亿美元,其中公众持有的债务为12万亿美元:外国政府和投资者持有5.6万亿美元,美联储持有2万亿美元,美国国内持有4.4万亿美元。截至2016年末,社会保障基金持有美国国债达2.81万亿美元。公众持有美国国债部分高达14.6万亿美元,其中外国政府和投资者大约持有6万亿美元,美联储持有2.46万亿美元,美国国内持有6.14万亿美元。伴随美元贬值,美债被稀释的程度也不断增加。同时美国的债务结构风险并不突出,因此政府债务违约的可能性较小。虽然从债务绝对规模来看,美国居于世界首位,但从净债务率(政府净债务占GDP比重)来看,美国债务相对规模并不突出。[②]

(二)信贷融资

信贷融资也是美国对外融资的一种常见形式。债务本质上是一种契约,不管是否获得收益,借款人都必须按照约定还本付息。债务与信贷的关系是信贷增量的积累,即债务存量。历史上,基于信贷融资的周期性过度投资历来是资本主义一大特征。比如,19世纪的铁路修建狂潮和20世纪遍及美国、西班牙以及爱尔兰的房地产建设热潮。海曼·明斯基(Hyman Minsky)认为,全球信贷体系已经由“对冲型”(信贷支持的资产投资能产生足够收入用以偿还债务)转化为“投机型”(新增信贷供给成为偿还存量债务的必要手段)。明斯基用“庞氏骗局”来形容信贷周期的这一阶段,即新增债务不仅用来为资本投资提供融资,还成为偿还存量债务利息的必要资金来源。

当前以美国为首的发达经济体信贷规模急剧扩张,而名义GDP却没有过度增长。其主要有两大原因:一是信贷被用于购买现存房地产融资;二是在贫富差距扩大的情况下,信贷被用于为消费融资。与美国经常账户赤字相伴生的金融资本流入并未有效促进美国的实体经济发展,却推动虚拟经

① 参见[美]罗纳德·麦金农:《失宠的美元本位制:从布雷顿森林体系到中国崛起》,第20—22页。

② 参见王立:《我国购买美国国债策略研究》,经济管理出版社2014年版,第161—168页。

济规模继续扩大,因而无法实现用以偿还债务的额外收入流。资本流动导致债务过度扩张,进而造成债务积压。信贷流动还具有顺金融周期和不稳定的特性。比如,次贷危机前美国信贷流量急剧上升,而在危机期间又迅速下降。有学者指出,美国信贷流入量与债务投资流入量具有高度相关性。1990 年第一季度到 2012 年第四季度二者的相关系数为 0.52。同时间段内,信贷流量与 VIX 指数①的相关系数为 0.24,与全球股票市场收益也呈现正相关关系。②

(三)赤字融资

美国对外借款还可以利用赤字融资方式。一国在调整外部失衡时,通常在信贷融资和赤字融资之间做出选择。例如,中国在应对次贷危机时推行的四万亿刺激计划,选择的就是信贷融资,而曾任美联储主席的本・伯南克(Ben Bernanke)极力主张的"直升机撒钱"(helicopter drop)则是赤字融资,或称为"货币融资"。信贷持续扩张的后果必然是债务积累。赤字融资则主要指政府向中央银行借款或透支,依靠直接增加货币投放的方法来弥补财政赤字。简单来说就是政府印钞,使财政赤字货币化。米尔顿・弗里德曼(Milton Friedman)最先提出"直升机撒钱"的概念。他认为如果经济面临需求不足,政府应该直接多印美元并通过"直升机撒钱",人们会捡起纸币消费,使名义 GDP 增长同时提高通胀和实际产出。弗里德曼的"直升机上撒下的钱",是以流通纸币形式存在的法定货币,即真实钞票。③

面对债务积压和名义需求不足,必须使用货币融资这个工具,政府发行货币为财政赤字融资是直接刺激需求的有效手段。历史上很多案例说明政府可以通过多印货币的形式刺激名义需求,但又不会产生危险的高通胀。18 世纪 20 年代,美国宾夕法尼亚殖民地通过印制纸币成功刺激了经济增长;美国南北战争时期,北方联邦政府通过印制"绿钞"发放军饷;20 世纪 30 年代,日本财务大臣高桥是清曾发放货币为财政赤字融资,使日本告别

① VIX 指数是指芝加哥期权交易所波动率指数(Chicago Board Options Exchange Market Volatility Index),用来反映标准普尔 500 指数未来 30 日的预期年化波动率。国际资本流动研究中,常利用 VIX 指数测量资本流动风险性。

② Hélène Rey, "Dilemma or Trilemma: The Global Financial Cycle and Monetary Policy Independence", NBER Working Paper, No.21162, 2015.

③ Milton Friedman, *The Optimum Quantity of Money: And Other Essays*, Piscataway, NJ: Transaction Publishers, 1969, p.4.

1931—1936年的严重经济衰退。有研究表明，货币融资只能一次性运用以应对极端的经济情形。一旦经济恢复强劲增长，通胀回到预期水平，就应该回归传统，继续禁用货币融资。这是因为货币融资具有一定危险性，政府可能过度创造法定货币，而错误配置相应的购买力也会带来无效率的结果。①

通过债券融资和货币融资的比较来看，实质上，期限永续的不计息债务就是货币，所以债务永久性展期的可能性越大，债务的利率水平越低，债券融资与货币融资的界限越无关紧要。即使家庭和企业都试图理性地预期未来政府和中央银行的行动，债券融资和货币融资之间也存在关键的信号差异：应用货币融资发出的信号是当局意图实施永久性刺激，货币永远不会回收；相反，利用债券融资发出的信号是当局意图实施偿还债务政策，并可能会部分抵消刺激效应。

二、外汇储备

当一种货币被赋予价值储藏功能时，通常是指现金和存款形式存在的货币或者是指这一货币被广泛用于金融资产和负债的计价。外汇储备可被定义为官方公共部门的外国资产为国际收支余额和其他目的提供资金，可供政府使用并控制以达成一定范围内的目标（比如汇率管理），并在危机时提供外汇流动性以及支持政府的外汇需求。由于储备金需要以安全且具有流动性的资产形式存在，央行的投资组合往往包括短期政府债券或以美元或欧元计价的货币市场工具。按照定义，外汇储备的变动应等于经常账户与资本账户余额之和。

（一）外汇储备目的及合理规模

外汇储备积累第一是由针对未来可能发生金融危机的自保需求所驱动，第二在于因防止本币升值来确保本国出口竞争力而所需的对外汇市场的干涉能力。世界各国央行都大量持有美元作为外汇储备，其余主要币种包括欧元、日元、英镑。浮动汇率制度下，全球外汇储备相对于全球总产出并没有呈现显著下降的趋势。如果一国外汇储备过高，本币将面临升值预期。大多数外汇盈余国家在管理外汇资产时，会主要投资于流动性强且风险低的资产。

① 参见[英]阿代尔·特纳：《债务和魔鬼：货币、信贷和全球金融体系重建》，第95—207页。

海因茨·海勒(Heinz Robert Heller)最早提出了“最优国际储备”的概念。他将货币当局对于外汇储备的需求视为一种最优化策略。这种最优化策略源于一国在外汇储备收益和持有外汇储备的机会成本之间的权衡。海勒运用“成本—收益”法研究表明,一国持有外汇储备是出于“预防性动机”(precautionary motive),即当面临国际收支失衡时,可以动用外汇储备弥补不平衡,而不必调节国民收入或降低投资、政府支出等方法来调节,从而避免调节成本。[1] 全球各国对于储蓄性资产的需求也可认为是基于一种预防性策略[2],其类似于消费者理论中的“预防性储蓄”[3](precautionary saving)概念。[4] 科什纳也指出,国家需要外汇储备作为“预防性留存”(precautionary balances),以防止发生战争和自然灾害。外汇储备可以保卫本币价值,而无须国家通过限制进口来完成。外汇储备还可以用来应付大幅的季节性收入波动、进出口的数量与价格变化、投机性攻击和其他外部打击。[5]

在不完全市场条件下,外围国家在面临货币外部性时,面对刺激因素,为求“自我保险”不得不积累过量的外汇储备。货币外部性激化了美国的“新特里芬困境”,使美国陷入过量债务并很难协调国际货币供给和需求之间的矛盾。各国外汇储备的积累[6],给全球真实利率带来下行压力,而真实利率下降又会增加全球流动性陷阱的概率。过低利率也会增加金融资产杠杆率,导致各国金融体系碎片化和不稳定,同时导致冒险性投资行为,比如

---

① Heinz Robert Heller, “Optimal International Reserves”, *The Economic Journal*, Vol.76, No.302, 1966, pp.296-311.

② Hayne E. Leland, “Saving and Uncertainty: The Precautionary Demand for Saving”, *Quarterly Journal of Economics*, Vol.82, No.3, 1968, pp.465-473.

③ “预防性储蓄”考虑消费者收入会受制于随机波动。当消费者考虑平滑收入冲击对其消费影响时,会选择积累无风险资产(比如国债)作为缓冲。这种储蓄行为是一种自我保护行为。然而,这是一种不完美的保护形式,消费者积累了非或有资产。造成可能结果是:在一系列正向冲击后,消费者积累了过多储蓄,而在一系列负向冲击后,消费者会面临储蓄不足的情况。这种情况下,最优形式是签订一种“保险合同”来更好地平滑消费波动。在完全金融市场的理想条件下,所有金融资产都具有风险对冲。在此条件下,有效的金融资产组合将完成这个“保险合同”。当然,“保险合同”的执行会面临很多阻碍因素:道德风险、信息不对称、合同的非排他性、时间非连续性、维持合同运行的市场基础成本过高等。

④ A. Sandmo, “The Effect of Uncertainty on Saving Decisions”, *Review of Economic Studies*, Vol.37, No.3, 1970, pp.353-360.

⑤ 参见[美]乔纳森·科什纳:《货币与强制:国际货币权力的政治经济学》,第15页。

⑥ 值得注意的是,在计算外汇储备时,要排除各国货币黄金存量。这主要是因为各国央行持有的黄金量并没有组成另一个国家的负债。

催生房地产市场上的投机性泡沫。当一国缺乏健全的汇率保障机制时,为了有效应对宏观经济冲击,需要积累大量外汇储备。如果全球货币体系完善,国家不再需要"自我保险"、流动性需求下降,那么一国不必保留过量的外汇储备资金,这些多余资金便可投入到生产领域。同时,真实利率升高,金融杠杆率和投机性泡沫也相应减少。全球货币体系的健全还有利于各国央行互换协议的签署。①

外汇储备占广义货币(M2)的5%—20%一直被认为是比较合理的。也有观点认为,外汇储备应满足支付一国未来6个月的进口额。罗伯特·特里芬曾在《黄金和美元危机》一书中总结了一战和二战之间世界上50多个国家的外汇储备状况,并指出一国外汇储备的合理规模应为该国年进口额的20%—50%。"格林斯潘-盖杜蒂法则"(Greespan Guidotti Rulc)则指出,外汇储备规模应等于该国未来一年内到期的短期债务。该法则是衡量面对资本账户危机脆弱性的最常用标准,也是衡量那些同资本市场有着重大但不确定联系之国家的储备充裕程度的最重要单项指标。

(二)美元充当国际储备的现状

美元作为全球外汇储备的主要币种,使美国可以向其他国家大量输出金融产品,并利用信息优势和技术优势获得周转和交易溢价。由于美元资产占据全球外汇储备较大比例,使用美元越多,越容易形成网络外部性和规模经济效应。网络关系强调不同个体和组织间的互补、承诺、协作以及自我控制,其他国家如果转换币种将产生较大的沉没成本(sunk cost)。有学者曾构建简化的三国货币模型研究世界经济中的载体货币。伊莲·雷伊(Hélène Rey)使用潜在的贸易变量、外汇市场交易成本、外部性强度作为三个关键变量,分析美元的崛起路径。②

1997年东南亚金融危机后,新兴市场国家开始积累大量外汇储备。按照"格林斯潘-盖杜蒂法则"的标准,大多数新兴市场国家的外汇储备均是超额增长。如果实际汇率保持不变,新兴市场国家外汇储备的实际收益主要来自美元资产的固定收益,其次是欧元资产的固定收益。这些外汇资产在

---

① Emmanuel Farhi, Pierre-Olivier Gourinchas and Hélène Rey, "Reforming International Monetary System", CEPR Report, 2011, p.20-43.

② Hélène Rey, "International Trade and Currency Exchange", Princeton University and CEPR, 1999.

国际金融市场上的实际收益率往往低于2%。[①] 此外,短期外部债务也是新兴市场国家货币危机的一个有效预测指标。[②]

当前国际货币体系的无效率,突出表现为缺少提供流动性的系统性机制,这使得一些新兴市场国家不得不选择加强自我保护机制,积累过量外汇储备。社会安全网络的建立有利于减少新兴市场国家进行过度外汇储备积累以及全球各国对安全资产的需求。在以金融脆弱性为特征的国际金融体系下,安全资产不仅需要有稳定的价值,还应与总体市场呈负相关关系。当市场总体表现不佳,平均估值下行时,这种资产的价值应趋于上升;而当市场总体估值上涨时,安全资产的价值则趋于下跌。从理论上看,建立一种全球层面的“保险合同”(insurance contract)将对安全资产进行更有效的使用。这种“保险合同”在当前还没有建立起来的主要原因在于代理问题和市场基础设施成本问题。在代理问题上,国际货币基金组织具有相对优势,能进行大规模协调,也具有金融能力和可信度来完成保险功能,还能规避道德风险难题。外汇储备过度还来源于外汇市场的压力,而央行间通过签订货币互换协议可以缓解外汇过度积累,并避免金融危机期间的投机性冲击和货币敞口风险等。[③]

随着全球金融一体化以及美国巨大的经常账户赤字和财政赤字,亚洲各国央行应大量减少美元储备,以防止金融灾难发生。早期认为新兴市场国家应将外汇储备多样化的理论是基于“风险收益最优化”(risk-return optimization)的概念,后来则是基于强势货币欧元的出现。艾肯格林和唐纳德·马斐森(Donald J. Mathieson)提议,亚洲各国央行应实施外汇储备币种多样化,尤其是一些小型新兴市场国家,可对相邻大国实施“搭便车”策略来进行外汇储备多样化。[④] 有学者认为当前国际货币体系属于“复活的布雷顿

---

① 参见[美]劳伦斯·H.萨默斯:《颠倒的秩序——反思全球账目失衡与新兴市场国家外汇储备积累》,《21世纪经济报道》2006年4月24日。

② Maurice Obstfeld, Jay C. Shambaugh and Alan M. Taylor, “Financial Stability, The Trilemma, and International Reserves”, NBER Working Paper Series, No.14217, 2008.

③ Emmanuel Farhi, Pierre-Olivier Gourinchas and Hélène Rey, “Reforming International Monetary System”, CEPR Report, 2011, pp.30-34.

④ Barry Eichengreen and Donald J. Mathieson, “The Currency Composition of Foreign Exchange Reserves: Retrospect and Prospect”, Paper Prepared for the UNU/WIDER Conference on the Future of the International Montary and Financial System, Helsinki, November 11-12, 1999.

森林体系”。在该货币体系下,亚洲新兴市场国家对外汇市场干预以及外汇储备管理的主要目标应是形成有效的本国资本存量。亚洲政府和央行应采取盯住一篮子货币政策,而不是紧盯美元。东亚新兴经济国家对外汇市场持续不断的干预还导致美国真实利率和短期国债收益率过低。

有学者们针对当前全球外汇储备现状提出:第一,改变美国国债作为各国支配性储备资产的现状,加快国际货币体系向多极化体系过渡。开放中国资本市场,加快人民币可兑换性,促进人民币债券市场的发展。第二,以全球主要央行签署互换协议的形式,促进国际流动性提供系统化并具有可持续性,建立以国际货币基金组织为中心的星状货币互换体系。第三,加强国际货币基金组织的功能,建立健全灵活信贷安排(the flexible credit lines)、预防性信用额度(precautionary credit lines)、全球稳定机制(global stabilization mechanism)、新借款协议(new arrangements to borrow)等职能制度,使国际货币基金组织可直接从国际资本市场借款。第四,在国际货币基金组织外汇储蓄池协议(reserve pooling arrangement)框架下,发展外汇储备形式的存款工具。这种存款工具将基于“自我保险”的特性,促进外汇储备可循环地投入到生产性投资领域中。[①]

(三)美元充当国际储备的稳定性

一国货币币值的稳定性通常表现为对内通货膨胀率较低,对外汇率保持相对平稳。外汇储备货币必须足以应对投资中面临的信用风险、流动性风险、利率风险等,在短时间内如何将大量资产无损失变现,是储备货币最关键的特性。

有学者分析了美元充当国际储备保持稳定性的条件。当货币发行国GDP实际增长率大于等于通货膨胀率与国际储备货币收益率之和时,国际储备与实际GDP之比的动态路径收敛,国际储备具有内在稳定性;当GDP实际增长率小于通货膨胀率与国际储备货币收益率之和时,储备资产稳定性难以保证。[②] 利用美国1971—2015年数据构造图来考察美元充当外汇储备的稳定性。美元收益率分别采用三月期国债收益率和联邦基准利率两个

---

① Emmanuel Farhi, Pierre-Olivier Gourinchas and Hélène Rey, “Reforming International Monetary System”, CEPR Report, 2011, pp.20-43.

② 参见陈建奇:《破解“特里芬难题”:主权信用货币充当国际储备的稳定性》,《经济研究》2012年第4期。

指标分别检测，以加强检验的稳健性。由图 2-1 可知，布雷顿森林体系崩溃后，美国 GDP 实际增长率明显小于通货膨胀率与美元收益率之和，直到 2004 年有所缓和。1971—2004 年，美元储备处于不稳定状态。2008 年次贷危机以后，美元开始剧烈波动。从 2012 年开始，美国 GDP 实际增长率开始超过通货膨胀率与美元收益率之和，因此美元储备开始趋于稳定状态。

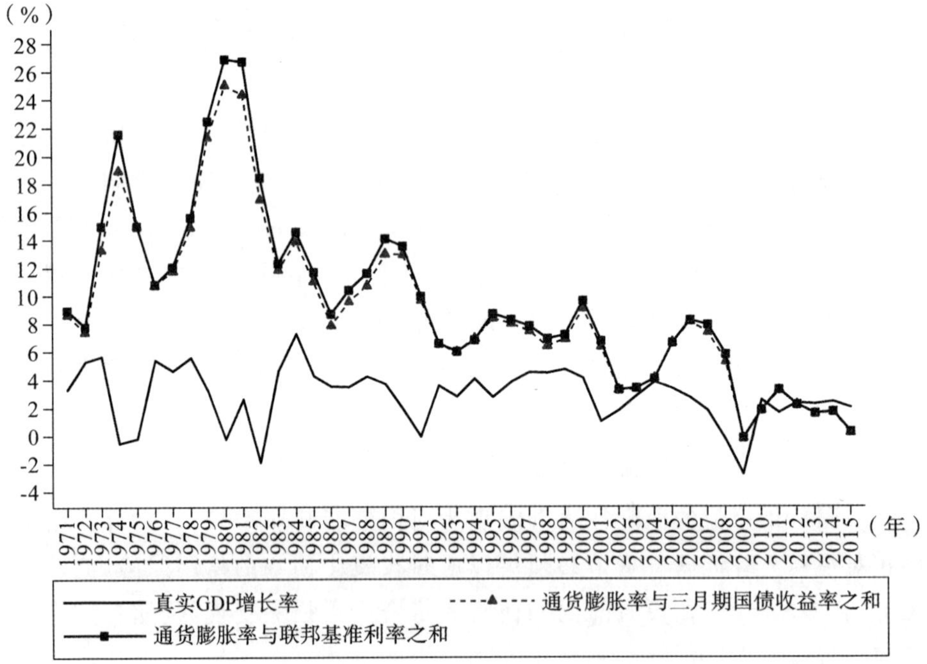

图 2-1　美元充当国际储备的稳定性指标变量走势

数据来源：美国圣路易斯联储、CEIC 全球数据库。

三、资本流动控制

国际流动性是一国公共部门和私人部门所拥有的或可获取的所有国际支付能力的总和。流动性可分为资产流动性（在没有损失的前提下顺利卖出某项资产的能力）和融资流动性（无须支付额外利息而能顺利借到资金的能力）。国际流动性的最终目的是融资，通过自有储备的净减少或向外部借款的净增加来弥补收支赤字。约翰·梅纳德·凯恩斯（John Maynard Keynes）指出，在复杂的市场里，流动性和估值取决于迅速变化的预期。一国控制流动性能力越高，意味着该国避开不情愿的资源分配的能力越强。2000—2012年，美国吸收了全球其他国家7.1万亿美元的资本流入，约占全球资本输入总量的55%。[①]

（一）卢卡斯悖论

20世纪70年代，随着布雷顿森林体系解体，国际货币体系表现出黄金非货币化、汇率浮动合法化、国际储备多元化等特点。新技术的发展和金融管制的放松，导致国际资本流量显著超过世界贸易总量。以外汇交易量为例，1979年世界总出口额为1.5万亿美元，而外汇交易额为17.5万亿美元；到1984年，世界总出口额增加到1.8万亿美元，而外汇交易额已达到35万亿美元。巨额货币和资本在全球各国间自由流动以寻求保障以及更高的利率。[②]

新古典理论认为，资本流动应遵循要素价格均等化原理，资本应该从边际报酬低的富国流向边际报酬高的穷国。但芝加哥大学经济学教授卢卡斯指出，现实中，资本从富国流向穷国的资金流量很小，远未达到新古典理论所预测的水平，这一资本流动反常现象被称为“卢卡斯悖论”。劳伦斯·亨利·萨默斯(Lawrence Henry Summers)发现，实际上全球资本净流动从发展中国家和新兴市场国家流向工业化国家，并主要流向美国。美国净外债积累对应于新兴市场国家外汇储备积累，而且新兴市场国家外汇储备实际收益率较低。[③] 阿尔特·克拉(Aart Kraay)利用1966—1997年68个国家的国际借贷情况，建立国际资本流动模型。克拉认为资本流向与投资风险性相关，并重点研究了收益递减、产量风险和主权风险的相互关系。结果显示，三十年中只有少量资本从发达国家流向新兴市场国家，主要原因在于新兴市场国家的制度因素增加了金融投资的风险性。比如，缺乏清晰的产权制度，金融监管缺失，市场不透明和行政腐败带来的宏观经济风险、违约风险、甚至没收与征用等。由于投资风险性高，新兴市场国家吸引的国际资本

① 数据来源于IMF《世界经济展望》(World Economic Outlook)，2013年。

② 参见[美]罗伯特·吉尔平：《全球政治经济学》，第135页。

③ 参见[美]劳伦斯·H.萨默斯：《颠倒的秩序——反思全球账目失衡与新兴市场国家外汇储备积累》，《21世纪经济报道》2006年4月24日。

多是以官方或银团借贷为主的债务类投资。[①] 新兴市场国家的制度缺陷以及金融体系的不成熟导致其无法将资本有效转化为生产性投资，只能将资本输出到发达经济体。虽然私人资本表现为由发达经济体向新兴市场的"顺流"，但被更大规模的官方资本"逆流"超越，并形成了净资本流动的逆向特征。

弗莱德·伯格斯坦(C. Fred Bergsten)等指出美国比其他发达国家更容易吸引外部资本流入。美国政治经济相对稳定性更高，产权保护制度健全，并能提供高度安全性的政治债券，对外国投资者和本国投资者没有明显的差别性对待。[②] 美国还拥有开放的政府、独立的司法体系，在政府责任、政治稳定性和暴力清除、政府有效、监管质量、法律规则、控制腐败等方面均具有制度比较优势。马丁·费尔德斯坦指出，1995 年美国吸引全球资本流量的 33%，2004 年上升到近 70%。费尔德斯坦将权益类资产和债务类资产进行对比，发现债务类资产比权益类资产更有利于规避风险。外国投资者为了确保资产安全性，逐渐从权益类投资转向了债务类投资。1999 年，股票占美国总流入资本的比例为 54%，而 2004 年下降到 12%。[③]

(二)经济虚拟化

货币最初仅作为交换媒介，而后成为一种资产，现在则朝向"经济能量"转化。转化过程中投机活动的盛行，导致大量资金在股市、债市、房地产市场、外汇市场、大宗商品期货市场以及收藏业市场之间迅速流动并连成一个整体。巨额资本的流动，使得这些市场成为蓄积货币能量的巨大流动性储备池，这就是被广泛接受的"虚拟经济"。[④] 简单概括，虚拟经济就是货币资本化和信用制度的产物，其能拟合交易双方在时间、空间和交易对手上的差异性选择，一定程度上有利于提高交易规模和交易效用。

---

① Aart Kraay and Norman Loayza, et al., "Country Portfolios", NBER Working Paper, No.7795, 2000.

② C. Fred Bergsten and John Williamson, "Dollar Adjustment: How Far? Against What?" *Institute For International Economics Special Report* 17, 2004, p.119.

③ Martin Feldstein, "The 2006 Economic Report of the President: Comment on Chapter One (The Year in Review) and Chapter Six (The Capital Account Surplus)", NBER Working Paper, No.12168, 2006.

④ 参见刘骏民：《理解流动性膨胀：美元与国际货币体系的危与机》，《第一财经日报》2007 年 8 月 15 日。

美国颇具广度和深度的金融市场保证了美元资产的国际化流动和美国对"美元回流"的吸收。过去黄金作为货币发行的基础是基于其本身可以保值增值,而现今美元则是依靠强大的虚拟经济系统为其保值增值。① M1 与 M2 比值可以作为观察美国经济虚拟化程度以及流动性泛滥的重要指标。从图 2-2 中可知,1971 年以来,美国 M1 增加比较平缓,而 M2 则呈现显著上升趋势,这在一定程度上说明了美国虚拟经济膨胀的状况。截至 2016 年 2 月,M1 规模大约占 M2 规模的 1/4。

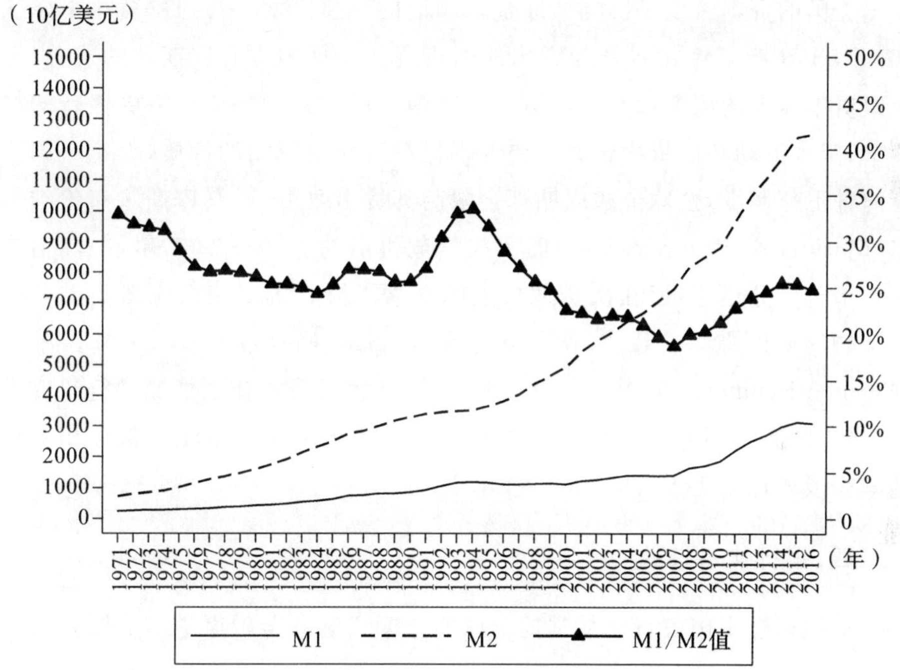

图 2-2 美国 M1 与 M2 总量及 M1/M2 值

数据来源:CEIC 全球数据库。

(三)流动性过剩

当今许多发达国家都陷入了流动性陷阱中,即使全球储蓄上升也无法压低利率。流动性过剩会导致低利率、投资及信贷扩张,房地产及证券等资产价格持续上涨等现象。一些国家的持续经常账户盈余可能会压低其他国

① 参见段彦飞:《美国债务经济的国际循环》,《美国研究》2008 年第 4 期。

家的利率，导致其他国家总需求及总产出的下降，并促使过量的风险承担以及金融过度的发生。[①] 资本流动性过剩会导致房地产市场上的过度投资。近二十年来，中国、日本、德国的经常账户顺差造成美国、爱尔兰和西班牙的房地产建设过剩。与经常账户失衡相伴生的资本流动并未有效促进生产率提高和国民收入增加，因此无法实现额外的收入流用以偿还债务。美国、欧元区外围国家以及一些新兴市场国家，资本流动还导致债务过度扩张并造成债务积压。[②]

美国的资本流量是影响全球金融周期的重要因素。吉列尔莫·卡尔沃(Guillermo A. Calvo)等认为影响外国投资的全球因素有周期性的成分，并导致资本流入的周期性繁荣与萧条。美国货币政策影响全球主要银行的杠杆率、资本流动和信贷增长。只要资本仍具有自由流动的性质，无论一国实施何种汇率制度，全球金融周期都会限制其货币政策。[③] 马库斯·布伦纳米尔(Markus K. Brunnermeier)证实次贷危机前的2003—2007年，美国信贷流量增长十分迅速，但在次贷危机期间显著下降。资本流入流出类型与全球金融周期也协调一致。[④] 萨拉·卡尔沃(Sara Calvo)和卡门·莱因哈特(Carmen Reinhart)对1970—1993年11个国家的资本流入情况进行研究发现，当美国实际利率每上升或下降1%，新兴市场国家资本流入就会相对应地减少或增加0.77%。[⑤]

四、银行体系辅助

美国通过本国银行体系掌控全球的金融资源和金融渠道。美联储负责

① Olivier Blanchard and Gian Maria Milesi-Ferretti, "Why Should Current Account Balances Be Reduced?" IMF Staff Discussion Note, SDN/11/03, 2011.

② 参见[英]阿代尔·特纳:《债务和魔鬼：货币、信贷和全球金融体系重建》，第107页。

③ Guillermo A. Calvo, Leonardo Leiderman and Carmen Reinhart, "Capital Flows to Developing Countries in the 1990s: Causes and Effects", *Journal of Economic Perspectives*, No. 10, 1996, pp.123-139.

④ Markus K. Brunnermeier, M. De Gregorio, et al., "Banks and Cross-Border Capital Flows: Policy Challenges and Regulatory Responses", Committee on International Economic Policy and Reform, 2012.

⑤ Sara Calvo and Carmen Reinhart, "Capital Flows to Latin American: Is There Evidence of Contagion Effect?" in Private Capital Flows to Emerging Markets, M. Goldstein ed., Institute for International Economics, 1995.

国内货币政策，决定短期利率和美元货币供给；财政部负责汇率政策，决定美国是否干预外汇市场以及是否就别国的干预进行交涉。布雷顿森林体系解体后，美国积极打造“美元高边疆”策略来保持美元优势。在支撑美国金融霸权的同时，阻止日元和欧元崛起对美元的冲击。“美元高边疆”的核心在于银行体系，在其金融框架下，美国财政部、美联储和庞大的商业银行与投资银行体系结成了“命运共同体”，共同服务于美国的国家金融战略。基于美国的外部赤字融资能力，美国银行系统建立了“发起—分散”结构，并从传统的零售银行模式（接受存款和提供贷款）发展到新的批发银行模式。银行体系不再受到国内储蓄额有限的制约，而可以通过证券化渠道动用全球的储蓄。[①] 美联储作为事实上的全球中央银行，通过美元低成本地占有别国资源，利用自身政策周期决定全球金融周期并向外辐射经济成本。

（一）历史经验

20世纪20年代，美国颁布了“Q条例”设定了银行存款利率上限，1927年颁布的《麦克法登法》(McFadden Act)开始限制银行跨州经营。富兰克林·罗斯福政府时期，在华尔街支持下，美国利用稳定基金干预处于经济困境下的拉丁美洲国家。华尔街的金融创新和无限杠杆化操作不仅是美元泛滥的重要原因，也是美国国债向外扩张的重要渠道，对以美债为基准的美元资产定价权方面也产生影响。[②]

19世纪，英国曾是世界的金融霸主。“伦敦城”向世界经济提供的绝大部分融资都与实际的商品交易相联系。英镑的全球角色不仅来自英国在海外贸易与投资中的主导地位，也被“日不落帝国”分布广泛的官方职务经济活动进一步提升。[③] 受盎格鲁-撒克逊文化的影响，英美在争取国际货币主导权时存在着一定程度的知识和规范性趋同。但美国与英国对银行业的管理十分不同。英国政府对于英国银行参与的外国投资一般采取不干预政策，而美国则与之相反。由于担心大银行倒闭会对本国经济产生不利影响，

---

① 参见［马来西亚］沈联涛：《十年轮回：从亚洲到全球的金融危机》，杨宇光、刘敬国译，上海远东出版社2015年版，第330页。

② 参见丁振辉、陈苗：《美国债务经济与国际货币体系》，《当代经济研究》2013年第9期。

③ Eric Helleiner, “Political Determinants of International Currencies: What Future for the US Dollar?” *Review of International Political Economy*, Vol.13, No.3, 2008, pp.354-378.

美国曾在拉美金融危机时期援助那些在墨西哥和巴西过度扩展业务的美国银行。20世纪七八十年代，由于大型跨国银行的迅速发展，1975年第一次《巴塞尔协定》签署，规定母国和东道国将共同监督跨国银行的国外活动。母国银行管理当局要明确国外分行的清偿能力是否有保证，而东道国银行管理当局应确定该分行是否有足够的现金清偿能力。①

1979—1987年掌管美联储的保罗·沃尔克(Paul Volcker)，大胆放弃了美元货币供应量的管制，而改用利率作为调控宏观经济的货币手段，从此，失去了黄金约束的美元泛滥全世界。但沃尔克也成功遏制了美国的通货膨胀，使经济波动开始减少，随后美国进入了“大缓和”(Great Moderation)时期。② 20世纪80年代后期，规模经济的网络效应使金融业越来越趋于集中。美国大量中小型银行倒闭，而大银行占据的市场份额却持续增加。由于激烈竞争，美国银行的净利差从4%下降到3.4%。③

(二)流动性状况

关于银行体系流动性的度量，2009年巴塞尔委员会首次推出流动性覆盖率(Liquidity Coverage Ratio，LCR)指标，用来度量短期压力下银行的流动性状况。LCR的计算方式是“优质流动性资产储备/未来三十天的资金净流出量”，流动性覆盖率的标准一般不低于100%。这项指标意味着银行必须持有足够的优质流动性资产，这些资产可轻易转化为现金，满足银行自身30天内的流动性需求。可计入这种流动性缓冲的有价证券包括现金、本国银行持有的储备、政府债券、某些股票和住宅抵押贷款证券。④ 帕特里克·麦奎尔(Patrick McGuire)和戈茨·凡·彼得(Goetz von Peter)认为银行体系美元流动性缺乏与对外债券资产损失具有直接相关关系。⑤

由图2-3可知，1970年，美国央行资产占当年GDP的比例为5.51%，商业银行和其他金融机构占比分别为60.97%和43.19%。到2014年，央行、商业银行、其他金融机构的资产占当年GDP比值分别为22.99%、60.28%、

① 参见[英]苏珊·斯特兰奇：《国家与市场》，第101—102页。

② 参见[美]巴里·艾肯格林：《嚣张的特权：美元的兴衰和货币的未来》，第134页。

③ 参见[马来西亚]沈联涛：《十年轮回：从亚洲到全球的金融危机》，第276—278页。

④ 参见[美]埃斯瓦尔·S.普拉萨德：《即将爆发的货币战争》，刘寅龙译，新世界出版社2015年版，第105页。

⑤ Patrick McGuire and Goetz von Peter,“The US Dollar Shortage in Global Banking and the International Policy Response”, BIS Working Papers, No.291, 2009.

169.79%。1970—2014年,美国央行资产占GDP的比例一直很低且基本稳定,商业银行资产占GDP的比例也保持相对稳定,在50%—70%间波动,而其他金融机构资产占比则呈显著上升趋势。1987年,其他金融机构资产占比超过了商业银行资产占比,继而开始大幅上升,表现了20世纪80年代以来美国经济金融化的特点。次贷危机后,美联储大肆"放水",使得商业银行储备飙升。商业银行储备的高位运行意味着其潜在信贷能力极强,一旦经济基本面好转,美联储提供的大量流动性将会加速转换为信贷及其他资产。

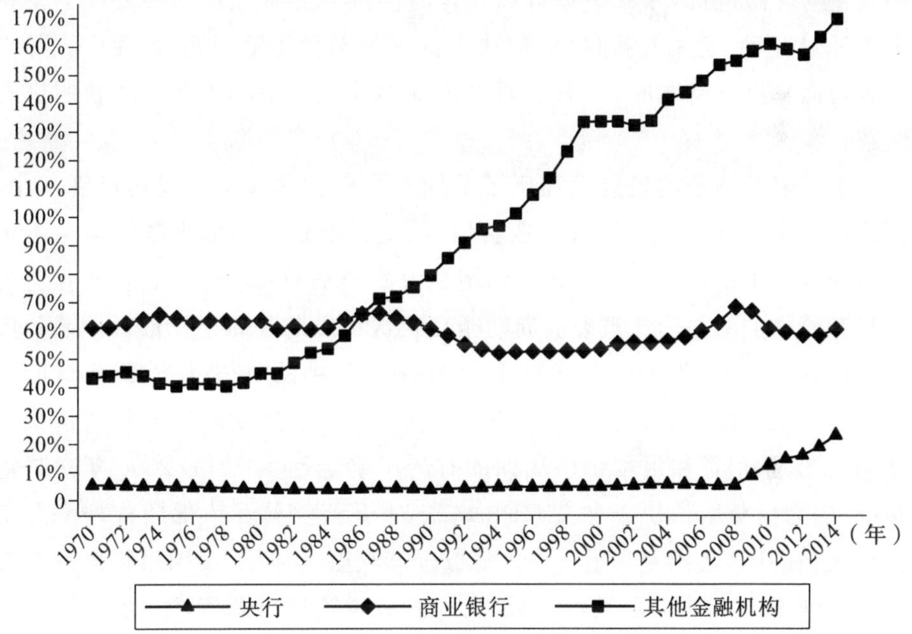

图2-3 美国央行、商业银行及其他金融机构资产分别占GDP的比例

数据来源:世界银行(World Bank)。

(三)其他途径

美联储通过与其他主要央行签署货币互换协议,进一步巩固美国在全球金融体系的影响力。互惠信贷和支付协议是指两个国家签订的接受对方贷款和使用对方货币的协议,属于构成国际清偿力的借入储备中的项目,也包含在广义的国际储备概念中。具体来看,货币互换协议是指,两国央行间通过签署协议，约定在一定条件下，任何一方可以用一定数量本币交换等值的对方货币，借此管理流动性，并防范金融风险。次贷危机期间，全球美元供给告急，主要发达经济体在资金来源方面严重依赖批发性的廉价美元供给。美联储开始利用流动性互换安排(liquidity swap arrangement)为全球银行体系“输血”。2013 年 10 月 31 日，美联储、欧洲央行、英国央行、日本央行、加拿大央行和瑞士央行全球六家主要央行把现有的临时双边流动性互换协议转换成长期货币协议，其主要目的是稳定流动性。本质上看，这个体系是对具有稀缺意义的全球流动性的垄断。① 美联储处于体系的核心位置，一旦遭遇金融危机，六家央行可以在短时间内互相提供流动性支持。发达国家通过此种“货币互换网络”解决了国际流动性短缺问题，然而广大外围国家在面临这一问题时，却只能通过传统的外汇储备积累和资本管制进行缓解。

影子银行体系的发展也加剧了美国对外负债的趋势。现代经济学中，金融不稳定的核心在于银行创造新信贷、货币及购买力的无限能力与不可再生的城市土地供给之间的相互作用。由此带来的必然结果是自我强化的信贷和价格泡沫与泡沫破裂的周期循环。这种周期是高杠杆银行体系的内生特征，也产生于非银行信贷的发起、交易和分销的负债链条，即所谓的影子银行体系。影子银行体系复制了银行的特征，通过期限转换创造信贷和货币，扩大了信贷和资本价格周期固有的不确定性。1950—2006 年次贷危机前，因为信贷增长快于名义 GDP 增长，发达经济体私人部门杠杆率及信贷规模与 GDP 之比上升了 3 倍。随着全球金融一体化，美国银行体系杠杆率也逐渐增大。2007 年底，美国最大的五家投资银行总资产达到 4.3 万亿美元，但其股本仅有 2003 亿美元，杠杆率达到 21.3 倍。② 为避免美国商业银行以长期稳定为代价去追求短期利益，美联储还通过调整资本充足率的方式，阻止商业银行从事过度风险投资。③

2007—2008 年的次贷危机本质上源于美国银行体系权力场(house of cards)的坍塌，并随后迅速蔓延到外围国家。危机发生后，各主要央行依旧

① 参见徐以升、马鑫：《金融制裁：美国新型全球不对称权力》，第 186—188 页。

② 参见[马来西亚]沈联涛：《十年轮回：从亚洲到全球的金融危机》，第 287 页。

③ 参见[英]简世勋：《货币放水的尽头：还有什么能拯救停滞的经济》，胡永健译，机械工业出版社 2016 年版，第 208 页。

在短期内支撑着美元，因为全球投资者都在恐慌中逃向最安全的“避风港”——大量购买美国国债和美元资产。美元非但没有预期中的贬值，反而出现了升值趋势，佐证了美国的金融霸权地位。之后伴随不断扩大的全球失衡、高度联动的金融机制以及国际金融体系的脆弱性状况，国际货币体系开始承受巨大压力。作为全球经济的“火车头”，美国也必须执行稳定而连贯的货币政策与财政政策，利用银行体系构造的全球金融网络维系世界经济平稳运行。

第三节　转移调整成本能力

转移的权力就是规避调整的转型性成本的能力。其实质就是将成本转移到其他国家，并强迫它们替代承担调整成本。转移的权力并非源于金融变量，而是源于更加基本的结构变量，可以将其视为一个由调整过程中的刺激和反应组成的函数。其中，刺激是指国际收支失衡对一个经济体的最初影响，反应则是指逆转初始冲击所能换得的缓和程度。对于美国来说，财富榨取、利益重构、经常账户调整是转移调整成本的常用方式，而单一经济体的敏感性、脆弱性、适应性以及开放度等，也是调整过程中决定转型成本分配的关键。

一、财富榨取

美国财富榨取的基础源于其经济持续稳定的增长，这使外国投资者产生良好预期，并得以维持美国的信用。财富榨取的方式一般有收取铸币税、通货膨胀、对外直接投资等。美国依靠收取铸币税缓解外部失衡，利用通货膨胀稀释债务，这两种方式既减轻外债负担又不影响国内经济发展。美国对外直接投资，尤其对新兴市场国家的直接投资，则是获得对外净收益的主要来源。基于债权人的借款动机，在债务清偿问题上，美国拥有很大的溢价空间和周旋余地。

(一)铸币税获取

铸币税也叫铸币收入，在铸币流通条件下，铸币税是指铸币面值与铸币成本的差额。[①] 从技术层面看,铸币税可视为货币名义价值大于其生产成本的部分。当铸币是国家的特权时,铸币税就是财政的收入。[②] 铸币税作为一种通过国家权力进行征收的"税收",实际并不是税,而是货币当局的负债,是主权政府货币发行机构(绝大多数国家是中央银行)基于本国货币发行特权而取得的垄断性收入。在信用货币制度下,货币的发行成本基本为零,政府通过发行基础货币,等量的换取公众手中的实际资源。中央政府用无成本的货币购买私人部门的商品和服务,就是在收取铸币税。名义铸币税是指货币当局向经济中新增的货币供应量,实际铸币税则是剔除通货膨胀因素后的值。

聂丹将名义铸币税定义为一国境内外的基础货币加上本国中央银行吸收的外国官方储备存款。[③] 查尔斯·古德哈特(Charles Goodhart)将铸币税描述为"收入的最后手段"——在国家面临突发危机或安全威胁时动员资源的唯一最灵活的征税工具。[④] 巴里·艾肯格林(Barry Eichengreen)认为铸币税就是美国印制美元与外国人获得美元的成本差异。[⑤] 对铸币税进行最大化利用的政府将榨取最大可能的收入来源,包括通货膨胀、正常征税以及向公众借款,直至取得的每种收益等于其边际成本。

在国际上,储备货币国的货币能够被非储备货币国所接受,储备货币国输出本国货币,扣除发行和管理成本,就可以获得非储备国的实际资源,即国际铸币税。查尔斯·P.金德尔伯格(Charles P. Kindleberger)指出,储备货币国发行货币而长期持有外国资源这种行为属于长期融资。外国以储备货币国存款或国债的形式持有储备货币,使得储备货币国仅需支付短期利息。国际铸币税相当于流通在国外的储备货币数量乘以长短期利率之差,如果考虑货币本身的贬值或通货膨胀率,则可以得到以下计算方式:国际铸

① 铸币税的历史根源于中世纪的领主或封建主,他们铸造货币,并从铸造的货币中拿走一部分贵金属据为己有。

② 参见黄达:《金融学》,第 359 页。

③ 参见聂丹:《浅析对铸币税、国际铸币税的正确认识与测算》,《华东师范大学学报》(哲学社会科学版)2009 年第 5 期。

④ Charles Goodhart, "The Political Economy of Monetary Union", in Peter B. Kenen ed., *Understanding Interdependence: The Macroeconomics of the Open Economy*. Princeton: Princeton University Press, 1995, p.452.

⑤ 参见[美]巴里·艾肯格林:《嚣张的特权:美元的兴衰和货币的未来》,前言。

币税=流通在国外的储备货币数量×(长短利率之差+储备货币贬值率或通货膨胀率)。[①] 由此公式,美国可以通过扩大在国外流通的美元储备货币量来直接获得铸币税或通过扩大长短利率差和通货膨胀率间接获得铸币税。据统计,大约有2/3的美元纸币在国外流通。美国可基于美元地位通过国际贸易在全球获得铸币税收入,或通过政府职能在国内获得铸币税收入。1970—2004年,美国平均每年获得的铸币税收益大约为156亿美元。

(二)通货膨胀

政府印发货币筹集收入时,可以视为政府征收通货膨胀税。在低效率的税收结构以及不发达的金融市场条件下,发行货币通常是政府向公众征税成本最低的方法,且具有隐蔽性。当跨境货币竞争受到抑制时,政府可以不受妨碍地利用通货膨胀税占用公共购买力。政府印发货币,物价水平上升,导致每一单位的货币价值下降,因此通货膨胀税是一种向每个持有货币的人所征收的税。通货膨胀,对于固定收入者来说其收入一定会减少,但对利润收入者则不一定减少,因此不利于固定收入者,而有利于利润收入者,而且利润收入者通常都是高收入者。

早在18世纪70年代,美国国会就依靠通货膨胀税来支付军事支出。这主要因为刚成立不久的新政府通过正常税收或借款筹资能力有限,所以印发美元成为向军人支付工资简单易行的方法。这种方法导致了高通货膨胀率的产生。20世纪70年代,为了应对由于越南战争升级和林登·约翰逊总统的"伟大社会"计划造成的世界性通货膨胀,以及日益加剧的货币动荡和投机风潮对美元的冲击,主要经济大国采取合作措施,以期增加人们对美元的信心。美国开始大量印刷纸币,制造通货膨胀,为其世界地位提供资金后盾。这种策略与曾经的金融霸主英国大量发行"英镑余额",并要求它的殖民地和附属国持有相类似。当时的西欧和日本也愿意持有已经通货膨胀的美元,用持有美国政府生息债券的方式,向美国提供贷款。

通货膨胀率是判断一国货币政策是否合适的基本指标。当前通货膨胀税已不是美国政府收入的主要来源,取得的收入不到政府收入的3%。布雷顿森林体系解体后,随着金融自由化以及美国经济虚拟化程度的提高,美国

① 参见姜波克:《国际金融新编》(第五版),第277—278页。

居民的消费模式由以收入为基础转变为以资产为基础，并导致美元流动性过剩，而流动性过剩最容易引发通货膨胀。虽然全球面临美元流动性泛滥，但美国国内的通货膨胀率并不高。一些经济学家主张美联储应把通货膨胀率的目标定在4%—6%，而不应保持目前的2%。约瑟夫·斯蒂格利茨(Joseph Eugene Stiglitz)提出，如果美国保持每年6%的通货膨胀率，10年后美国的实际债务价值就会被侵蚀掉2/3。[①]

如果政府因为持续增长的预算赤字而不断增加债务，而政府债权人因为担心政府无力偿付而选择撤资，则政府将会面临一场资金危机。这可能会使通货膨胀率以激烈方式上升并最终形成恶性通货膨胀。如果通胀率超水平上涨，可能会使民众抛出手中现金，甚至失去对本币的信任。政府可以通过与官方性质的债权人(包括外国政府或国际货币基金组织)协商借贷，临时让渡部分经济主权，或者通过违约来切断本国与国际资本市场联系的方式进行应对。

很多观点认为，美国拥有无限动力利用通货膨胀"蚕食"应偿债务的价值，因为在这种"隐性违约"带来的成本中，绝大多数由其他国家来承担。然而实际上，美联储也不能任由通胀率失控。主要原因在于美国国内投资者也持有大量美国国债。因此，利用通货膨胀对部分债务实施贬值，也会受到国内政治和经济因素的制约。通胀一旦爆发，不仅会提升市场利率，增加政府的借款成本，还将增加政府对社会保险和其他与通胀率挂钩项目的投入。

（三）对外直接投资

美国是全球流动性提供者，为确保流动性负债，倾向于进行高风险高收益的对外直接投资(FDI)。从流量规模看，美国是世界第一大FDI输出国和目的地。二战时期及战后重建阶段，许多美国公司就进行大量对外投资，FDI的许多规则也制定于这个时期。美国通过对外直接投资，取得对东道国企业的永久利益，提高东道国金融资产质量，并促进东道国产业升级。FDI还将美国公司的治理标准转移到东道国，提高东道国企业的生产技术和管理水平，增加企业发展的外部资金来源，降低系统性风险，并提升东道国的就业率。

---

① 参见[美]约瑟夫·斯蒂格利茨:《自由市场的堕落》，李俊青、杨玲玲译，机械工业出版社2011年版，第120—125页。

罗杰・戈登(Roger H. Gordon)和兰斯・贝芬伯格(Lans Bovenberg)建立了国家间的信息不对称模型,研究了国际投资分散化、不同国家真实利率差异以及本国储蓄和投资的高度相关性,分析信息不对称与国家吸引 FDI 流入的相关关系。[①] 里卡多・豪斯曼(Ricardo Hausmann)和爱德华多・费尔南德斯・阿里亚斯(Eduardo Fernández-Arias)研究表明,FDI 资产具有风险中性,而非 FDI 资产则容易导致危机。[②] 乔斯・格雷戈里(Jose De Gregorio)等发现,贸易开放程度和金融市场发展水平是支持 FDI 正向外溢的重要因素。[③] 费萨尔・艾哈迈德(Faisal Ahmed)、拉巴・艾瑞克(Rabah Arezki)和诺伯特・冯克(Norbert Funke)证明 FDI 占东道国对外总负债比例与东道国的制度质量[④]显著正相关。[⑤]

FDI 是美国提升全球影响的最直接通道之一。2015 年,美国的对外直接净投资额为 3451 亿美元,大约是中国的两倍,占全球资金总流量的 21.6%。根据国际货币基金组织(International Monetary Fund, IMF)协同直接投资调查数据库和联合国双边 FDI 统计,美国通过 FDI 施加的影响在地理上并非均匀分布,而是总体上倾向风险规避:在北大西洋和加勒比地区,美国的 FDI 占据了 70%份额;在北美洲和中美洲地区,美国的 FDI 分别占 15%和 13%,其中美国对加拿大和墨西哥的 FDI 都超过了 50%的比例。美国在日本、澳大利亚、英国、荷兰和卢森堡的 FDI 占比均居于第一位,而在北非和撒哈拉地区、中东、南亚这些高风险地区,美国的 FDI 占比却非常小。[⑥]

---

① Roger H. Gordon and A. Lans Bovenberg, "Why is Capital so Immobile Internationally? Possible Explanation and Implications for Capital Income Taxation", *American Economic Associatioin*, Vol.86, No.5, 1996, pp.1057-1075.

② Ricardo Hausmann and Eduardo Fernández-Arias, "Is FDI a Safer Form of Financing?" Mimeo, Inter-American Development Bank, 2000.

③ Jose De Gregorie, E. Borensztein and J. W. Lee, "How Does Foreign Direct Investment Affect Economic Growth?" *Journal of International Economics*, Vol.45, No.1, 1998, pp.115-135.

④ 用国家国际风险指南(International Country Risk Guide, ICRG)中的法律与秩序指数衡量。

⑤ Norbert Funke, Faisal Ahmed and Rabah Arezki, "The Composition of Capital Flows: Is South Africa Different?" IMF Working Papers, WP/05/04, p.28.

⑥ "The Global Influence of the United States: A Foreign Investment View", 2018-8-23, https://cn. knoema. com/infographics/eckqulf/the-global-influence-of-the-united-states-a-foreign-investment-view.

二、利益重构

美国通过建立其他国家对美元的货币价值及稳定性的依赖而获得重构经济利益的权力。在全球范围内,美国利用货币操纵、海外盈利、债务转化等途径,进行投资融资、倾销美元、扩大外部借贷、改变交易成本来塑造稳定性的利益共同体。这些方式均可以达到有效转移调整成本的目的。

(一)货币操纵

货币权力通常涉及利用货币币值和货币安排来推进政治目的。货币权力反映了一种影响,但其并不等于控制。在金融全球化背景下,规模巨大且联系紧密的货币市场增强了国际关系中货币操纵的重要性。货币操纵是一种货币权术,强调对货币价值、货币使用与支付融资等方面有意识的控制。货币操纵可以采取行动影响目标国货币的稳定和价值,是实施货币权力的最简单手段。货币操控具有一定灵活性,其使用强度可以随时调整,从温和的信号释放到破坏国家政权及体系稳定,因而可以用来施加惩罚或实施强制。[①]

美国通过货币操纵可以达到投射宏观经济偏好、塑造经济地理、建构国际金融规制的目的。布雷顿森林体系解体后,全球经历了技术规模和国际市场范围两者平行的发展,国家市场和国际市场均得到了调整和扩大。20世纪70年代后期,美国为对抗通货膨胀,决定提升利率水平,高而不稳定的利率随之强加给其他国家。美元的“货币锚”功能也有利于美国投射宏观经济偏好,因为一个国家选择盯住美元而又不能有效实施资本管制时,它将不可避免地引进美国的货币政策。美国作为国际货币主导国,能通过改变交易成本获得重塑经济地理的权力。美国消除了汇率波动从而改变交易成本,货币追随国通过参与美国主导的货币体系获得收益,进一步加大与美国的贸易和投资联结,并创造了以美元的价值和稳定为基础的共同利益。塑造国际金融规制则根源于美国兼具广度和深度的金融市场。该市场允许美国通过放松金融管制以及全球金融自由化策略来影响国际规制的发展趋势。

美国的货币操纵手段还体现在美元在强势与弱势之间的周期性变换。从1970年至今,美元大约经历三次贬值周期:第一次是1971—1979年,发生了布雷顿森林体系瓦解以及两次石油危机;第二次1985—1995年,《广场协

① 参见[美]乔纳森·科什纳:《货币与强制:国际货币权力的政治经济学》,第7页。

定》签署并引发日本经济泡沫;第三次是2002—2008年,美国发动伊拉克战争等大规模对外军事行动。与此相对应,美国的升值周期也是三次:第一次是1979—1985年,从墨西哥开始的危机引爆了拉美经济危机,拉美国家步入"失去的十年";第二次是1995—2002年,1997年始于泰国的金融风暴迅速扩散整个东南亚并波及世界;第三次是从2008年至今,次贷危机及欧洲主权债务危机使全球经济陷入泥潭。

从美元周期来看,当美元贬值时,国际货币体系发生重大变化或美国实行大规模军事战略行动,当美元升值时,则极易引发全球金融危机。美元贬值的目的并不是为了改变美国经常账户逆差,而是凭借美元国际本位币地位,通过币值重估实现财富转移,弥补日益扩大的经常账户赤字和财政赤字。[①] 美元通过温和贬值的方式使对外负债调整的风险最小化。美元升值则能体现美国增长、高效和竞争力的根本利益。美国经济的特殊性使得美元处于进可攻退可守的优势地位,无论美元升值或贬值,美国均可获得一定收益。实施强势美元政策,可以增加国内居民购买力,利用消费拉动经济强劲增长,实施弱势美元政策,则可获得正估值效应收益。但强势美元政策也会造成国际资金趋紧,而弱势美元政策则可能导致国际投机资金泛滥。

(二)海外盈利

美国对外资产负债存在结构差异,对外资产主要是高风险高收益的对外直接投资和股权类资产,且以外币计价为主,而对外负债通常是安全性高流动性强的债务类资产,并主要以本币计价。美国对外资产获得收入与对外负债所支付收入之间的差额,即国际投资收支,能反映出美国的债务偿还能力。这种收入包括固定收入证券的息票支付、银行债务的利息、股票红利的支付、直接投资的利润等。[②]

布雷顿森林体系崩溃后,美国成为全球资本账户自由化的倡导者,贸易逆差开始居高不下。成为净债务国后,美国将自身的低息资产卖给其他国家,然后用所获资金向海外进行高回报投资,在中间赚得净利差。伴随全球经济一体化,美国的海外盈利开始超过国内。2007年,美国企业海外盈利达8840亿美元,而国内盈利为7140亿美元。2008年,美国企业海外盈利达

---

① 参见李晓、周学智:《美国净对外负债前景与美元汇率调整》,《国际金融研究》2014年第2期。

② 参见王志军:《美国近百年来的对外负债》,《国际金融研究》2008年第4期。

9563 亿美元，国内盈利下降到 5320 亿美元。① 美国还利用对外负债，吸收世界巨额资本为其自身预算赤字融资并弥补过低的储蓄率。

如果美元失去国际"基轴"货币地位，外国投资者会对美元请求权失去兴趣，美国的经济政策必须予以调整，美联储也不得不放弃对汇率问题的"善意忽视"。当美元是国际货币本位币时，新兴市场国家大量借入美元，如果美元贬值，那么借款国会遭受重创，外币负债会变得更高。在此情况下，中央银行通常被迫上调利率来限制本币贬值。这就是新兴市场国家的"浮动汇率恐惧综合症"。因为新兴市场国家对外负债以外币计价，这使得其央行不得不放弃其他目标，以维持汇率稳定，避免经济出现大幅波动。如果美联储也陷入同样困境，那么在遭遇类似互联网泡沫破裂和"9・11"恐怖袭击事件后，就无法通过大幅下调利率来阻止经济衰退。由于外国央行和投资者对不需要任何实际资源支撑的美元有着庞大需求，所以美国每年的消费和投资规模可以超出生产 1 万亿美元，每年进口规模可以超过出口规模1 万亿美元。但如果外国央行和政府不再依赖美元储备，不再对美国的对外赤字提供资金支持，美国民众生活水平就会大幅下降。

从历史上看，国际债务国的货币往往是弱势货币。一旦美元失去"过度特权"，美国将难以发挥战略影响力。美国对外援助资金将会减少，美国公司进行战略投资的能力也会削弱。但也有学者指出，决定美国战略影响力的根本因素在于其基本经济面和财政健康状况，而并非其汇率或净对外投资国地位。对于美国的战略影响力来说，美元升值或贬值并不重要，因为此前也出现过美元大幅贬值升值的情况，但并未对美国造成灾难性影响。最重要的是，美国经济是否会继续保持 3%—4%的年平均增长率。②

(三)债务转化

从美国国内经济体系来看，GDP 增长率、国民储蓄率、利率、财政状况都会对对外负债产生影响。经济学家斯蒂芬・塞切蒂(Stephen G. Cecchetti)等认为，如果国内企业部门债务占 GDP 的比例超过 90%或家庭部门债务占 GDP 的比例超过 85%，将会对经济增长产生负面效应。③ 拥有更多外债的

① 参见丁一凡、钮文新:《美元霸权》,第 111—112 页。

② 参见[美]巴里・艾肯格林:《嚣张的特权:美元的兴衰和货币的未来》,第 208—217 页。

③ Stephen G. Cecchetti and E. Kharroubi, "Why Does Financial Sector Growth Crowd Out Real Economic Growth?" BIS Working Papers, 2015.

国家会面临持续的外部金融约束。在这种情况下，如果价格和汇率刚性阻碍了有效的支出转换机制(expenditure switching)，国内产出可能会低于潜在产出更长时间。[①] 陆晓明研究发现，美国公共债务中，短期债务占比高，近期还本付息压力大，展期风险高，信用评级下调压力增大。[②]

一旦经济中的债务过度，完全清除债务几乎不可能，而只能将其合理转移，比如从私人部门转向公共部门，从发达国家转向新兴市场国家，从“美元本位”转向“债务本位”。除了经济增长或财政调整等策略外，美国还可以通过债务稀释、债务减免、债务违约、债务重组等途径来降低债务。其政策本质就是 1931 年全球经济危机时，美国财政部长安德鲁・威廉・梅隆(Andrew W. Mellon)所提出的“清算劳工、清算股票、清算农场、清算房地产—清除体系中所有腐朽的东西”。[③] 欧文・费雪(Irving Fisher)曾提出“债务—通货紧缩”周期理论，描绘了债务违约对一国经济的影响。大规模违约和破产会加速名义需求崩溃并进入一个自我强化的周期，破产会引发资产贱卖和资产价格暴跌，债权人在面临非预期损失时会自动削减消费和投资。2003 年 6 月，在法国埃维安举行的八国峰会上，美国曾提出一种“不再借债”的改革尝试，即“埃维安”方法。该方法利用计量模型计算出减免多少债务能够使一国在可维持的基础上实现经济增长，而不再引起另外的债务问题。[④]

当债务水平过高时，政府可采取金融抑制方式，即利用政策引导迫使国内投资者以人为的低利率购买政府债券。金融抑制的核心就是低利率加适当的通货膨胀率，使实际利率为负。这样可以降低利息支出，减少税收的额外负担，而且适当的通货膨胀率也可降低债务的真实价值。负利率还促使资金从储蓄者手中转移至政府手中。1945—1980 年，发达国家的实际利率水平有一半时间是负的。[⑤] 日本经济学家星川顺一提出了异质经济主体理论。他认为在开放条件下，美国与其他国家之间可看作异质经济主体。美元是国际本位货币，且美国对外负债基本以美元计价，因而美国完全满足异

---

① Philip Lane and Gian Maria Milesi-Ferretti, “External Adjustment and the Global Crisis”, *Journal of International Economics*, Vol.88, No.2, 2012, pp.252-265.

② 参见陆晓明:《美国公共债务的可持续性及其影响》,《国际金融研究》2011 年第 8 期。

③ Herbert Hoover, *The Memoirs of Herbert Hoover*, Vol.3, *The Great Depression*. New York: Macmillan, 1953, p.30.

④ 参见[美]约翰・B.泰勒:《全球金融斗士》,第 196—197 页。

⑤ 参见徐肖冰:《美国政府债务研究:演进、风险与可持续性》,中国社会科学出版社 2015 年版,第 126 页。

质经济主体理论的条件,可以通过调整汇率与利率来转嫁债务负担。[①]

经济学家肯尼斯·罗格夫(Kenneth Rogoff)等研究发现,当一国债务占国内生产总值比例超过150%且债务利息支付超过财政收入的25%时,债务违约无法避免。[②] 虽然从债务绝对规模来看,美国位列全球第一,但美国政府债务违约的可能性较小,因为美国的债务结构风险并不突出。如果从债务相对规模考察,即从政府净债务占GDP比重(净债务率)来看,美国的债务也并不比其他国家更严重。比如,日本的净债务率就远高于美国,但日本并未发生经济危机。而且相比于日本,美国由于人口结构优化,潜在经济增长率较高,持续宽松的货币政策和市场导向的债务减记等因素的共同作用,就足以解决净债务率过高的问题。除了拥有国际货币主导权,美国政府对债务品种和期限的合理安排加之良好的融资能力,因此只要维持经济健康增长,美国对外债务基本可以保持稳定。

三、经常账户调整

经常账户反映了国与国之间实际资源的转移。杰弗里·萨克斯(Jeffrey Sachs)指出国际收支均衡是动态均衡而非静态均衡。在满足市场出清、完全就业的经典假设以及跨期预算约束的条件下,当期经常账户平衡并非最优选择,国家可根据资源配置情况实施经常账户顺差或逆差,只要实现跨期均衡即可。[③] 传统的经常账户跨期分析方法,是对未来消费进行平滑,并考虑家庭和企业的跨期最优行为。

(一)决定因素

莫里斯·奥伯斯法尔德和肯尼思·罗格夫最先确立了经常账户的跨期研究方法,并重点研究相对价格、人口结构、耐用消费品、资产市场不完全性以及信息不对称性等因素对经常账户的影响。[④] 雅各布·弗兰科(Jacob A.

---

① 参见[日]星川顺一:《日本经济与财政政策:凯恩斯政策的忠告》,朱东平译,立信会计出版社1997年版,第1—5页。

② Carmen M. Reinhart, Kenneth S. Rogoff, "Growth in a Time of Debt" ,NBER Working Paper No.15639, 2010.

③ Jeffrey Sachs, "The Current Account in the Macroeconomic Adjustment Process", *The Scandinavian Journal of Economics*, Vol.84, No.2,1982, pp.147-159.

④ Maurice Obstfeld and Kenneth Rogoff, "The Intertemporal Approach to the Current Account", NBER Working Paper,No.4893, 1994.

Frenkel)和迈克尔·穆沙(Michael L. Mussa)推导了经常账户逆差的计算模型。[①] 穆沙将一国经常账户赤字与对外负债达到稳态的公式简化为 $c=g\times n$,其中,c 为经常账户逆差与 GDP 比值,g 为美国经济增长率,n 为对外净资产与 GDP 比值。[②] 他还认为,美国经常账户赤字占 GDP 比例应维持在 2%左右,而美国经济增长率一般在 4%左右,代入上述公式,则对外净资产占 GDP 比例应该维持在 50%左右。在汇率影响方面,穆沙推算得出,如果美元贬值 10%,经常账户逆差占 GDP 比例大约减少一个百分点。此外,"霍萨克-马吉效应"(Houthakker-Magee Results)表明,由于美国进口收入弹性乘以美国 GDP 增长率大于外国对美国出口需求的收入弹性乘以外国收入增长率,简单来说,就是美国经济增长吸收的进口比外国经济增长吸收的美国出口要多,因此美元必须实质贬值来维持经常账户赤字与 GDP 比例稳定。

安娜·巴甫洛娃(Anna Pavlova)和罗伯托·里戈本(Roberto Rigobon)在研究了国际市场上股票和债券交易模式的基础上,致力于利用可预期和非可预期的资本利得来获取一个更精确的资本利得调整后的经常账户项(Capital-Gains Adjusted Current Account,CGCA),以取代传统的经常账户衡量方式。在他们建立的模型中有两个不确定性来源:生产力冲击和需求冲击。CGCA 与传统经常账户衡量方式有两点不同:一是非可预期的资本利得项,它表现为可预期股票收益的波动性的函数。当本国投资者持有的外国资产的收益超过了外国投资者持有的本国资产的收益,这一项有利于经常账户盈余增加。二是可预期的资本利得项,传统的衡量方式除了贸易余额外,还包括股票的净股息支付和无风险债券的净利息支付。调整后的衡量方式则包括所持股票的预期资本利得。[③]

经常账户赤字可能源于负面因素:比如,金融监管缺失引起信贷过度繁荣,或财政当局过度减少国家储蓄的行为;也可能源于正面因素:暂时性压

---

① Jacob A.Frenkel and Michael L. Mussa, "Asset Markets, Exchange Rates and the Balance of Payments", in R Jones and P Kenens eds., *Handbook of International Economics*, Amsterdam: North Holland, 1985.

② Michael L. Mussa, "Exchange Rate Adjustments Needed to Reduce Global Payments Imbalance", in C. Fred Bergsten and John Williamson, "Dollar Adjustment: How Far? Against What?" Institute ForInternational Economics Special Report 17, November 2004, p.132.

③ Anna Pavlova and Roberto Rigobon, "An Asset-Pricing View of External Adjustment", *Journal of International Economics*, Vol.80, No.1, 2010, pp.144-156.

低出口价格，经济前景看好导致低储蓄率，更高的资本边际生产率带来高投资率。但这也有可能造成经济扭曲，导致“荷兰病”[①]现象，或由于国外借贷者突然改变投资意愿而大量撤资，造成“资本急停”现象。经常账户盈余可能源于负面因素：低劣的公司治理，有限的社会保障机制，金融部门的低效率导致投资率过低并限制国内投资机会，金融机构无力承担将国内储蓄转化为国内投资的媒介作用，这些现象通常会引起汇率被低估；也可能源于正面因素：比如为人口老龄化促使为退休而进行预防性储蓄，或者是因实施出口导向型发展战略，造成国内需求偏低。[②]

（二）逆差规模

20世纪70年代中期开始，美国经常账户逆差就呈现不断扩大趋势。2015年，美国经常账户逆差额达4629.6亿美元，大约占全球经常账户逆差总额的1/3，占世界GDP的－0.66%。2017年前三季度，美国经常账户逆差额累计达3388.63亿美元，占美国GDP的－1.74%。马丁·沃尔夫(Martin Wolf)称美国巨大的经常账户逆差为“不可持续的黑洞”(unsustainable black hole)。[③]

美国经常账户逆差几乎占全球经常账户逆差总额的一半。这从侧面说明美国经济前景看好，是有吸引力的投资地，因此外围国家对美国的权益性投资不断增加。[④] 美国经常账户逆差对应于外围国家经常项目顺差。由于受汇率升值预期影响，大量资本流入导致外围国家外汇占款迅速增加，使外围国家央行不得不增加基础货币投放。在国际间利率波动趋同、资本市场联动的情况下，国际金融机构也进行信贷创造，形成全球性货币供应。低利

---

① 指一国(尤其中小国家)经济的某一初级产品部门异常繁荣而导致其他部门衰落的现象。20世纪50年代，制成品主要出口国的荷兰发现大量石油和天然气，荷兰政府大力发展石油天然气行业造成出口剧增，经济繁荣，但同时打击了荷兰农业和其他工业部门，到20世纪80年代，荷兰开始面对通货膨胀、收率增长率下降以及失业率上升的困扰，这种现象被称为“荷兰病”。

② Olivier Blanchard and Gian Maria Milesi-Ferretti, “Why Should Current Account Balances Be Reduced?” IMF Economic Review, Vol.60, No.1, 2012, pp.139-150.

③ Martin Wolf, “America on the Comfortable Path to Ruin”, *Financial Times*, 2004-08-17, https://www.ft.com/content/488f2e14-f07a-11d8-a553-00000e2511c8.

④ 参见徐明棋：《美国国际收支经常账户逆差不断扩大对世界经济的影响》，《国际金融研究》2006年第4期。

率和宽松货币政策刺激投资和信贷的扩张，加速全球资产泡沫的形成。[①]

（三）影响效果

经常项目过度赤字容易使赤字国面临资本急停的风险。尤其对于施行固定汇率制的国家，赤字国如果快速缩小赤字会引起经济衰退。经常账户由赤字转为盈余的突然逆转，也会对国内消费和生产增长带来负效应。这通常造成资产价格及国内需求类型的剧烈调整，同时，外汇储备提升，国内投资下降，导致国内总需求下降。对于新兴市场国家来说，经常账户盈余会带来货币升值预期。为了保持汇率稳定，新兴市场国家央行不得不在外汇市场上进行公开市场操作，大量购买外币。

盛宏清指出，美国巨额对外净债务使美元呈现长期贬值趋势，其主要原因在于美国经常账户赤字的长期积累。[②] 瓦哈格·加尔斯坦（Vahagn Galstyan）等学者研究后发现，如果美国每年名义 GDP 增长率达到 6%，经常账户逆差也保持占 GDP 的 6%，那么美国的净债务与 GDP 的比值可能达到 100%，而很多国家在达到这一比例时爆发了金融危机。[③] 美国作为经常账户赤字国，面临着资本突然撤出的风险。不过相较于其他国家，美国有更好的风险规避能力和风险容忍度。由于风险资产比例大于大多数国家，美国还获得风险溢价[④]（risk premium）。

四、敏感性与脆弱性

美国经济的敏感性与脆弱性对转移调整成本能力有直接影响。敏感性是指美国经济受到外界影响的敏感程度，脆弱性是指美国经济承受或适应外部冲击影响的程度。美国对外负债不断扩张会提高利率，抑制民间投资并挤出私人资本，也会影响未来国家税收，引发不确定性和脆弱性。埃里克·赫莱

---

① 参见黄晓龙：《全球失衡、流动性过剩与货币危机——基于非均衡国际货币体系的分析视角》，《金融研究》2007 年第 8 期。

② 参见盛宏清：《巨额对外债务、美元贬值与经常账户赤字动态调整》，《金融研究》2005 年第 11 期。

③ Vahagn Galstyan, Philip R. Lane and Caroline Mehigan, et al, "The Holders and Issuers of International Portfolio Securities", NBER Working Paper, No.22466, 2016.

④ 风险溢价是指当事者在面对不同风险的高低，且清楚高风险高报酬、低风险低报酬的情况下，对风险的承受度影响其是否要冒风险获得较高的报酬，或是只接受已经确定的收入，而放弃承受风险可能得到的较高报酬。确定的收入与较高的报酬之间的差，即为风险溢价。国际投资中，风险溢价指的是投资者要求较高的收益以抵消更大的风险。

纳(Eric Helleiner)认为,债务国对债权国的脆弱性取决于债务国所拥有的可替代信贷资源。债权国运用关系性金融权力的主要机制是通过提供信贷或贷款回收来施加激励;通过操纵汇率或倾销债务国货币等来施加压力。一国资本外流的规模和可持续的时间以及政府对资本流出的管制决定了该国关系性金融权力的大小。即使是净债务国,只要能够提供国际贷款,一定程度上也能行使关系性金融权力。① 本小节通过分析美国政府收入与支出、国内储蓄与投资、股票市场和债券市场市值、预算赤字和限制性货币政策等,考察美国对外部债务的依赖程度,进而阐释美国经济的敏感性与脆弱性情况。

(一)联邦收入支出与债务

如图 2-4 所示,1971 年美国联邦政府收入占 GDP 的 25.7%,支出占 GDP 的 29.5%;2008 年,联邦政府收入占 27%,支出占 32.2%。截至 2017 年第三季度,联邦政府收入为 51680 亿美元,联邦政府支出为 60941 亿美元,分别占 GDP 的 26.9%和 31.8%。

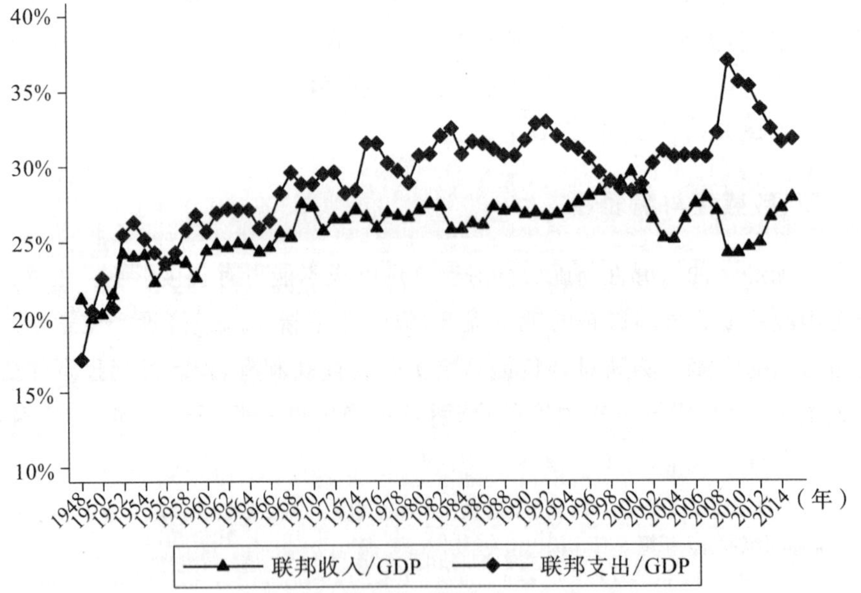

图 2-4 美国联邦政府收入与支出分别占 GDP 的百分比

数据来源:白宫管理及预算办公室(OMB)。

① Eric Helleiner, "Money and Influence: Japanese Power in the International Monetary and Financial System", *Millennium-Journal of International Studies*, Vol.18, No.3, 1989, pp.343-358.

由数据可知，20世纪70年代以来，联邦收入和支出占GDP的比例基本在30%左右波动。但在此期间，联邦政府总债务则呈现不断攀升状态。1971年为4080亿美元，占GDP的36.5%；2008年达到了9.98万亿美元，占GDP的67.7%；2017年达到20.21万亿美元，占GDP的105.4%。

美国历史上，政府债务波动的主要原因是战争。战争爆发时，国防支出大幅增加，税收也通常增加，但远小于支出的增加，因而造成预算赤字和政府债务积累。当战争结束，政府支出减小，联邦债务占GDP的比例也会下降。为战争而进行债务筹资是一种合适的政策，因为它可以使政府保持税率平稳。如果没有债务筹资，税率会在战争期间急剧上升，引发经济效率大幅下降。① 虽然美国政府债务占国内生产总值的比重在第二次世界大战期间也曾迅速增加，并且在1946年达到了创纪录的121.7%，但当今情况与二战显然不同。二战期间的债务支出很大程度上是战争消耗和对外援助，而且美国大规模的对外援助实际上为战后美国商品大规模占领世界市场奠定了基础，并为美国强大的生产力提供了动力。当时美国还拥有世界一半以上的黄金储备，所以债务的增长并未侵蚀美国的信用，反而是美国信用积极增长的表现。②

（二）国内储蓄与投资

美国居民低储蓄和联邦政府高赤字，造成美国国内总投资远大于总储蓄。1975年，国内总储蓄为3483亿美元，国内总投资为3417亿美元，总储蓄大于总投资，此后美国国内总投资开始超过总储蓄，并从2000年后迅速拉大。2008年，美国国内总投资与总储蓄相差7910亿美元达到最大值，之后差距开始缩小，2014年时总投资超过总储蓄1891亿美元。截至2017年第三季度，美国国内总投资额为38630亿美元，总储蓄额为34653亿美元，分别占GDP的19.80%和17.76%，而美国家庭净财富值达9169亿美元。③

美国储蓄和投资之间的缺口恰等于经常账户赤字。美国个人或家庭可以得到各种贷款提前消费，这增加了个人消费意愿并降低了储蓄意愿。个

① 参见[美]N.格里高利·曼昆：《经济学原理》（第五版）（宏观经济学分册），梁小民、梁砾译，北京大学出版社2009年版，第87页。

② 参见梁亚滨：《称霸密码：美国霸权的金融逻辑》，第10页。

③ 数据来源于美联邦网站发布的《美国金融账户数据》(Z.1 Financial Accounts of the United States)。

人储蓄在其可支配收入中的比例下降很快。1985 年为 8.6%,2005 年达到最低值约为 2.6%,此后开始缓慢回升,到 2014 年也仅为 4.8%。美国个人储蓄在 1985 年为 2650 亿美元,占总储蓄的 29.98%;2005 年为 2431 亿美元,占总储蓄的 10.4%;到 2014 年为 6220 亿美元,占总储蓄的 19.1%。虚拟资产膨胀使个人消费进一步扩大,家庭与非营利机构的资产负债率 1971 年为 10.97%,到 2008 年达到 20.28%,次贷危机后该比例开始下降,截至 2014 年降为 14.4%。[①] 2013 年,美国家庭总债务率达 74.5%,其中住宅贷款负债率为 50%。花旗集团分析师阿贾伊·卡普尔(Arjay Kapur)研究发现美国收入最高的 1%的家庭和整体储蓄率之间有一种很强的负相关关系,即前 1%家庭的收入越高,整体储蓄率越低。[②]

根据经济学理论,资本净流出等于国民储蓄减去国内投资。1981 年以前,美国国民储蓄和国内投资是非常接近的,而且资本净流出很少。1981 年以后,国民储蓄大大低于国内投资,资本净流出变为较大的负数。由图 2-5 可以看出,1981 年以来国民储蓄所占百分比比 1981 年以前低。国民储蓄的减少主要反映在资本净流出的减少上,而不是反映在国内投资的减少上。历史表明,资本流动的变动有时产生于储蓄的变动,有时产生于投资的变动。1980—1987 年,流入美国的资本占 GDP 的 0.5%—3.1%,这 2.6%的变动主要是储蓄减少了 3.2%。而从 1991 年到 2000 年,流入美国的资本从占 GDP 的 0.5%上升到 3.9%,这 3.4%的变动主要归因于信息经济带动的国内投资的大幅上涨。2000—2006 年,流入美国的资本进一步增加,达到了 GDP 的 5.8%。[③] 受次贷危机影响,2009 年美国国内投资和国民储蓄都降到了最低点,占 GDP 的比例分别降至 13.02%和 10.28%,之后又开始缓慢上升。截至 2015 年,美国国内投资占 GDP 的比例为 16.83%,国民储蓄占 GDP 的比例为 13.88%,资本净流入占 GDP 的比例为 2.95%。

---

① 数据来源于美联邦网站发布的《美国金融账户数据》(Z.1 Financial Accounts of the United States)。

② 参见[美]威廉·塔布:《美国债务膨胀、经济泡沫与新帝国主义》,吴娓、付强摘译,《国外理论动态》2006 年第 11 期。

③ 参见[美]N.格里高利·曼昆:《经济学原理》(第五版)(宏观经济学分册),第 197—198 页。

图 2-5 美国国内投资及国民储蓄分别占 GDP 的百分比

数据来源：美国经济分析局(BEA)。

美国外部失衡的调整，除了削减经常账户赤字外，还可以进行美国与世界其他国家在储蓄和投资流量上的再平衡。美国外部平衡除了汇率调节外，还要使美国国内需求增长适度低于潜在产出增长，为净出口增长和国内储蓄投资平衡留下空间，并减少对外国资本流入的需求。相对应地，世界其他国家的国内需求增长应当适度高于国内潜在产出增长，以便在面临净出口恶化之时，支持本国的产出和就业，降低本国资本向美国的流入。① 麦金农认为，反映美国储蓄短缺的经济项目逆差是导致美元周边国家官方外汇储备过度积累和其货币升值的直接原因。欧元区、中国、日本、韩国均面临通货紧缩带来的经济增长减缓压力，除非向美国出口得以持续。因此，东亚经济体乐于积累数量巨大的美元储备以阻止货币升值。更深层次上，美国的储蓄短缺是内源性的：是过去几十年里，世界其他国家对美元信用过度松弛的结果。②

① C. Fred Bergsten and John Williamson, "Dollar Adjustment: How Far? Against What?" Institute ForInternational Economics Special Report 17, November 2004, p.132.

② 参见[美]罗纳德·麦金农：《落入国际美元本位制陷阱》，《新金融》2005 年第 7 期。

(三)股票市场与债券市场

股票市场、债券市场和银行体系在流动性及期限转换中扮演重要角色。高流动性的股票和债券市场使投资者能够为长期项目融资,同时持有可随时转换为现金的资产,银行体系则使短期存款的存款人为长期贷款提供资金。如果没有流动性或期限转换机制,资本动员的目标将难以实现。根据美国证券业与金融市场协会数据,2016 年全球股票市值达到 70.1 万亿美元,其中美国占 30%,全球债券市场存量为 87.7 万亿美元,其中美国占 42%。

罗宾·格林伍德(Robin Greenwood)和戴维·沙福斯泰恩(David Scharfstein)研究表明,债务在美国甚至绝大多数发达经济国家的作用显著强化。20 世纪 80 年代以来,美国家庭部门和企业部门大幅举债,金融通过提供信贷创造了大量货币。1945 年,美国私人部门总债务占 GDP 的比例为 50%,到 2007 年次贷危机前,达到了 160%。① 债务占 GDP 比例的增长必定对应于固定收益资产、货币或某种债券的扩张。1980 年,美国货币市场基金为零,但到 2007 年则高达 3.1 万亿美元,机构投资者持有的银行债务和非银行信贷证券也急剧增长,直接或间接地为所增加的借款提供了融资。1970—2012 年,美国固定收益类金融资产占 GDP 的比例由 137%上升至 265%。② 美国股票市值占 GDP 的比例由 1989 年的 58%上升到 2007 年的 142%。2016 年,美国股票交易总额高达 42.07 万亿美元,占 GDP 的 226.57%。罗斯·莱文(Ross Levine)认为金融深化对美国经济十分有利。私人部门信贷占 GDP 的比例、股票交易量都与经济增长呈明显正相关关系。③

1990 年,美国债券市场(包括公共债券和私人债券)市值占 GDP 的比重为 120.34%,股票市场市值占 GDP 的比重为 54.56%。之后两个市场市值占 GDP 的比例均开始显著上升。2001 年美国互联网泡沫经济崩溃以及 2007 年次贷危机后,两者占 GDP 的比例均显著下降,并经历 2—3 年恢复期

---

① Robin Greenwood and David Scharfstein, "The Growth of Finance", *Journal of Economic Perspectives*, Vol.27, No.2, 2013, pp.3-28.

② 数据来源于美联储。此处的固定收益类金融资产是指所有非股权形式的金融资产,投资者的收益由事前合约确定,而不依赖于公司或项目的经济表现,也包括可变利率的债券或存款,其回报随市场利率波动而变化。

③ Ross Levine, "Finance and Growth: Theory and Evidence", in P. Aghion and S. Durlauf eds., *Handbook of Economic Growth*, The Netherlands: Elsevier, 2005, pp.865-934.

后又开始大幅上升。债券市场市值在 2009 年占 GDP 的比例为 184.58%，达到峰值。其中私人债券市场占比为 116.52%，公共债券市场占比为 68.06%。这也证明了次贷危机后全球资本纷纷涌入美国并大量购买美国债券以避险的事实。

从股权合约和债权合约的对比来看，相对股权合约，债务合约缺乏灵活性，但同时这也是债务合约的经济优势。债权合约中，收益必须事先确定，这有利于将那些不愿以股权融资形式进行投资的资本动员起来。如果金融合约只有股票形式，那么推动工业革命及其后续增长的资本积累将难以实现，工业革命就不可能发生。但债权合约在确定收益的同时，也导致了经济不稳定。其助长了过度的债务创造，而且造成的债务积压有可能导致严重的通缩。

（四）预算赤字

对于美元崩溃的假设，投资者突然对美国失去信心或者地缘政治纠纷均非主要决定因素，而最有可能的原因就是美国自身经济政策的失误，其中最大的危险就是失控的预算赤字。美国预算赤字产生的直接原因是经济改革造成税收减少，而政府支出不断增加。联邦政府的财政支出主要包括法定支出、自主性支出和利息支出。一个政府维持赤字的时间越长，它的债务和所支付的利息就越多，这些未偿付款项越积越多，最终可能超过一国可用的税收收入。美国正常年份的税收收入占 GDP 的比例大约为 19%，其中 1/5 用来支付利息，所以美国政府愿意通过赤字和发行外债来维持其他债务的利息。这种类似“庞氏骗局”的计划使投资者预期未来美国政府或许通过通货膨胀的方式来压低债务实际价值，所以投资者也会在通货膨胀前抛售其所持头寸。①

20 世纪 80 年代末，美国曾颁布《格拉姆-鲁德曼-霍林斯反赤字法案》来强制约束财政赤字。美国发行公共债务来为财政赤字融资的方式却无法刺激国内名义总需求，这主要基于两种效应：第一，“挤出效应”。私人部门的投资或消费将有所减少，从而抵消政府增加公共支出或降低税收所产生的刺激效果。第二，“李嘉图等价效应”。根据家庭和公司的理性预期，当前的财政赤字意味着未来税赋将会加重，于是家庭和公司会削减投资或消费，储

① 参见[美]巴里·艾肯格林：《嚣张的特权：美元的兴衰和货币的未来》，第 201—203 页。

备资源以应对未来的税收增加。

如果投资者突然认为政府债务不可持续，不愿通过任何利率购买债务，并大规模抛售证券，将导致一国货币在外汇市场的崩溃。随着资本大规模出逃，债券价格将大幅下跌，但利率大幅上升。海曼·明斯基（Hyman Minsky）曾提出“金融不稳定性”假设，在经济繁荣时期，金融结构将从强健变得脆弱，这一假设是建立在债务融资的营利性上的。风险价值、流动性和价格的长期稳定会引诱市场参与者使用越来越高的杠杆率，直到系统变得毫无稳定性可言。①

从外围国家观点来看，如果世界经济总体需求不足，美国政府受其限制就不能提高税收或者削减开支以阻止长期需求下降。世界其他国家严重依赖美国需求增长来支持其出口。经济学家阿巴勒纳（Abba Ptachya Lerner）指出，赤字财政有助于充分就业，人们持有政府债务就是持有切实可靠的财产。据估算，美国的外债赤字能有效刺激其他国家的出口需求，这一需求占全球 GDP 的近 2%。② 美国大规模预算赤字和限制性货币政策，也会对欠发达的债务国产生负面影响。美国提高利率来为预算赤字融通资金，从而虹吸掉了大量国际资本，并提升了全球利率和金融佣金。预算赤字造成的“挤出现象”也使债务国利息大幅增加。

---

① Hyman Minsky, "The Capital Development of the Economy and the Structure of Financial Institutions", Jerome Levy Economics Institution of Bard College Working Paper, No.72, 1992.

② 参见[美]劳伦斯·H.萨默斯：《颠倒的秩序——反思全球账目失衡与新兴市场国家外汇储备积累》，《21 世纪经济报道》2006 年 4 月 24 日。

第三章　美国对外负债的支撑力量

二战以来，美国一直作为全球自由贸易秩序和国际投资自由化的推动力量。美元本位制下，拥有国际货币权力的美国可从国外低成本融资，再利用对外直接投资和股权投资等形式获取高收益。本章首先简单介绍了国际货币体系的历史变迁、美元本位制建立及其对美国对外负债的支撑作用。其次介绍了从货币权力衍生出的金融霸权，使美国能控制国际信贷和资本流动，维持全球金融市场秩序，并通过金融制裁等方式获得外交收益。最后介绍了美国联邦政府的强化手段和美联储的政策支持，也是美国维系对外负债的重要影响因素。

第一节　美元本位的制度基础

国际货币体系由管理货币政策的行为及其协调机制，提供国际流动性的一系列的规则、公约和机构所组成。建立健全的货币体系，保持货币体系的效率和稳定是世界经济繁荣的前提条件。功能健全的货币体系，能够确保清偿能力和国际信用体系，促进贸易和对外投资的发展，以及全球相互依存关系的增强。[①] 当前阶段，货币和金融资本流量已经成为各国经济最关键的纽带。

① Benjamin J. Cohen, *Organizing the World's Money: The Political Economy of International Monetary Relations*, New York: Basic Books, 1977, p.28.

一、美元本位制的历史背景

18、19世纪欧洲金融革命后，西欧各国第一次广泛地控制了货币供应。[①] 第一次世界大战中，欧洲大国开始通过税收和借贷调动经济中的全部流动资金来进行战争。自一战始，国际货币体系大体历经金本位制体系[②]、布雷顿森林体系进入美元本位制时代。[③] 美元本位制是一种不受外部约束的货币本位制。国际货币机制的主要内容包括汇率的作用、储备资产的性质以及对国际资本流动的控制程度。历经三次国际货币体系变迁，美元逐步从资产货币转为债务货币。

（一）金本位制体系

金本位制是以一定量黄金作为本位货币（standard money）的制度。它作为一种国际货币体制，其主要目的是固定汇率，更准确地说是将汇率波动幅度限定在所谓的"黄金输送点"上，即达到进口或出口黄金有利可图的汇率。金本位制有助于物价长期稳定，促使国家实行前后一致的财政货币政策，并降低外债支付利息。1717—1936年，金本位制被各国时断时续地采用。这种制度下，各国都将本国货币价值确定为固定数量的黄金，再以黄金为基础，建立起各国货币之间的固定汇率。[④]

1922年意大利热那亚会议后，各大国同意建立金本位制。其核心点在于货币可以固定平价兑换，并鼓励绝大多数国家将国际黄金中心的流动债

---

① Peter G.M. Dickson, *The Financial Revolution in England: A Study in the Development of Public Credit, 1688-1756*, London: Macmillan, 1967, pp.1-30.

② 金本位制具体来讲包括金币本位制、金块本位制等，此处为泛指。

③ 当然还有不同的分类方法。如罗伯特·基欧汉（Robert O. Keohane）及约瑟夫·奈（Joseph Nye）将1920—1976年货币政策问题领域的国际机制划分为七个阶段：第一阶段（1920—1925年）无机制状态：浮动汇率及货币贬值；第二阶段（1925—1931年）国际机制：以英镑—美元为核心的金兑换体系；第三阶段（1931—1945年）无机制：浮动汇率、货币贬值、外汇管制；第四阶段（1945—1958年）复兴机制：建立国际一致同意的体系，但允许个别修改，外汇管制、欧洲货币不可兑换；第五阶段（1958—1971年）国际机制：固定但可调节的平价，美元自由兑换黄金；第六阶段（1971—1975年）无机制：没有一套固定的规则，但期间14个月内出现了多国货币的固定汇率；第七阶段（1975年至今）国际机制：建立在浮动汇率和特别提款权基础之上，中央银行和各国政府对汇率政策进行协调。参见罗伯特·基欧汉、约瑟夫·奈：《权力与相互依赖》（第四版），门洪华译，北京大学出版社2012年版，第71页。

④ 参见[美]保罗·萨缪尔森、威廉·诺德豪斯：《经济学》（第19版）下册，萧琛译，商务印书馆2012年版，第954—955页。

权作为国际储备的一部分。同时，各国中央银行准备密切合作，维持货币平价，并防止“黄金购买能力的过度波动”。设计金本位制的目的是节约黄金，尽管被视为重大创新，但其实质不过是赋予1914年一战之前广泛流行的实际做法以合法化。热那亚会议上，各国专家一致同意回归金本位制成为改变国际货币机制性质的决定性事件。[①] 1925年英国回归金本位制，并恢复到一战前1英镑兑4.86美元的平价。其原因在于英国彼时作为世界金融体系中心，被视为国际货币体系的“拱顶石”，其回归金本位制是恢复国际货币稳定的决定性步骤，因此该举措得到瑞典等国家的强烈支持。美国也要求英国尽快恢复金本位制，作为主要国际债权国和一战后一直留在金本位制内的国家，美国彼时在世界金融体系中具有相当大的影响力。[②]

1929年开始的大萧条摧毁了以英镑和金本位为标志的“英国治下”的国际经济体系残余。美国物价在1931—1932年下跌了10%，国内生产总值在1930—1933年下跌了1/3，导致失业率剧增。英美两国相继放弃金本位制，对各自货币进行贬值，并采取保护性贸易政策，双方合作关系暂告中断。[③] 自英国正式放弃金本位制，直至1944年布雷顿森林体系建立，其间没有完整的获得各国一致同意的控制国际货币安排的规则和规范。金本位的瓦解破坏了国际贸易和支付体系，由于新制度尚未形成，一些国家大幅推迟了与黄金脱钩的时间，导致了更为严重的经济衰退。从1934年富兰克林·罗斯福政府推出《互惠贸易法案》致力于改革国际经济开始，到1945年底随着英国议会批准布雷顿森林体系最后协定，并同意由美国出面召集国际就业与贸易会议建立战后国际贸易制度，美国的世界经济霸权开始得到英国的确认。[④]

（二）布雷顿森林体系建立

1944年的布雷顿森林会议由44个国家参与，签署了《布雷顿森林协定》，并于1946年正式生效。参加布雷顿森林体系的美国代表哈利·怀特

---

① William A. Brown, *The International Gold Standard Reinterpreted*, Vol.2, New York: National Bureau of Economic Resources, 1950, p.180.

② Charles P. Kindleberger, *The World in Depression 1929-1939*, p.47.

③ 参见张振江:《从英镑到美元:国际经济霸权的转移(1933—1945)》,人民出版社2006年版,第7页。

④ 参见张振江:《从英镑到美元:国际经济霸权的转移(1933—1945)》,第393—394页。

(Harry Dexter White)和英国代表凯恩斯都认为,国际间的资本自由流动是造成汇率不稳定的根源,而汇率不稳定不利于跨国投资与贸易。为了扩大贸易必须稳定汇率,而稳定汇率就必须控制国际资本流动。因此,布雷顿森林体系成立了国际货币基金组织和世界银行,主张废除外汇管制,确定了1盎司黄金等于35美元的平价,并且黄金与美元只能在中央银行层次上自由兑换。①

迈克尔·赫德森(Michael Hudson)认为,二战后的欧美金融关系与一战后形成鲜明对照。一战后的投资和贸易的"环流"是从美国私人部门经过欧洲各国政府,再回到美国政府;二战后再次建立了"环流",但这一次欧洲各国政府是直接从美国官方机构、世界银行、国际货币基金组织而不是美国私人投资者那里借入资金。这些资金用于支付美国私人部门的出口商,而不是付给美国财政部。美国政府从私人部门那里通过税收和出售政府债券来取得资源。因此,资金在世界经济中的净流动是从美国政府流向美国出口商。布雷顿森林体系提供的金融资源,使得欧洲大陆清偿其对美国不断增长的债务成为可能。如果没有这些资源,在某个时候就只能要求延期偿付这些债务。布雷顿森林体系给美国带来的最基本好处是通过提供国际金融资源来补充欧洲业已耗尽的黄金储备,这一体系让黄金得以继续成为国际金融的基础。1945年美国持有59%的世界黄金储备,到1948年这一比例增加到72%。

苏珊·斯特兰奇指出,布雷顿森林体系的运作依靠两大支柱:第一,主要贸易国家的政府必须采取一系列支持措施维持英镑和美元的固定汇率。这些措施包括:黄金总库的建立,国际货币基金组织通过1962年的借款总协定提供的额外增援资金,各国中央银行能自动向伙伴国供应外汇的互惠安排,以及1963年实施的美国利率均等税,有效地阻止了外国借款人从美国资本市场中借款。第二,美国公共基金和私人资本向世界经济的输出,其维持了贸易和工业中的实际投资,支撑了西方的经济增长。20世纪五六十年代"黄金时代"的出现,也归功于这种"金融结构—信用创造"机制。② 虽然布雷顿森林体系稳定了二战后的国际货币体系,有利于全球经济复苏,但也

① 参见李向阳:《布雷顿森林体系的演变与美元霸权》,《世界经济与政治》2005年第10期。

② 参见[英]苏珊·斯特兰奇:《国家与市场》,第105—107页。

存在很多固有缺陷。约翰·鲁杰(John Gerard Ruggie)认为布雷顿森林体系对于国内自主和国际稳定之间的矛盾只是一种折中妥协的办法,其运营严重依赖美国经济的健康平稳发展。[①]

(三)《牙买加协议》与布雷顿森林体系崩溃

20世纪60年代,美国不希望采取货币紧缩政策来阻止黄金储备枯竭。因此采取了间接的政策主动权,例如利息平衡税(interest equalization tax)、补偿协议、进口附加税等,来抵御外部约束,以期获得自由的货币政策。1963年,埃米尔·德斯普雷斯(Emile Despres)就提出,美国应逐渐放弃维系金价,将黄金安全地去货币化,并与查尔斯·金德尔伯格、沃尔特·萨伦特(Walter Salant)一起主张建立一个无任何外部约束的纯美元本位制度,满足服务国际贸易的需求以及为世界其他国家提供美元流动性。[②]

20世纪70年代,美联储开始实行降息政策,引发美国投机资本大规模外逃,同时带走大量黄金。1970年,美国资本净流出约65亿美元,到1971年,资本净流出攀升到200亿美元。1971年5月,美国对外贸易出现了布雷顿森林体系建立以来的第一次月度逆差,逆差额高达520亿美元。越南战争也给美国带来庞大的财政赤字。为了保证美元币值稳定,美国的黄金储备迅速枯竭,官方黄金储备仅相当于官方债务的25%。这意味着,如果债权人试图将全部美元兑换为黄金,美国就面临破产风险。[③]

1971年8月15日,美国总统尼克松正式宣布美元不再与黄金兑换,这是美国历史上最大的一次单方信用违约。1971年12月19日,美国与其他九大工业国签订《史密森协议》,主要内容是美元对黄金贬值,每盎司黄金从兑换35美元提高到38美元,其他主要货币对美元作出不同程度的升值,兑美元的汇率波动幅度从1%扩大到2.25%,美国则同意取消10%的进口附加税。《史密森协议》类似于《布雷顿森林协议》的翻版,并未解决多少实际问题。到1972年6月,英国放弃了英镑与美元之间的固定汇率,任由英镑

---

① John Gerard Ruggie, "International Regimes, Transactions, and Change: Embedded Liberalism in the Postwar Economic Order", *International Organization*, Vol.36, No.2, 1986, pp.379-415.

② 参见[美]罗纳德·麦金农:《失宠的美元本位制:从布雷顿森林体系到中国崛起》,第1页。

③ Pierre-Olivier Gourinchas and Hélène Rey, "From World Banker to World Venture Capitalist: US External Adjustment and the Exorbitant Priviledge", NBER Working Paper, No.11563, 2005.

对各国货币自由浮动。由于担心美元再次大幅贬值，美国资本加速逃往欧洲和日本，美国黄金储备再次骤减，外汇储备仅相当于外债总额的 12.5%。1973 年 2 月 12 日，尼克松宣布美元兑黄金再贬值 10%，从 38 美元贬值到 42.22 美元，这实际宣告了《史密森协议》的终结。①

尼克松将黄金与美元脱钩的直接影响就是金价的飙升。1980 年 1 盎司黄金达到 600 美元的顶峰，这使得美国黄金储备的价值急剧增长和以黄金计价的美元价值的跳水。结果就是财富从缺少黄金储备的穷国，向英美等保有黄金的富国发生了巨大的净转移，同时也引发了美国的通货膨胀。尼克松故而将美国货币转换为纯粹的"法定货币"(fiat money)，美元从此不再具有内在价值仅仅是因为美国政府的法令规定它们才成为货币。②

1979 年国际货币基金组织在牙买加举行金斯顿会议，标志固定汇率制和布雷顿森林体系正式告终。《牙买加协议》确定浮动汇率合法化；黄金储备作用减小；国际货币基金组织配额增加，特别是石油输出国组织的配额增加，并强调了特别提款权(Special Drawing Right, SDR)作为国际储备的重要地位；一国货币面值的决定成为该国自己的责任。牙买加会议确认了一种货币体制的结束，国际金融纪律陷入完全松弛状态，并导致随后的全球性债务危机。

二、美元本位制特点及影响

布雷顿森林体系崩溃后，美元与黄金脱钩，国际货币体系进入美元本位制时代。美元成为官方外汇储备中最主要的货币和国际贸易以及全球金融交易中最重要的计价货币与结算货币。

(一)美元的优势地位

美元存在巨大的"先行者优势"(first-mover advantage)。在美国主导下，全球交易网络的市场惯例得以建立，绝大多数银行使用美元作为汇兑其他币种的媒介货币，而国际市场的交易成本随着美元流动性的增加而进一步降低。③ 罗纳德·麦金农认为国际货币体系中拥有一种主要的国际货币

---

① 参见丁一凡、钮文新:《美元霸权》,第 87—92 页。

② 参见[美]大卫·格雷伯:《债:第一个 5000 年》,第 339—342 页。

③ 参见[美]罗纳德·麦金农:《失宠的美元本位制:从布雷顿森林体系到中国崛起》,第 3 页。

是一种“自然垄断”,因为当引入第二种或者第三种储备货币,将增加不同国家进行国际收支及清算的交易成本。举例来说,假设世界上 N 个国家有独立的本国货币,由概率理论可知,从系统中每次挑选两个国家配对,共有 C_2 种配对方法。假设全球有 200 种不同国家货币,通过 $N(N-1)/2$ 的算式,可以算出有 19900 个外汇市场。这样的交易成本极其高昂。但是如果所有货币都对一种货币进行交易,则货币交易市场数量可以减少到只有$(N-1)$个,即 199 个独立的外汇市场,这大大提高了金融交易效率。

美元本位制存在显著非均衡特点,其更多地体现了美国的意志和利益。美元本位制加剧了外围国家对美国的货币和金融依附。陈彪如认为,布雷顿森林体系解体后,由于美元仍能兑换其他通货,具有“市场可兑换性”(market convertibility),世界各主要工业国家仍将本国货币紧盯美元。他们的国际储备变动也主要是其所持有的美元资产的变化。[①] 美元本位制对估值效应也产生影响。周学智指出,美元本位制是估值效应的充分非必要条件,美元本位制使美国对外负债以本币计价,同时控制国际信贷资金流动以及挑选债权国等特权,并获得对外“资产—负债”利差。[②]

(二)东亚贸易账户区

迈克尔·杜利(Michael P. Dooley)指出布雷顿森林体系解体后,国际货币体系形成了“中心—外围”结构。美国是国际货币功能区的核心,处于支配者和调节者地位。外围则包括以欧洲、加拿大、澳大利亚和拉丁美洲为代表的“资本账户区”和以亚洲尤其是东亚新兴市场经济体为代表的“贸易账户区”。“资本账户区”的国家关注其国际投资头寸的风险与收益,国际收支基本平衡,外汇储备规模不大;“贸易账户区”的国家由于丰富的自然资源和廉价的劳动力资源通常被视作制造业基地,实行低估汇率、资本管控等措施,并以外汇储备形式积累中心国货币,然后再以官方资本的形式流入美国。东亚过度积累外汇储备并大量投放到美国市场。[③]

作为典型的“贸易账户区”的东亚国家,倾向于限制国内工资和消费,同

---

① 参见陈彪如:《国际货币体系》,华东师范大学出版社 1990 年版,第 231 页。

② 参见周学智:《美国对外负债的外部调节研究》,吉林大学博士学位论文,第 17—18 页。

③ Dooley P. Michael, Folkerts-Landau David and Garber Peter, “An essay on the revived Bretton Woods system”, NBER Working Paper Series-National Bureau of Economic Research, No.9971, 2003.

时将社会安全网最小化导致储蓄率上升,企业留存利润用于投资,家庭则多为紧急情况和养老生活大量储蓄。高储蓄率降低了吸引大规模资本流入的可能性。作为典型"资本账户区"的拉美国家则鼓励消费,支持全民支出,由此降低了储蓄率并提高了通胀率。稀缺的国内储蓄鼓励了外国借款,导致实际汇率上涨,并逐渐加剧了通胀。拉美国家还倾向于国内导向政策,城市中产阶级和工人阶级有着强大的政治势力。[①]

美元本位制下,东亚国家作为美国最大的"债权国",积累高额美元储备,并产生对美元的"浮动恐惧症"。[②] 东亚国家习惯于通过干预维持本币低估,令货币与美元存在"软盯住"的关系,对美国保持贸易顺差,并采取出口导向型发展战略。[③] 采取盯住美元的政策,也与东亚传统的重商主义政策有关。盯住汇率导致了东亚各国货币和强势美元间的等级联系,而货币间的等级联系又会影响国家间的权力分配。东亚国家成为事实上的美元信用周转体系支持者,并陷入不对称调节的困境。[④]

一个国家持有某种货币并在某个市场投资,主要考虑安全、收益、市场的深度、流动性等因素。由于世界上最大的对冲基金和大多数投机资本都来自美国,东亚国家为了防止本币在解除管制的市场上遭受投机性和操纵性攻击,各国央行不得不积累大量美元储备。据统计,亚洲国家的储备大约占全球储备的2/3。东亚国家的资本盈余以及企业界的金融盈余因而大举流入美国使美国可以采取宽松货币政策并保持实际利率长期处于低位,成为全球最重要的资本输入国。[⑤] 由于美国向世界输出通货膨胀并征收铸币税,所以东亚贸易顺差国为了冲销外汇占款,不得不增加本国货币供应或者发行央行票据,造成出现了货币升值压力,并导致本国甚至全球的物价水平上涨。

(三)东亚对美元本位制的应对

布雷顿森林体系解体以来,东亚国家经历两次大的资本流动逆转的冲击。第一次冲击是1997—1998年亚洲金融危机。1996年,全球资本流动占

---

① 参见[美]杰弗里·A.弗里登:《货币政治:汇率政策的政治经济学》,230页。

② 新兴市场国家对外负债以外币计价,当本币贬值时,借款国面临外币负债升高,难以偿付的现象,这种情况下,央行就会被迫上调利率以限制货币贬值,就是新兴市场国家的浮动恐惧综合征。

③ 参见李俊久、姜默竹:《美元本位制下的货币-金融依附》,《世界经济研究》2011年第6期。

④ 参见李晓、丁一兵:《亚洲的超越:构建东亚区域货币体系与"人民币亚洲化"》,第6—7页。

⑤ 参见梁亚滨:《称霸密码:美国霸权的金融逻辑》,第195—211页。

全球 GDP 的比例高达 5.7%,1997 年为 5.4%,但 1998 年降为 2.8%。东亚国家在此次资本流动逆转中损失巨大,资本流动从占 GDP 的 4%突然降到了 0.4%。第二次冲击是 2008—2009 年的美国次贷危机。2007 年,全球资本流动占全球 GDP 的 8.5%,2008 年降为 3.8%。当美联储推出量化宽松政策后,市场上的投资者立刻产生了美元短缺的预期,纷纷抛出手中的新兴经济体资产来换回美元。在这种预期的支配下,东亚新兴经济体出现了大量资本外逃,它们的货币汇率出现了“过山车式”的暴涨暴跌。这主要表现为“资本急停”[①]和“资本急增”[②]的现象。首先大量廉价美元涌入,使得东亚各国货币汇率大幅上扬;然后又因大批资本外逃,造成货币汇率不断贬值。

为了应对美元本位制的非公平性,早在 1997 年 9 月,日本就提议在东亚建立一个亚洲货币基金组织,规模先定为 1000 亿美元,由日本和中国提供。2000 年,泰国清迈会议上,蒙代尔提出了“金融稳定性三岛”的概念,认为随着区域经济的不断加深,未来的美洲、亚洲、欧洲都会形成各自独立的货币体系。[③]《清迈倡议》签署后,东亚建立了丰富多样的货币金融合作机制,如“亚洲债券基金”和“亚洲货币单位”等。2003 年中国首次提出“清迈倡议多边化”。中国央行在《清迈倡议》框架下与一些国家签订了双边货币互换合约。次贷危机后,中、日、韩三国开始加强货币合作力度。中、韩于 2008 年 12 月签订了 1800 亿人民币本币互换协议。2011 年 10 月,又将货币互换规模增至 3600 亿人民币。[④] 2002 年,中、日两国央行第一次缔结了规模为 30 亿美元的货币互换协议。到 2011 年 12 月,两国再次签署货币互换协议,并达成扩大人民币与日元在两国跨境交易中的使用,发展人民币与日元的直接交易市场等一系列协议。[⑤]

2014 年中国成立了“丝路基金”,注册资本达 400 亿美元,主要用于对“一带一路”沿线国家和地区的基础设施建设和资源开发、产能合作及金融

---

① 资本急停指流入某国的外部资本突然大幅度减少。

② 资本急增是指国内投资者对外币资产的需求迅速增加,纷纷希望将其持有的本币资产兑换为外币资产。

③ 参见郑建华:《关于国际货币体系改革的探讨——兼论人民币国际化问题》,《宏观经济研究》2014 年第 7 期。

④ 参见谢晓光、周帅:《包容性国际金融体系与中国策略选择——国际货币权力结构视角》,《东北亚论坛》2015 年第 2 期。

⑤ 参见丁一凡、钮文新:《美元霸权》,第 165—167 页。

合作等。2013年,中国发起成立亚洲基础设施投资银行的提议。至2014年10月,包括中国、印度、新加坡在内的21个首批意向创始成员国在北京签署《筹建亚洲基础设施投资银行备忘录》。[①] 2015年12月25日,亚投行正式成立,这是全球首个由中国倡议设立的多边金融机构。亚投行坚持精干、廉洁、绿色的经营理念,并遵循透明、公开、独立、问责的原则。但到目前为止,东亚货币金融合作还面临着金融合作功能重叠、经济发展水平不均衡、政治互信缺失等制约因素。[②]

三、非典型债务国地位确立

美元本位制使美国确立了非典型债务国地位。1989年美国从净债权国转变为净债务国。由传统理论可知,债务国和债权国对经常账户失衡的反应是不对称的,前者被迫削减需求,而后者并无动力刺激需求来抵消前者的影响。这也是凯恩斯在布雷顿森林会议上提议以某种形式建立全球中央银行的关键动因。[③] 实际上,净债务国和净债权国之间的非对称性只是更广泛意义上的净借款方和净贷款方之间非对称性的一个子集。美国作为净债务国,却成为国际金融体系的"轴心",并持续获得对外净收益,是非典型债务国。

(一)美元本位下的非典型债务国

关于国家对外负债问题,古典经济学家大卫·休谟(David Hume)曾公开表示反对。他认为公债券大部分掌握在食利者手里,鼓励了寄生生活,若公债券为外国人所持有,又会使国家变为外国的附庸。他还提出了"国家如果不能消灭公债,公债必然消灭国家"的"公债亡国论"。[④] 斯特兰奇指出,主权国家债务问题产生的主要原因是,在一个根据领土划分主权国家政府之间权力的政治结构中,国家可以借款,但其债权人无力迫使国家破产或解散。[⑤] 19世纪以及20世纪初期的债权国通过接管海关及"暂时"或部分地管

① 参见李巍:《人民币崛起的国际制度基础》,《当代亚太》2014年第6期。

② 参见涂锐:《后危机时代中国参与东亚区域金融合作的战略选择》,《改革与开放》2017年第9期。

③ R. Skidelsky, *John Maynard Keynes: 1883-1946: Economist, Philosopher, Statesman*, London: Pan Macmillan, 2003.

④ 参见邓子基、张馨、王开国:《公债经济学——公债历史、现状与理论分析》,第236页。

⑤ 参见[英]苏珊·斯特兰奇:《国家与市场》,第113页。

理国家行政机构(比如19世纪80年代埃及的情况)来解决,但这种方式在政治上已经不可取了。

美元本位制下,当发展中国家作为债务国时,它们在债权国面前总是软弱的集体谈判者,而且需要承担巨大的调整成本。例如,降低工资、削减食品补贴、对稀少的必要进口品实行配给、货币贬值以及削减政府支出等。但美国只需通过货币政策和财政政策,即可有效转移调整成本。作为非典型债务国,美国建构了信息经济时代的全球金融网络,并将自身处于网络的中心位置。罗伯特·卡普兰(Robert D. Kaplan)认为,21世纪初世界经济的主要特点是,存在一些富裕地区或富裕岛,引人注目的就是北美、西欧和环太平洋的部分地区。这些发达国家相互联系,组成了一个前所未有的全球性贸易、投资、技术转让、即时沟通及人员和观念流动的网络。商品市场和服务市场的边界正在补充或替代领土边界。[①] 丹尼尔·贝尔(Daniel Bell)指出,后工业社会的中轴就是知识,资本和信息流动快的地区会形成新的经济增长极。[②]

从历史上看,英美的金融崛起途径相似,首先是本币成为主要国际货币,其次是在本国出现交易各种金融产品的国际金融中心,最后是培育出大量具有国际影响力的金融企业。[③] 但英美的不同之处在于,英国始终依靠对外净出口操控全球贸易网络并力图维持英镑的稳定和债权国地位;但美国有着对外负债的历史传统,布雷顿森林体系崩溃后,美国经常账户逆差累积,从最大债权国转变为最大债务国。奥伯斯法尔德和罗格夫研究发现,在2004—2006年,如果把世界上所有净储蓄国家(即国家储蓄大于投资的国家,主要包括中国、日本、德国、俄罗斯、沙特阿拉伯)的盈余加总,美国吸收了超过全球2/3的总盈余。[④]

(二)与中日等发展型债权国的联系

当今世界经济中,美、中、日是前三大经济体,截至2017年末,三国GDP

---

① Robert D. Kaplan, "The Coming Anarchy", *The Atlantic Monthly*, Vol.273, No.2, 1994, pp.44-76.

② 参见[美]丹尼尔·贝尔:《后工业社会的来临》,高铦译,商务印书馆1984年版,第20页。

③ 参见李巍:《制衡美元:政治领导与货币崛起》,第244页。

④ 参见[美]卡门·M.莱因哈特、肯尼斯·S.罗格夫:《这次不一样:八百年金融危机史》,第165页。

总额约为36.18万亿美元，占世界GDP总额的45.64%。美国是世界最大债务国，而中、日都属于典型债权国，依靠经常账户顺差积累巨额外汇储备，并大量购买美国国债。截至2017年12月，中国持有美国国债11849亿美元，是美债最大持有国，日本排名第二位，持有美债数额为10615亿美元。中、日属于发展型国家，其崛起的金融权力均主要源于成为世界主要债权国之一。发展型国家的经典定义是查默斯·约翰逊(Chalmers A. Johnson)在《通产省与日本奇迹》中，对战后日本经济成功的基础进行开创性分析时提出的。约翰逊将监管型或市场理性(market-rational)的国家与发展型或计划理性(plan-rational)的国家进行了区分。监管型国家，如美国、英国，聚焦于经济竞争的形式和过程，而发展型国家，如中国、日本、韩国等东亚国家，则给予产业政策最优先级别，聚焦于国内产业结构和促进能提升国家国际竞争力的结构。约翰逊把执行产业政策描述为发展型国家的定义性特征，论证了发展型国家的工业化努力被追赶先进工业化国家的民族主义渴望所驱动。发展型国家通常执行全面产业战略，旨在获取经济增长和技术自主以提升国家的国际竞争力。同时还依赖土地分配公平性、官僚机构全面性、教育水平高效性、民族同质性等重要条件。[①]

发展型国家可分为典型发展型国家(classic developmental states)和工具发展型国家(instrumental developments states)。典型发展型国家会将上述提及目标作为终极目标加以追求，工具发展型国家则为确保统治精英掌握权力的终极目标而接纳这些目标。发展型国家利用行政手段设定利率，并确保国民储蓄可用于国内投资的严格资本管制。金融抑制体系对发展型国家政治经济体制具有核心意义。而美国作为监管型国家的代表，金融体系以资本市场为基础，企业的长期融资依赖于证券发行，银行的主要功能是提供短期借贷。价格由市场决定，中央银行只关心对货币总量的控制。[②] 约翰·齐斯曼(John Zysman)认为，美国的金融模式将银行、企业和政府放置在界限分明的不同领域中，它们从各自领域探索出发，并作为“自主谈判伙

① Chalmers A. Johnson, *MITI and the Japanese Miracle: The growth of industrial policy, 1925-1975*, Stanford: Stanford University Press, 1982, pp.24-25.

② [德]桑德拉·希普:《全球金融中的中国:国内金融抑制与国际金融权力》,第1—3页。

伴”相遇。[1] 作为发展型国家，中日两国依赖于把资金导入产业发展并确保国家对经济控制的金融抑制体系，利用投资和出口拉动经济增长，积累大量经常账户盈余。美元本位制下，中日两国承受着美国的结构性金融权力，这种权力迫使两国用债务国货币提供贷款，由此使自身“诱陷”于美元区。

当前，在美国主导的新自由主义政治经济体制框架内，中日两国在发挥货币权力方面受到掣肘。次贷危机后，美国的债务经济模式遭受剧烈冲击，对中国来说，则是发起货币攻势和提升人民币国际地位的机会窗口。但目前仍缺乏对中国金融权力潜能的体系性评估。日本经济则一直处于衰退期，国债占 GDP 的比例已达到两倍以上。辜朝明曾阐释了债务积压如何危害日本在 20 世纪 90 年代的经济发展。即使日本不断下调利率水平甚至趋近于零的政策也无法刺激支出，日本进入所谓的“资产负债表衰退”(balance sheet recession)，并经历了长达 20 年的缓慢增长和持续通缩。由于没有积极消除过剩产能，进行结构性改革，日本经济面临着低速无通胀的局面，这是“债务-通缩”的典型特征，劳动人口老龄化更加剧了这种通缩现象。[2] 为应对这种情况，日本央行进行了规模庞大的量化宽松政策，2014 年底购买的政府债券价值高达 GDP 的 44%。现在日本央行每年购买政府债券 80 万亿日元，大大超过了财政赤字和净发行新债的规模(这两项之和每年大概为 50 万亿日元)。[3]

(三)政治文化的间接影响

美国的政治文化也对其债务经济模式产生间接影响。任何政治体系都存在着某种特定的政治价值观念和行为模式，美国社会及其政治制度呈现明显的多元性特点。[4] 美国债务持续扩张与民主党和共和党所信奉的经济思想以及执政理念差异有密切关系。民主党信奉凯恩斯主义思想，支持通过政府干预纠正市场失灵，主张以“开源”实现财政平衡，强调对富人增税，反对削减福利开支；共和党倾向新自由主义观点，强调自由市场对经济的基

---

① John Zysman, *Governments, Markets, and Growth: Financial Systems and the Politics of Industrial Change*, Ithaca: Cornell University Press, 1983, p.70.

② 参见[日]辜朝明:《宏观经济学的圣杯:大衰退》,喻海翔译,东方出版社 2016 年版,前言。

③ 参见[美]阿代尔·特纳:《债务和魔鬼:货币、信贷和全球金融体系重建》,第 198 页。

④ 参见[美]兹比格纽·布热津斯基:《大棋局:美国的首要地位及其地缘战略》,中国国际问题研究所译,上海人民出版社 2007 年版,第 21—25 页。

础调节作用，主张以“节流”来实现财政平衡，认为减税增支可以刺激经济增长，强调大幅削减福利开支。[①] 因触及各方利益，两党关于调整债务的经济政策僵持不下，并几次在提高债务上限问题上爆发矛盾，导致外国投资者对美元信用的担忧。

美国政治文化属于典型的“进取型文化”，拥有巨大的“文化势能”。美国政治文化的基本要素是个人主义、自由主义和民族主义。清教教义传统强调个人的自主和社区的共同性，强调人人平等和现世的生活秩序。就自由主义来说，自由平等、民主法治是美国公民的基本价值观，并塑造了美国的民主精神和法治精神。美国民族主义的特点则表现为，强权政治色彩浓厚与主流意识紧密结合，并具有极端倾向，暗含着“美国至上主义”。[②] 美国民众对美国的政治文化具有强烈的认同感和归属感，黑格尔指出，国家认同感是社会团结的“黏合剂”。艾伦·托内尔(Aaron Tornell)和莱恩强调由于“贪婪效应”(voracity effect)机制的影响，美国政治碎片化意味着在繁荣时期公共支出比例上升压力过大，而在衰退时期下跌压力过大。[③] 美国国内以茶党为代表的收支平衡派，保守色彩浓厚，屡次尝试限制国内债务，并试图造成法律意义上的技术违约。

美国自诩为“山巅之城”，是全球政治民主的典范，其国家利益至上的原则支持了对外债务的大规模扩张，并“绑架”了全球经济。金融全球化引起的各国生产力要素重组，弥散了美国的技术垄断，引起美国制造业衰退和对他国人力资源的高度觊觎。经济决策的朝令夕改浪费了各国的“信任成本”，引发其他国家重新评估美国债务经济的风险，并形成美国资本离岸的洪流。

第二节　金融霸权的维系作用

西方崛起和霸权兴衰过程中，起支配作用的最初就是16世纪地中海的

---

① 参见徐肖冰：《美国政府债务研究：演进、风险与可持续性》，第61页。

② 参见刘建飞、林晓光：《政治文化与21世纪中美日关系》，中国人民解放军出版社2006年版，序言。

③ Aaron Tornell and Philip R. Lane, “The Voracity Effect”, *American Economic Review*, Vol.89, No.2, 1999, pp.22-46.

银行家们投资于国家间的战争,最终通过金融家们攫取"世界货币"发行权来建立世界霸权。民族国家崛起与资本主义崛起紧密相连:16 世纪的荷兰,18、19 世纪的英国,以及 20 世纪的美国都是通过在资本市场的优势获得霸权。[①] 18、19 世纪欧洲的金融革命为工业革命提供了必要的资金和组织模式基础。[②] 各国政府开始发行纸币,现代银行应运而生,公司信贷机构开始大规模涌现。[③] 各国政府第一次广泛地控制了货币供应,至少在理论上可以通过制造纸币来影响经济活动水平。虽然政治货币的兴起所带来的影响直到凯恩斯革命才充分发挥出来,但是这场金融革命改变了国家和经济的关系。货币性质的改变,使得国内经济自主与国际货币秩序之间产生抵触,货币稳定和货币体系的有效运行,要求国内政策服从于国际准则和惯例。如果个别政府制造的货币过多,由此导致的通货膨胀会动摇国际货币关系。

一、金融霸权的含义

霸权(hegemony)一词最早出现在古希腊,是指某个城邦相对于其他城邦拥有的一种支配地位或者领导力量。安东尼奥·葛兰西(Antonio Gramsci)及其追随者发展了该概念,用它来指称阶级统治的非强制方面,即统治阶级利用社会化力量把其价值观和信仰加诸其他人的能力,通过一系列观念或制度赋予统治者的行为以合法性,同时被统治者安于现状,使一个社会阶级拥有支配其他社会阶级的能力。[④]

查尔斯·金德尔伯格被认为是金融霸权理论的奠基人之一。他认为自由贸易和稳定的国际金融秩序实质上是一种公共产品,若要使世界经济变得稳定,必须有一个国家来担任经济领域的领导者,建立由该国主导下的经济霸权体制。[⑤] 美国左派经济学家达维塔·格拉斯伯格(Davita S. Glassberg)发展了早期金融资本理论,并提出"银行霸权"的概念。该理论认为,银行通过操纵资本流动改变金融参数大小,并以此控制企业。罗伯特·

---

① 参见梁亚滨:《称霸密码:美国霸权的金融逻辑》,第 5 页。

② 参见[美]约翰·希克斯:《经济史理论》,厉以宁译,商务印书馆 2007 年版,第 127—134 页。

③ Peter G. M. Dickson, *The Financial Revolution in England: A Study in the Development of Public Credit, 1688-1756*, London: Macmillan, 1967, pp.20-30.

④ 参见[英]戴维·米勒、韦农·波格丹诺:《布莱克维尔政治学百科全书》,邓正来译,中国政法大学出版社 2002 年版,第 338 页。

⑤ Charles P. Kindleberger, *The World in Depression 1929-1939*, p.292.

基欧汉最先提出“金融霸权稳定论”。他认为,要使世界经济和国际金融体系处于稳定状态,就必须存在一个唯一的起稳定作用的国家,即金融霸权国。金融霸权国能够向国际社会提供市场开放、自由贸易、货币稳定等好处。① 市场失灵可以通过霸权国的权力战略运用加以规避。霸权稳定论的安全观认为,承诺以通过武力的威胁或负面的制裁以强制性的方式加以实施。霸权稳定论的公共物品理论则表明,霸权也可以通过劝说或正面制裁的承诺形式(即贿赂或补偿性支付)以更加良性的方式加以部署。斯科特·詹姆斯(Scott C. James)和戴维·莱克(David A. Lake)受社会权力理论早期文献的启发,将政府对政府直接施加影响的能力,无论是通过强力还是劝说,称为霸权的第一个层面,第二个层面是市场层面,倾向于改变动机结构;第三个层面是观念和意识形态层面,通过施加结构性的影响力从而在观念层面建构合法或非法行为的观念。②

苏珊·斯特兰奇提出了“金融霸权结构论”,并指出金融霸权国的最主要权力就是获得他国对其创造信贷能力的信任。③ 麦金农和大野健一认为,金融霸权国必须对金融稳定做出强有力的承诺,包括整顿财政、稳定物价、健全银行体系、开放金融市场和推动自由贸易等。④ 科什纳则强调了观念在货币政治中的角色。他认为,观念的权力不仅仅塑造着可能性,它还界定着可行性,观念能够掩饰分配性冲突。⑤ 李晓、丁一兵认为,金融霸权是以美元为核心的结算体系、金融市场一体化以及支撑起运行的各国货币合作者三重结构组成。⑥ 刘玮认为,金融霸权国能够通过货币国际化实现收益,例如获得面值租金、降低外汇风险和交易成本,也允许承担放弃汇率和利率管

① 参见[美]罗伯特·基欧汉、海伦·米尔纳:《国际化与国内政治》,姜鹏、董素华译,北京大学出版社 2003 年版。

② 参见[美]本杰明·科恩:《国际政治经济学:学科思想史》,杨毅、钟飞腾译,上海人民出版社 2010 年版,第 115—116 页。

③ 参见[英]苏珊·斯特兰奇:《国家与市场》,第 90—91 页。

④ 参见[美]罗纳德·麦金农:《美元与日元——化解美日两国的经济冲突》,王信译,上海远东出版社 1999 年版,第 40—41 页。

⑤ 参见[美]乔纳森·科什纳:《金融危机后的美国权力》,第 19 页。

⑥ 参见李晓、丁一兵:《亚洲的超越:构建东亚区域货币体系与“人民币亚洲化”》,当代中国出版社 2006 年版。

制、开放国内金融市场等制度调整成本。[①]

综上所述,金融霸权是指霸权国依托其在政治、经济、军事、外交、科技等领域压倒性的优势,使本国货币成为国际货币体系中的主导货币,特别是获得世界储备货币地位,并将自身意志、原则、规则强制性地在全球金融体系内推行来获得收益的权力。

二、金融霸权的收益与成本

现代金融制度以 20 世纪现代央行制度建立为标志,尤其是国际货币从资产货币、信用货币到法定货币的变化为金融手段在国家间应用创造了条件。伴随全球金融一体化,金融资本在世界体系中逐渐占据主导地位。美元本位制下,美国逐步演化为一个金融化国家。金融属性在各种关系中占据统治地位,金融利益成为国家核心利益,金融战略成为国家强盛的动力,金融霸权则成为美国国家特征之一。对金融运转规则的主导以及对其他国家金融体系的全面掌控,是美国国际战略的重点。

伴随全球金融一体化的发展,世界各国金融市场相互依存关系明显增强,从而强化了美国的金融霸权。经济长期低速增长和金融部门相对于实体经济的膨胀,使得发达国家资本运营的中心转移到庞大的金融资产储蓄上来,它们将大量的过剩资本投放到以美元为市场中心的全球金融市场当中,使得国际金融市场一体化程度日益提高,其明显标志是国际资本流动量超过国际贸易量许多倍。世界上存在着巨额的货币和资本,并且自由地在各国流动以寻求保障和更高的利率。[②] 在此过程中,美元汇率稳定成为发达国家金融发展的首要考虑因素,各国不得不经常性地通过国际货币合作来维持美元稳定。依靠强大的经济实力及政治地位,美国发展出世界上最发达、最开放、流动性最强的金融市场。美联储的货币政策在很大程度上决定了全球货币供应量,而美国还拥有国际金融市场运行规则的制定权。[③]

美国还灵活利用金融霸权进行多边领导以及完善政策协调机制。过去经济学家们确信世界经济是一个由自动均衡过程(例如休谟的"价格-硬币

---

① 参见刘玮:《国内政治与货币国际化——美元、日元和德国马克国际化的微观基础》,《世界经济与政治》2014 年第 9 期。

② 参见[美]罗伯特·吉尔平:《全球政治经济学》,第 135 页。

③ 参见李晓、丁一兵:《亚洲的超越:构建东亚区域货币体系与"人民币亚洲化"》,第 14—15 页。

流动机制")所控制的完全竞争领域。后来由于工资下降的阻力增加以及福利国家的兴起等变化,自动均衡过程被打破了。在全球金融一体化背景下,各国经济呈现高度相互依存并伴随竞争性的态势,而美国的金融霸权成为"黏合"世界经济的主导力量。[①] 杰弗里·昂德希尔(Geoffrey Underhill)指出,统治权力现在正经历着"国家-市场共管"——一个通过市场的竞争压力与决定这种竞争发生范围和结构的政治过程同时产生影响的复合体系。[②]

美国作为金融霸权国,既要提供"国际公共产品",也要负担"国际公共成本"。金融霸权维系美国对外负债的关键在于对外负债以本币美元计价,美国对国际资本流动具有控制权,在经济规模和金融实力方面也保持绝对优势,还在国际金融危机期间发挥"最后贷款人"的角色。美国的金融霸权始终处于一种负债式运行框架之下,并巧妙利用货币权力来扩大金融霸权收益,减少维系金融霸权的成本。美国发达的金融市场,为世界提供了金融产品和投资机会,降低了市场风险和交易成本。此外,美国对外负债持续性地增长,也表明外国投资者对于美国国家信用的肯定。[③]

全球金融领域权势的过度伸张也给美国带来沉重压力。作为金融霸权国,美国需要全面掌控国际信贷分配的过程和制度以及国际交易计价货币的分布和价值。一国管理规模越大,对于其统治者和政治精英阶层来说,越难以充分关注边远地区以及同盟国政府和民众的需求。互联网、交通及通信设备的发展,非但没有解决这个问题,反而使中心地区的信息过量,从而无法形成高效率的管理控制,这就是社会沟通领域的规模效应问题,也是经济学中所谓的大型组织的边际递减效应。[④] 该原理对国际社会同样适用。美国作为金融霸权国,主导国际金融秩序使自身负担过重,一旦国内经济遭受冲击,极易导致全球金融市场的动荡。

---

① C.Fred Bergsten and Lawrence B. Krause, "World Politics and International Economics", *International Organization*, Vol.29, 1975, pp.3-352.

② Geoffrey R. D. Underhill, "State, Market, and Global Political Economy: Genealogy of an (Inter-?) Discipline", *International Affairs*, Vol.76, No.4, 2000, pp.805-824.

③ 参见付争:《对外负债在美国金融霸权维系中的作用》,吉林大学博士学位论文,2013年,第1—7页。

④ Karl W. Deutsch, "The Impact of Science and Technology on International Politics", *Daedalus*, Vol.88, No.4, 1959, pp.669-685.

三、利用金融霸权实施金融制裁

美国金融霸权根源于美元的国际货币权力。货币权力是一个具有非对称性特点的复合概念。国际货币发行国会获得潜在的战略优势，而该国强大的金融地位也会带来其强硬的外交政策。因为国际货币发行国无须为债务支付过高的利息，所以它会将资金用于国外运营来发挥其战略影响。[①] 凭借金融霸权，美国可以实施对外金融制裁。利用金融制裁达到的震慑效果，美国得以继续维持对外负债的经济发展策略。作为“聪明制裁”形式的一种，金融制裁是定向和定位灵活的制裁，可以最大限度地影响被制裁国的政治决策，而最低限度地对被制裁国的一般民众造成经济伤害。大卫·科特赖特(David Cortright)和乔治·洛佩兹(George A.Lopez)对“聪明制裁”进行了定性和定量分析。与全面制裁相反，“聪明制裁”应该根据目标国政府、企业和精英的反应进行短期的“松紧”适度的调整。[②]

金融制裁是经济制裁中最严厉的形式，其目的主要在于威慑、胁迫和惩罚。主要方式包括限制受制裁国的资金流动；冻结或没收受制裁国个人或实体的金融资产；控制或禁止被制裁国的国际支付或其他转移支付；暂停或取消对被制裁国的经济援助；暂停或取消以低于市场利率所提供的贸易信用保证；阻碍被制裁国商品服务的进出口贸易，使被制裁国与国际金融体系隔绝。对于制裁效果的衡量，由麦格汉·奥萨利文(Meghan L. O'Sullivan)的研究结论可知[③]，金融制裁是否有效取决于其制导的四个因变量：第一，冲击影响，指金融制裁给目标国所造成的“绝对”的政治和经济损失。第二，有效性，指金融制裁所达到的目的的程度。第三，实用性，指金融制裁所达到目的的程度减去实施制裁的成本的结果。第四，比较实用性，指金融制裁的实用性与当时可能使用其他对外政策的实用性之比。[④]

从全球层面来看，美国是唯一可以实施完全意义上的对外金融制裁的国家。其他国家即使想要实施金融制裁，也只有得到美国的支持才会有效。

---

① 参见[美]巴里·艾肯格林：《嚣张的特权：美元的兴衰和货币的未来》，前言。

② David Cortright and George A. Lopez, *Smart Sanctions: Targeting Economics Statecraft*, New York: Rowman & Littlefriend Publishers, 2002, pp.6-19.

③ 麦格汉·奥萨利文主要研究对象是经济制裁，本书认为其理论同样适用于金融制裁。

④ Meghan L. O'Sullivan, *Shrewd Sanctions: Statecraft and State Sponsors of Terrorism*, Washiongton: Brookings Institution Press, 2003, p.29.

得益于美元本位制下的金融霸权，美国可以借用一切手段对任何国家实施金融制裁。美国金融制裁所采取的最直接手段就是冻结资产。美国还可以禁止国内金融机构与被制裁国进行交易，禁止美元流入被制裁国并制裁对方的银行系统，禁止国际基金组织、世界银行等向被制裁国提供援助。[①] 美国金融制裁由美国的成文法和行政指令来指导实施，这是《联合国参与法》《国际紧急经济权力法》和《国家紧急状态法》等法律授予总统的行政权力。隶属于财政部的海外资产控制办公室（The Office of Foreign Assets Control，OFAC）通过与美国国务院和其他联邦机构协商负责实施金融制裁。OFAC 的一个重要职责是拟定和更新制裁名单，即“特别认定国民和阻截人员名单”（Specially Designated Nationals and Blocked Person List，SDN List）。名单上的个人、公司或其他实体就是“特别认定国民”（Specially Designated Nationals，SDNs），美国的个人和公司被禁止与其交易。[②] 此外，美国还利用《爱国者法案》（USA Patriot Act）314 项的规定，与私人金融部门分享信息，构建对威胁国际金融体系行为的普遍认知，增进信息共享与合作。[③]

（一）对俄罗斯实施金融制裁

2014 年 3 月始，乌克兰危机爆发，美国联合英法德等欧盟主要国家对俄罗斯展开一系列金融制裁。美国禁止俄罗斯企业进入美国债券市场，这些企业包括俄罗斯最大的石油生产商俄罗斯石油公司、天然气生产巨头俄罗斯天然气工业股份公司、天然气生产商诺瓦泰克公司等。美国禁止俄罗斯国有金融机构在美欧市场的投融资行为，禁止美国金融机构对俄罗斯主要金融部门（包括俄罗斯天然气工业银行、俄罗斯国有开发银行及俄罗斯对外贸易银行等）其资产或资产权益 90 天以上的到期的新债务或新权益进行交易、提供融资或开展其他业务，关闭俄罗斯银行获得中长期美元贷款的窗口。俄罗斯银行是外汇市场的主要参与者，它需要进入美元融资和担保系

---

① 参见黄风：《金融制裁法律制度研究》，中国法制出版社 2013 年版，第 82 页。

② Berry E. Carter and Ryan M. Farha，“Overview and Operation of the Evolving U.S. Financial Sanctions，Including the Example of Iran”，*American Society of International Law*，Vol.107，2013，pp.315-316.

③ Juan C. Zarate，“Harnessin the Financial Furies：Smart Financial Power and National Security”，*The Washington Quarterly*，Vol.32，No.4，2009，pp.56-57.

统,以在外汇市场进行交易。美国对外关系委员会研究员罗伯特·卡恩(Robert E. Kahn)指出,美国和英国对俄罗斯拥有560亿美元的直接硬通货债权以及1350亿美元的"其他权利"(主要是金融衍生品)。一旦切断美元金融工具,俄罗斯必须进行大规模去杠杆化操作。[①]

除金融交易受到严重影响,制裁的预期以及避险情绪使得资本开始从俄罗斯大量外逃,仅2014年3月和4月就有500亿美元资金从俄罗斯被撤走。[②] 2014年11月7日,俄罗斯的外汇储备总额为4210亿美元,比2013年减少了1000多亿美元。此外,还有四项需从外汇储备总额中"扣除":价值450亿美元的黄金储备;120亿美元的IMF特别提款权;专门支持俄罗斯退休金体系的国家财富基金(规模为820亿美元);支持俄罗斯联邦预算支出的联邦储备基金(规模为900亿美元)。减去四项后,外汇储备缩水为1920亿美元。[③] 这对已经陷入"滞胀"困境的俄罗斯经济无异于"雪上加霜"。

根据IMF数据,2014年第四季度末俄罗斯外汇储备为3854.6亿美元,到2015年第四季度降至3683.9亿美元,外汇储备减少170.7亿美元,降幅达4.43%。截至2016年第一季度末,外汇储备总额为3870亿美元,呈现好转迹象,原因可能是世界经济增长形势缓慢回升(见图3-1)。伴随着外汇储备减少的还有俄罗斯对外总资产的减少,截至2016年第一季度降为1.21万亿美元。《时代报道》称,2015年俄罗斯经济收缩3.9%,通货膨胀率为12.9%。2016年1月,国际油价跌破30美元大关,而且还未见触底迹象。由于俄罗斯经济高度依赖能源出口,卢布一度跌至85卢布兑换1美元的水平,稍后略有反弹。[④] 2016年3月9日,国际评级机构穆迪宣布撤出俄罗斯市场的国内评级业务,这使俄罗斯金融市场更加孤立于全球市场。[⑤]

---

① 参见徐以升、马鑫:《金融制裁:美国新型全球不对称权力》,第148页。

② 参见马鑫:《金融制裁:美俄博弈新手段》,2014年12月1日,http://finance.sina.com.cn/money/forex/20141201/020920960401.shtml。

③ 参见朱铁天:《四千亿美元?俄罗斯的可用外储已快耗尽》,2014年11月21日,http://wallstreetcn.com/node/211029。

④ 参见子矜:《俄罗斯的储备还能撑多久》,2016年1月25日,http://finance.sina.com.cn/stock/usstock/c/2016-01-25/doc-ifxnuwfc9443178.shtml。

⑤ 参见席佳琳、埃里克·普拉特:《穆迪宣布将退出俄罗斯市场》,2016年3月10日,http://www.ftchinese.com/story/001066576。

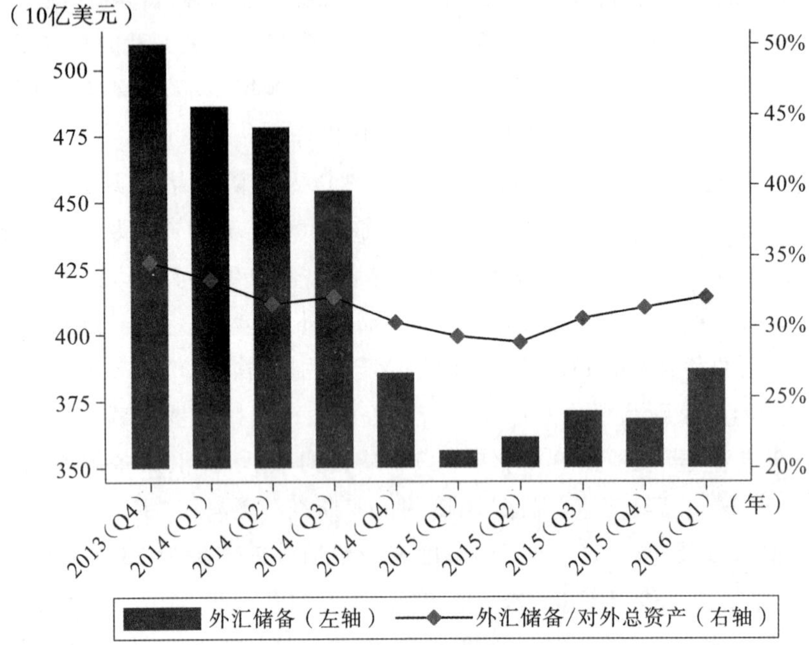

图 3-1 俄罗斯外汇储备及占对外总资产比例

注:Q1、Q2、Q3、Q4 分别表示一、二、三、四季度。

数据来源:国际货币基金组织(IMF)。

另据 2015 年盖洛普民意调查显示,43%的俄罗斯民众认为美欧的金融制裁对俄罗斯经济造成负面影响,位于东欧地区的欧盟国家有 48%的民众认为金融制裁对其国家的经济造成负面影响。在美欧开始实施金融制裁时,俄罗斯就采取反制措施,禁止对美国、欧盟、加拿大、澳大利亚和挪威的农产品进口。虽然位于东欧地区的欧盟国家民众普遍认为对俄罗斯的金融制裁伤害其国家经济,但仍有 47%的民众支持制裁,大于反对制裁的人数比例(32%)。对金融制裁最为支持的东欧国家是波兰,约有 70%的民众支持制裁;而支持比例最小的国家是希腊,仅有 11%的民众支持制裁,这可能是因为希腊遭受了俄罗斯对欧盟农产品进口报复性禁令的沉重打击。在美欧金融制裁前,希腊对俄罗斯的农产品出口额占其对俄总出口的 41%。在历时两年的金融制裁后,美国总统奥巴马认为西方仍应继续维持制裁,直到俄罗斯全面贯彻《明斯克协议》[①](Minsk Agreement)。但对于东欧国家来说，这无异于一个空洞口号，因为美欧对俄罗斯的金融制裁对欧盟国家造成的负面影响远大于其预定目标。[②]

(二)对伊朗实施金融制裁

石油是世界贸易中重要的大宗商品，并主要以美元计价。美国对伊朗的金融制裁充分体现了"石油美元"的"威力"。出口石油是伊朗最主要的获得外汇的途径，只要石油仍以美元结算，伊朗就不得不受制于美国的金融压力。除进行资产冻结外，美国还经常封闭伊朗的国际贸易结算通道，以破坏伊朗的进出口贸易。2006 年，时任华盛顿近东政策研究所副所长帕特里克・克劳森(Patrick Clawson)就曾公开表示："正式制裁有可能被伊朗政府利用，以激发伊朗内部的民族主义同情心。悄然行事是个好主意……(今年 1 月份)，美国曾协助说服全球两家最大的银行——瑞银集团和瑞士信贷—终止了其在伊朗的业务。"[③]2012 年 7 月，为配合美国针对伊朗核问题进行的金融制裁，欧盟对伊朗实施石油禁运。2013 年 2 月，美国开始实施新一轮制裁，导致国际社会对伊朗未来经济发展信心严重下挫。

2013 年 6 月 3 日，美国总统奥巴马签署了 13645 号总统令，强令限制与伊朗货币里亚尔的金融交易，并授权美国财政部长对那些任何促进购买或出售里亚尔金融交易的外国金融机构实施制裁。伊朗里亚尔从 2013 年第二季度 1 美元兑 12260 里亚尔暴跌至 2013 年第三季度的 1 美元兑 24295 里亚尔，伊朗市场上出现黄金和外汇的抢购风潮，伊朗政府不得不颁布禁令，强令控制外汇的自由买卖。之后情况虽有所缓解，但伊朗里亚尔仍持续贬值，截至 2016 年第二季度达到 1 美元兑 30404 里亚尔。美国的金融制裁给伊朗造成严重的通货膨胀。如表 3-1 所示，在最严重的 2013 年甚至达到 39.27%，2013 年 9 月新当选的伊朗总统哈桑・鲁哈尼就曾公开表示伊朗的通货膨胀率为中东地区最高。

---

① 《明斯克协议》是指 2015 年 2 月，由德国、法国、俄罗斯、乌克兰四国签署生效的一份关于处理乌克兰未来局势的协议书。

② Julie Ray and Neli Esipova, "Russias, EU Residents See Sanctions Hurting Their Economies", Gallup World, April 28, 2016.

③ 参见[美]爱德华・奥尔登、卡洛琳・丹尼尔：《美国拟"金融制裁"伊朗》，2006 年 5 月 8 日，http://www.ftchinese.com/story/001004256。

表 3-1　伊朗 2007—2016 年通货膨胀率　　单位:%

	2007 年	2008 年	2009 年	2010 年	2011 年	2012 年	2013 年	2014 年	2015 年	2016 年
通货膨胀率	17.21	25.55	13.50	10.14	20.63	27.36	39.27	17.24	13.71	8.57

数据来源:世界银行(World Bank)。

根据盖洛普民意调查显示,2015 年末大多数伊朗人仍然认为联合国、美国和欧盟对伊朗施加的制裁影响了伊朗的国计民生,但是认为金融制裁造成极大伤害的民众的比例由 2013 年 5 月的 62%下降到 2014 年 11 月的 45%。美国、欧盟与一些国际组织从 2014 年开始减轻对伊朗的金融制裁,通过签署一些临时协议,解冻了被扣押的价值数十亿美元的伊朗资产,并允许伊朗获得一些国际投资项目。在当前谈判中,伊朗谋求一次性解除制裁,而美欧则更倾向于分步骤阶段性地解除制裁。2013 年,59%的伊朗民众认为伊朗的经济状态变得更差,23%的人认为经济状况在好转,而到了 2014 年 11 月,认为经济情况更差的比例降到 40%,而 41%的人认为经济状况在好转。①

(三)对第三方及恐怖组织实施金融制裁

美国银行体系拥有大量资金,以及对其他国家发展经济至关重要的贷款的把控权。美国政府通过三大银行监管机构——联邦储备委员会、联邦存款保险公司、货币监理署对银行体系进行监管。当美国对某一国家实施金融制裁时,通过对监管的银行施压,银行在通过对资金的控制权力迫使被制裁国改变其行为。② 美国掌控了全球投资银行和经纪市场份额的 50%,多元化金融服务市场份额的 50%,领导了全球大多数的金融机构。③ 在美国政府及国会的授权下,美国银行也可以对外国银行进行金融制裁,比如,将被制裁国与外界的账户联系切断,从而使其难以获得硬通货和进行国际贸易。如果被制裁的是一国经济的核心部门,比如中央银行,这种扰乱效果将更大。除了面临通货膨胀压力,被制裁国还不得不进行成本高昂的补救措施,

① Jihad Fakhreddine and Travis Owen, "Iranians Saw conditions Improving Amid Eased Sanctions", Gallup World, March 31, 2015.

② 参见徐以升、马鑫:《金融制裁:美国新型全球不对称权力》,第 13 页。

③ Rachel L. Loeffler, "Bank Shots: How the Financial System Can isolate Rogues", *Foreign Affairs*, Vol.88, No.2, April 2009, pp.101-102.

比如洗钱、以物易物或直接使用大量现金进行交易。[①] 美国政府还为银行体系提供监视名单来阻止可疑的金融交易。其他大型国际银行由于担心遭到美国制裁,即便没有国际法或国内法的强制要求,也会自觉遵循美国提供的制裁名单。

第三方制裁主要针对的是与被制裁者进行特定交往的第三国金融机构。2007 年 3 月 15 日,因澳门汇业银行涉嫌帮助朝鲜洗钱,美国财政部宣布未来 30 天之内美国金融机构断绝与该银行的一切联系。[②] 2014 年,法国巴黎银行由于涉嫌帮助苏丹、伊朗和古巴等国进行金融交易,而被美国处以 89 亿美元巨额罚款。这是一家大型国际银行首次因为违反制裁禁令而遭受此种处罚。[③] 由于美国的罚款,巴黎银行 2014 年第二季度报出 43.2 亿欧元亏损。[④] 2016 年 1 月,在朝鲜继续进行核试验后,美国总统奥巴马签署行政令,推出新制裁措施。严厉打击帮助朝鲜获得外部收入的行业,比如每年带来约 10 亿美元收入的煤炭行业,并阻止其金融服务等。美国公司还被禁止与牵涉朝鲜武器项目的公司进行交易。[⑤]

美国情报专家还通过 SWIFT 提供的信息汇出恐怖分子网络分布图,并利用信息技术填补网络中缺失的链条,来定位和挫败恐怖分子的行动。依照《国际紧急经济权力法》,此程序在美国属于完全合法行为。2015 年 4 月 21 日,美国政府公布消息,由于涉嫌毒品走私和洗钱等国际犯罪行为,已将日本指定暴力团山口组旗下的核心组织"弘道会"新定为金融制裁对象。受此影响,"弘道会"及其会长竹内照明在美国的资产将被冻结,并将无法和美国人进行金融交易。[⑥]

---

① Daniel Wertz, "The Evolution of Financial Sanctions on North Korea", *North Korea Review*, Vol.9, No.2, 2013, pp.70-71.

② 参见孙佳华:《美国把解除金融制裁的"球"踢走》,《解放日报》2007 年 3 月 16 日。

③ 参见[美]杰夫·代尔:《美国金融制裁很可能损害美元地位》,2014 年 7 月 4 日,http://www.ftchinese.com/story/001057074。

④ 参见[英]迈克尔·斯托瑟德、休·卡内基:《法欲借 G20 峰会质疑美国金融罚单》,2014 年 8 月 4 日,http://www.ftchinese.com/story/001057569? full=y。

⑤ 参见[美]查尔斯·克洛弗:《美国对朝鲜实施新制裁》,2016 年 3 月 17 日,http://www.ftchinese.com/story/001066690。

⑥ 参见夏毅敏:《美政府新增日本山口组旗下暴力团为金融制裁对象》,2015 年 4 月 22 日,http://sn.people.com.cn/n/2015/0422/c190205-24596419.html。

第三节　联邦政府的强化手段

当前世界经济始终被高度复杂的动态因素所驱动。美国联邦政府和美联储始终在寻找协调货币失调和外部失衡的最佳方式。联邦政府的债务总额1971年为1050亿美元，占GDP的9.7%，而到2016年末，债务总规模已攀升到19.97万亿美元，占GDP的107.58%。通过主导全球金融秩序、构建金融制度、转移金融风险，联邦政府为应对美国对外负债不断进行着政策调整。战后迄今，推动诸如扭曲操作、休克疗法、量化宽松、货币互换、债转股、火车头战略[①]、供给侧政策、结构化改革、两国集团(G2)等一系列政策。作为非典型债务国，美国的全球力量是通过一个明显由美国设计的全球金融体系来发挥，其反映了美国的国内经验。

一、主导金融秩序

二战结束时，美国占全球GDP的比重超过了40%。美国在战后有两个主要任务：其一是提供对外援助、进出口和对外投资，其二是建立新的世界经济秩序。对美国经济最大的挑战是如何保证需求项目足以弥补军事开支的损失，并维持国家经济增长。20世纪60年代，美国贸易开始出现了赤字，原因包括美元被高估，美国市场准入的自由化，贸易伙伴国对进口的限制等。到20世纪90年代，源于耐用消费品的急剧上升，美国贸易失衡开始快速恶化。随着赤字常态化，美国变为净债务国。2007年的次贷危机，使美国家庭消费陷入了结构性停滞，美国对外赤字的积累以及与此相对应的出口国经常账户顺差的积累，表明了全球失衡的加剧。鉴于美国财政部10万亿未偿付债券中的一半由海外持有，外国投资者对美元和美国国债的信任成为美国面临的严峻问题。次贷危机导致美国财政状况和美联储资产负债表显著恶化，凸显了全球失衡的重要性。次贷危机还使全球总需求崩溃，暴露了顺差国出口拉动增长模式的脆弱性。外汇储备的增加积累了顺差国国内的通胀压力，导致汇率政策很难实施，丧失了国内货币和结构性政策的灵活

① 火车头理论简单理解就是“一加一大于二”的道理，即两国同时采取扩张性政策的效果将优于两国分别采取扩张政策的效果。

性。次贷危机也暴露了美国经济的脆弱性,并对美元作为全球关键货币的信誉有所破坏。①

布雷顿森林体系解体后,美国利用对外负债式经济运行框架,主导全球金融秩序的建构。美国债务经济战略是以美国高层次需求可以无限增长的假设为基础,并以此发展出不经调和的全球金融秩序观。20 世纪 80 年代,为减少与日本的贸易逆差,美国使用了包括日元升值、市场开放、扩张性宏观政策和结构性改革等"王牌"施压日本。经由政治角力和经济博弈的共同作用,联邦政府负债可以有效促进财富在代际的转移。发达国家与新兴市场国家产生了所谓的"资本逆流之谜",即资本由新兴市场国家源源不断涌向边际收益率较低的发达国家,尤其是美国。作为金融市场导向型的欧美发达国家提供了全球大约 3/4 的金融服务。美国拥有货币权力,可以放松外部融资约束,享受过度特权,有效协调国内宏观经济政策,并发挥货币政策的溢出效应。其他国家想要获取美元,必须使用实际商品和服务或者转移资本存量的所有权来交换,而美国仅通过发行美元,提高对外负债规模,即可换取其他国家的实际财富。美国利用金融工具低成本对外融资,然后在以直接投资或证券组合投资的形式将资本回流到新兴经济体。国际金融市场是一个动态变化的不断调整的"生态系统",有着周期性的不稳定。美国的过度特权是国际金融市场动荡的重要原因,全球巨额资本的跨境流动也改变了金融资产价格对风险的敏感性。②

推行金融自由化战略是美国构建全球金融秩序的重要步骤之一。金融的主导地位使人们产生对市场机制的过度自信和风险意识的丧失。而金融工程的发展,使人们认为开放和高效的市场能够控制一切风险,由此导致了金融投机的产生。全球形成了被复杂的交易网络覆盖的单一金融市场。过度推行金融自由化的后果是产生了全球经济史上最严重的房地产信贷和资产价格泡沫以及伴随着去杠杆、通货紧缩、缓慢经济增长的持续性资产负债表衰退。日本深陷其中 20 年之久,至今仍未走出阴影。为应对通货紧缩,日本央行进行了规模庞大的量化宽松政策。③ 金融全球化还赋予了部分社

① 参见[美]保罗·沃尔克、[日]行天丰雄:《时运变迁:世界货币、美国地位与人民币的未来》,于杰译,中信出版社 2016 年版,第 411—413 页。

② 参见郭步超:《货币权力视角的人民币国际化研究》,南开大学博士学位论文,2015 年。

③ 参见[英]阿代尔·特纳:《债务和魔鬼:货币、信贷和全球金融体系重建》,第 198 页。

会主体对国家行为隐蔽而有效的实际否决权。隐蔽性意味着这种权利是通过非目的性和不敌对的方式，由市场而非正式的游说活动间接行使的。[①] 以美国为例，1998—2008 年，美国金融部门在政治进程中投资了约 50 亿美元，其中为竞选贡献了 17 亿美元，游说费用 34 亿美元。2009 年 9 月，当美国国会考虑金融改革时，金融业将 3.44 亿美元用于游说，而 2015 年，美国用于游说的资金达到 32.2 亿美元。[②]

如果世界建立在一些过于简化的基础上，比如信息完全公开、充分竞争、无交易成本等，则自由市场会自动回归平衡。但实际上，社会经济体系中不同的方面相互影响，带来复杂的反馈，因而产生动态的、非线性的结果。例如，美国次级债券市场的沦陷，瞬间就波及了世界其他地区，并导致信用紧缩和全球范围内需求的崩溃。次贷危机成为全球金融发展的一个重要转折点。首先，由于美国自身国际合法性的崩塌，这场危机终结了科什纳所谓的“美国第二个战后秩序”[③]；其次，由于物质性和理念性原因（有形的经济因素和关于金融选择、政策和取向的思想变化），这场危机加快了业已存在的两个国际政治趋势：其一是美国权力和政治影响力的相对衰弱，其二是包括中国在内的其他行为体的政治影响力的上升；最后，该危机还带来了科什纳所称的“新的异质性思维”，这一思维涉及如何最佳地管理国内和国际的货币与金融问题。

二、构建金融机制

机制代表了国际制度的特殊组织形式，并体现着对确保合作能够实现相互受益模式的游戏规则的各种理解。克拉斯纳认为，国际机制可以被界定为一系列的围绕行为体的预期所汇聚到一个既定国际关系领域而形成的隐含的或明确的原则、规范、规则以及决策程序。[④] 机制可被认为是基本的因果变量与结果和行为之间的干预变量，它并不是一种附带现象。

机制可以发挥信号的功能，通过设定可证实的标准，他们可以使决策者

---

① 参见[美]本杰明·科恩:《货币地理学》，第 193 页。

② 参见[美]乔纳森·科什纳:《金融危机后的美国权力》，第 112 页。

③ 科什纳将其界定为 1994—2007 年美国的“全球化计划”，而“第一个战后秩序”则是指 1948—1973 年的布雷顿森林体系时期。

④ 参见[美]本杰明·科恩:《国际政治经济学:学科思想史》，第 108—109 页。

容易对其他国家的意图做出评估。机制也可以发挥调停功能,通过建构各方都能接受的"关注焦点",解决现实或破坏合作的各种争端。基欧汉认为机制提供了一种方式将外部风险最小化,而这种外部风险会妨碍实现一些相互获益的交往。[①] 机制的价值在于它减少不确定性和交易成本的能力,那些因素都会妨碍有效的合作。一旦得以建立并运作,机制便缩小了预期行为的范围,因此鼓励了对共同规范的遵守。在机制的影响下,更多的国家会在遵守游戏规则上趋于一致,少数不遵从的国家则会冒与自身利益不一致的风险。机制还可以通过增加重复的机会并界定欺骗来促进对相应行为的监督,而且可以通过提供突出的解决办法,缩减谈判的成本来促进新的协定的执行。金融机制一旦产生,就没有必要针对每一个新出现的问题再次协商规则和规定。机制的出现使得国家可以更有效率地实现其共同目标。

新自由制度主义认为,国际制度的创建是由合作需要推动的,而非仅仅是权力驱使。国际合作建立在共同的认知以及公平分享合作收益的基础上,有着特定的法规与原则。国际金融机制的关键是合法性问题,也就是施加给政府的法律上的约束。合法性涉及三个关键的层面:规则义务的遵守程度、规则的精确度、以及对第三方在解释、监督和执行规约上的授权程度。合法性被视为是制度化设计的一种形式,通过提升退出成本来促进承诺的实施。它通过将对欺骗行为施加的报复予以合法化这种形式来施加强制的约束,由此增强未来影响力。[②] 对于制度性金融权力来说,其主要来源于一国的投票权、资金贡献以及在创设的国际金融机构中的雇员与管理层中的代表性。一个国家的投票权是制度性金融权力的最重要来源。[③]

美国的经济模式强调全球自由贸易和不受约束的竞争。美国构建的全球体系使美国处于相互交织的复杂网络中心位置,各方力量通过不断的讨价还价、折冲樽俎、对话、沟通来寻找一致意见,这反映出美国式的政治机构和组织原则。美国领导货币体系的首要动机是获得诱陷的利益,即参与货币体系所获收益的转化。20 世纪 80 年代初期,美国推行"美元保卫计划",

---

① Robert O. Keohane, "The Demand for International Regimes," *International Organization*, Vol.36, No.2, 1982, pp.325-355.

② 参见[美]本杰明·科恩:《国际政治经济学:学科思想史》,第 108—122 页。

③ 参见[美]桑德拉·希普:《全球金融中的中国:国内金融抑制与国际金融权力》,第 108—109 页。

以避免全球经济的“硬着陆”;1985 年的“广场协议”纠正了当时全球经济的严重失衡;1987 年的“卢浮宫协议”,实施了货币目标区的新制度,力求回归稳定的货币体系。[①] 在 2008 年次贷危机之前,不受约束的金融自由化的美国模式在很大程度上被理解为唯一合法的金融治理模式。通过参与以美元为基础的国际货币秩序,其他国家塑造着自身以及国内许多私人行为体的利益观,同时为美元的命运创设利益相关者,从而更有利于美国。[②]

管理学家彼得·德鲁克(Peter Drucker)认为,组织结构要视战略而定,在国家层面,战略寓于宏观政策之中,由整个政府和官僚机构执行。是否有好的结构要看系统内的激励机制和进行必要改革的政治意愿。[③] 美国主导构建的金融机制促进了全球金融一体化,并使经济权力和政治权力在国际体系中流散。长远来看,经济权力是政治权力和影响力的基础,经济现象将经由政治进程加以过滤。这些政治进程将会放大、转移,甚至在某些情况下减弱经济现象的影响。[④] 全球金融市场已经适应了管理矩阵,组织的各个组成部分有其职能和责任,也能有效地彼此制衡,这就是全球经济的网络效应。在网络化全球经济影响下,国际关系中货币外交的重要性凸显;资本流动性水平增强并系统性地改变了国家的权衡和行为;全球化市场形成,并推动了财富创造,但也成为金融动荡的“优良导体”。

三、有效转移风险

借贷能提高资本配置的有效性,将风险转移到最能承受它的人手中。借贷使得个人在面临变化的收入时能够平滑消费,公司在面临着变化的销售额时能够平滑投资和生产,政府在面临变化的支出时能够平滑税收。一国对外大量借贷通常有两种分析角度:其一是流动性理论(liquidity theory),其二是清偿理论(solvency theory)。流动性理论倾向于认为国家负债是暂时性问题,长期来看,国家有能力偿还债务,只是当期需要额外资金渡过难关。清偿理论则倾向于认为,一旦国家陷入巨额债务中,完全偿还

---

① 参见[美]保罗·沃尔克、[日]行天丰雄:《时运变迁:世界货币、美国地位与人民币的未来》,序言。

② 参见[美]乔纳森·科什纳:《金融危机后的美国权力》,第 161 页。

③ 参见[马来西亚]沈联涛:《十年轮回:从亚洲到全球的金融危机》,第 315 页。

④ 参见[美]乔纳森·科什纳:《金融危机后的美国权力》,第 186 页。

的可能性较低，过高的实际利率会进一步加深债务负担，时间只能使最终需要偿还的数额更加庞大。在一个有效需求不足的世界里，政府额外的借贷能够抵消私人部门过多的储蓄。金融市场借贷风险并非在各方之间平等地分配。由于信息不对称性和税收的影响，贷款和债券是迄今为止跨期转移资源的最有效机制。宽松的资产市场的内在不稳定性会突然逆转市场的信心，造成程度不同时间长短不一的周期性恐慌。①

关于金融风险，凯恩斯认为金融市场天生易陷于毁灭性周期与恐慌之中，无论好坏都是由羊群效应、不确定性、态度和情绪上不可预知的波动所造成的，即所谓的“动物精神”。一个不受管制的国际货币体系容易转向无法维系的失衡，会加剧通货紧缩的冲击，而一旦经济发展停滞不前，一个经济体通常无力自我矫正。② 金德尔伯格指出，在全球范围内缺乏统一协调的货币、财政和监管政策，有没有国际央行来扮演最后的借款人角色，对全球经济来说十分危险。③ 曾任美联储主席的沃尔克认为，金融部门无法容易地以最优方式进行自我监管，即艾伦·格林斯潘(Alan Greenspan)所称的“交易方监视”(counter-party surveillance)，对沃尔克而言，大金融意味着大冒险。④

金融市场失灵是个长期问题，因为行为体不会在可确定的、可计算风险的背景下利用正确基本模型的共有知识，有效、超理性地处理所有可获得的信息。相反，市场参与者在“动物精神”以及猜测大众情绪的指导下能够竭尽全力地处理信息。这些猜测需要利用不确定环境中的多变的、隐式的模型。由于太多因素是不可知的，因而投资者无法将精确概率分配给所有潜在的可能发生的事，仅能依靠经验法则、个人经验和“传统智慧”作出相应判断。⑤ 资产证券化、金融衍生品以及信贷证券交易扩展能够“无限细分”风险，并将风险分配至最适合承担风险的人手中。因为衍生品和证券价格由

① Stephen G. Cecchetti, M.S. Mohanty and Fabrizio Zampolli, “The Real Effects of Debt”, BIS Working Papers, No.352, 2011.

② 参见[美]乔纳森·科什纳:《金融危机后的美国权力》，第43页。

③ Charles P. Kindleberger, *Manias, Panics, and Crashes: A History of Financial Crisis*, New York: Basic Books, 1978.

④ Matthew Richardson, “Why the Volcker Rule is a Useful Tool for Managing Systemic Risk,” U.S. Securities and Exchange Commission, https://www.sec.gov/comments/s7-41-11/s74111-316.pdf.

⑤ 参见[美]乔纳森·科什纳:《金融危机后的美国权力》，第106—107页。

市场决定，而且是透明的，所以投放给实体经济的信贷也可以用市场的方法来定价，更多的金融活动保证更高的资源配置效率和更强的稳定性。当然，这并不意味着不需要金融监管。经济学家不相信肯尼斯·阿罗（Kenneth Arrow）和杰拉德·德布鲁（Gérard Debreu）所描述的完美模型可以在现实社会中实现，而微观审慎地监管可以抵消激励错配导致的风险。马丁·沃尔夫（Martin Wolf）还曾提出金融监管七项原则，即覆盖面、缓冲、承诺、周期性、清晰性、复杂性和补偿。

战后美国对国际经济秩序的协调和监管明显区分为两个时期：1948—1973年的布雷顿森林体系和1994—2007年的"全球化计划"。这些秩序在理念上迥然不同。第一种秩序是受凯恩斯主义影响的内嵌式自由主义秩序，鼓励国际经济的扩展，但是寻求将市场力量"内嵌"到各国国内经济管理中去。第二种秩序是市场原教旨主义的，其假定市场始终是万能的，而且市场所界定与规制的经济模式放之四海而皆准。①

金融风险极易导致金融危机的发生。金融危机很少凭空发生，它通常只发生于真实冲击放缓了经济增长速度之时，因此金融危机是"放大器"而非"触发器"。1890年，著名的巴林银行倒闭（发生于英国和阿根廷，之后向其他国家扩散）是最早的国际银行危机集聚事件。1907年产生于美国的金融恐慌，以极快速度扩散至其他国家。危机传导机制主要有两种：其一是由于一些共同的冲击因素导致危机在国家间传递，比如2001年互联网泡沫危机和21世纪初期房价的崩盘；其二是始自危机中心的跨国传染。而危机传染又分为两种类型：其一是"慢热型"外溢，其二是"快速而狂热"的快速跨国传递。②

全球金融一体化条件下，如果美国爆发债务危机，将引起全球金融市场定价的连锁反应，资产价格和汇率的波动性将通过美国国债衍生品而急剧放大，继而引起全球金融危机。与美国关系密切的贸易伙伴国，尤其是新兴市场经济体，将会遭受严重的产出下滑。比如，始于2007年的次贷危机就被称为"第二次大紧缩"（second great contraction），其副产品包括违约、重组，以及接受IMF大规模救援国家数量的上升。

---

① 参见[美]乔纳森·科什纳：《金融危机后的美国权力》，第39页。

② 参见[美]卡门·M.莱因哈特、肯尼斯·S.罗格夫：《这次不一样：八百年金融危机史》，第188—189页。

联邦政府通过海外资产分散化来转移风险，具体包括资产类别分散化、币种和地域分散化、投资主体分散化。由于存在收入不对称效应，即使和其他国家按照同等速度的经济增长，美国的贸易逆差也会不断增大。联邦政府还利用美元国际本位货币地位来转移风险。持有某种货币并在某个市场投资主要考虑投资的安全、收益、市场的深度、流动性。从一种货币替代为另一种货币涉及费用高昂的金融适应过程。创建和使用相关的新制度和新工具需要投入巨大的成本。在其他行为体大量使用之前，选用新货币将是一个“费力不讨好”的过程，除非有一定规模的流通网络可以依赖。美元作为全球主要储蓄货币和“救市货币”，各国都不得不积极维护美元的地位。① 目前美国仍然是全球最有影响力的强国和全球经济中心。美国利益的最大化与美元风险的最小化是影响全球与主导市场价格的关键，也是资产风险的核心。美元还具有相对稳定性的优势，而稳定是一种货币被广泛应用于国际交易的必要条件。对于出口商、进口商和投资者来说，不管他们依赖的是货币的支付手段、记账单位还是价值储藏功能，稳定性都是他们考虑的首要因素。

第四节　美联储的政策支持

全球化过程中，失衡是常态，均衡是非常态。各经济体在持续的失衡中寻找均衡，从而造成了摩擦和争端。对于货币权衡来说，一方面需要在稳定性和可预测性间进行取舍，另一方面需要在货币的独立性和灵活性间进行取舍。美国作为关键货币国家，可以按照国内政策因素来操纵作为全球公共品的国际流动性供应。美国的货币政策由美联储制定，最经常的策略就是公开市场操作，并通过扩大资产负债表来收购联邦政府债券。美联储还支持外汇衍生品和利率衍生品，其能强化央行的货币政策工具，还能对冲市场风险。美联储只对美国国会负责，但其制定的政策影响到世界经济，具有明显的外溢效应。美联储对美国对外负债政策支持的常见策略手段是流动性控制，如外汇市场操作、调控利率水平等。

① 参见[美]本杰明·科恩：《货币地理学》，第198页。

一、流动性供给

美联储于1913年12月成立，具有明显的“私有”性质。美联储作为美国央行，具体职能包括吸收商业银行存款、发放商业银行贷款、统一银行券、票据交换及清算、买卖资产、外汇储备等。20世纪30年代，美联储由于没有及时放松货币政策介入危机管理，直接导致了美国经济深陷大萧条的泥淖。在大萧条时期，联邦政府实际债务在6年内上升了84%，而在二战后的危机中，同样水平的债务攀升仅用了3年。① 1951年《美联储—财政部协议》的签订，标志着在财政部的支持下，美联储重新获得了独立控制利率的权力。②

美联储货币政策具有明显的乘数效应，将本国宏观经济因素对国际资本的吸引显著放大，由此获取低成本的资本流入。美元本位制下，美国拥有“过度特权”，其货币权力伴随着金融全球化持续扩张，并通过估值效应缓解外部失衡调整压力。科什纳指出，货币体系是权力的“蓄水池”，其天然容易导致诱陷，并为核心国发挥隔离作用。③ 美联储货币政策还具有显著的溢出效应，其表现在增加国际流动性，提高全球通胀水平以及调控国际金融市场的实际利率影响全球经济周期。简单来讲，就是通过美元在全球流动来“调控”世界经济。比如次贷危机之后执行的量化宽松政策。

美元本位制下，美联储成为世界值得信赖的最后贷款人，为其他央行提供流动性，进而为全球金融机构提供流动性。作为全球流动性的最后提供者，美国通过大规模货币创造活动为购买各种有价证券提供融资。资本流动容易受到羊群效应、集体狂热和市场恐慌等因素的影响。资本流动还具有扩大经济周期的效应，因而会在国内经济周期处于上升及下降阶段造成需求管理问题。美元流动性过于充裕会带来“金融污染”，造成经济的负外部性，体现出金融市场失灵的特点。经济学家设计出托宾税进行应对，其是指对现货外汇交易征收交易税，目的是减少外汇汇率非正常波动和遏制外汇投机。本质上是将投机性短期资本流动和生产性长期资本流动区分开

---

① 参见[美]卡门·M.莱因哈特、肯尼斯·S.罗格夫：《这次不一样：八百年金融危机史》，第184—186页。

② Milton Friedman and Anna J. Schwartz, *A Monetary History of the United States, 1867-1960*, New Jersey, Princeton University Press, 1963, pp.532-533.

③ 参见[美]乔纳森·科什纳：《货币与强制：国际货币权力的政治经济学》，第291页。

来，成本主要由短期投机行为者承担，以降低过多资本流动给社会带来的成本负担。[①] 阶段性的大量借款经常发生在泡沫时期，并持续很长时间。美联储不得不动用非传统货币政策，通过扩张货币当局的资产负债表，对私人部门债务进行置换。[②]

后危机时代，美国、中国、欧洲、日本纷纷向全球金融体系注入大量流动性，形成了历史上最大的资产泡沫。2012 年 7 月，欧洲央行主席马里奥·德拉吉(Mario Draghi)誓言将采取量化宽松，"不惜任何代价"维持欧元，化解主权债务危机。日本也同样采取量化宽松政策刺激经济，央行资产负债表激增至 22.6 万亿美元，约占世界金融资产的 8%。2015 年，全球最大的资产管理公司贝莱德集团，就声称由于流动性充裕，全球正经历股票市场、债券市场和房地产市场的最大繁荣。[③]

二、汇率"武器"

一国的汇率政策是高度政治化的，其反映并决定了社会和政治结构及关系。汇率如同一个"针眼"，将所有国内商品和服务的价格与国外的产出价格联系起来并做比较。正是因为这个功能，汇率成为决定资源分布方式、收入水平与收入分配的关键变量。汇率"武器"在由国际收支调整引起的国际冲突中扮演着核心角色，这主要是指一个国家利用汇率使得另一个国家改变政策的做法。一些经济学家认为，汇率完全是技术性问题。当考虑了实质性因素，例如通货膨胀、生产率、利率方面的差异后，汇率变化就是补差找齐式的调整。调整汇率是为了保持进出口平衡或者提高竞争优势，而调整利率则是为了刺激投资与经济增长或者遏制投资与控制通货膨胀。关于汇率的决定因素，除了购买力平价法，还有资产组合平衡法、基本均衡汇率法等。

美联储可以影响汇率制度和汇率水平，通过改变利率或对货币市场进行干预来达到其目标。汇率波动的幅度通过相对价格变动的方式传递至国内经济。一国汇率政策还与贸易政策产生相互影响。例如，10%的货币贬

① 参见[美]乔纳森·科什纳：《金融危机后的美国权力》，第 73—74 页。

② 参见[美]卡门·M.莱因哈特、肯尼斯·S.罗格夫：《这次不一样：八百年金融危机史》，第 227 页。

③ 参见[马来西亚]沈联涛：《十年轮回：从亚洲到全球的金融危机》，序言。

值相当于10%的关税壁垒和10%的出口补贴。贸易政策有清晰的，普遍认同的福利基准，即自由贸易是最优策略，但汇率政策没有类似的福利基准。

美国在20世纪70年代实行过度扩张的货币政策，20世纪80年代又实行过度扩张的财政政策。20世纪70年代，重新调整美元与其他主要货币间汇率关系的需求日益明显，而那个时期美元与日元之间的汇率关系首当其冲。尼克松政府暂停美元与黄金的可兑换，成为引导调整的过渡性手段。自1971年美元反复贬值后，到对日元下跌60%及对德国马克下跌53%的价位时，美国的贸易差额和经常账户逆差却比20世纪60年代还要高。相反，在其他主要工业化国家，那些汇率强势升值，同时拥有更高的储蓄、更强大生产率和更具竞争力的产业的国家，最后却拥有最强势的贸易差额。很多学者认为，浮动汇率制度下，各国金融和经济政策间的差异，竞争力和通货膨胀的变化，都将被汇率的有序波动顺利消解。国内政策服从外部影响的必要性，也能够大大降低，从而实现本国经济主权的维护。

一国对于汇率制度所做的决定，就是需要在跨境经济的汇兑稳定性和影响国内货币环境的能力之间做出选择。汇率政策能有效地反映一国政治体制。政客制定汇率政策时必须要考虑政策对其政治约束和机会的影响，比如，可预期的汇率政策冲击如何影响政府官员的行为。许多学者预测，政治家为了选举而操纵货币的动机越强，就越有可能选择灵活的汇率制度，以获得独立的汇率政策。开放经济体的汇率政策会影响到界定相对明确的生产者和消费者群体的利益。可能无法判断一个人是净债权人还是净债务人，但出口商、进口竞争者、外国投资者、跨国公司和国外债务人都很清楚他们在国际贸易和支付体系中所处的位置以及如何受到汇率波动的影响。一个强势的实际汇率有助于国内消费者提高购买力，一个弱势的实际汇率则对生产者在国内和国际市场都有利。强势汇率的压力来源是跨境金融和投资受益方，消费者和外币债务方，弱势汇率的压力来源一般是贸易品生成者。规范性理由和政治压力促使各国政府一起努力，对汇率政策协调进行帕累托改进。[①]

全球金融一体化背景下，如果国际贸易和投资遵循比较优势模式，将有利于开放经济秩序中的经济活动。那些操纵交易并发明了新金融工具来减

① 参见[美]杰弗里·A.弗里登:《货币政治:汇率政策的政治经济学》，第229—230页。

少风险的投机者将成为唯一确定的受益者。因独立于不同经济表现的汇率大幅度波动，经济管理变得异常复杂。小国可能最为脆弱，但大国也无法免于汇率巨幅波动的冲击。汇率管理、融资纪律及国际监管的缺位是造成国际收支失衡以及国内经济不可持续的重要原因。美国凭借美元的优势，可以通过操控汇率，保持低利率的高度流动性。①

三、利率操控

美联储能有效操控美国的利率政策，与其他主要央行进行业务往来，建立货币互换机制，制定国际借贷规则，影响美国跨国公司的海外利润，还能通过自身资产负债表的"扩表"或"缩表"调整来应对金融危机，成为名副其实的"世界央行"。美元本位制下，当市场投资者遇到任何问题时，都不得不依靠美联储来解救。比如，著名的"格林斯潘看跌期权"就是基于市场对美联储的信心，认为美联储在资产价格快速上升时不会提高利率，而在任何资产价格急速下跌时都会通过降低利率来实施解救措施。② 瓦伦蒂娜·布鲁科(Valentina Bruco)和申铉松(Hyun Song Shin)认为美国银行部门是货币政策风险承担渠道。如果美联储降低利率，美元融资成本降低会带来更多的跨境债务和接受国信贷条件的降低，对全球金融市场产生显著溢出效应。③

当各国金融一体化允许资本自由流动时，国内利率由世界利率给定。如果汇率是固定的，货币扩张或收缩将没有效果，因为其影响被反方向的资金流入或流出抵消了。例如，如果货币当局降低国内利率以刺激经济，资本就会流出，直到国内利率上升并重回世界利率水平。汇率政策在封闭环境下是依靠利率发生作用的，进而影响实际变量。货币扩张增加了实际货币余额，降低了利率，较低的利率刺激了投资和消费的支出。同理，货币紧缩会导致更高的利率和较低的支出。

20世纪80年代，为降低通货膨胀率，美联储主席保罗·沃尔克(Paula

---

① 参见[美]保罗·沃尔克、[日]行天丰雄：《时运变迁：世界货币、美国地位与人民币的未来》，第386—427页。

② 参见[美]卡门·M.莱因哈特、肯尼斯·S.罗格夫：《这次不一样：八百年金融危机史》，第226页。

③ Valentina Bruco and Hyun Song Shin, "Capital Flows and the Risk-Taking Channel of Monetary Policy", *Journal of Monetary Economics*, Vol.71, Issue C, 2015, pp.119-132.

Volcker)执行紧缩性货币政策,来抑制需求以达到降低物价的目的。他于1980年3月废除了美国著名的“Q条例”,取消了对利率的管制上限。同时颁布《存款机构放松管制和货币控制法》,把控制货币的所有权力交给了美联储。此后美元利率一路攀升。1978年初,伦敦欧洲美元市场利率不过7%,而到了1980年初,这个利率达到了20%,而且在两位数的高位上运行了五年之久。这正是著名的“金融休克疗法”。没有哪个实体生产企业可以承受如此之高的财务成本,加上能源价格大幅攀升,经济萧条带来的消费萎缩,使全球实体产业遭受巨大冲击。美国制造业为了免于破产,不得不接受华尔街提供的解决办法——重组,于是一轮空前的企业兼并、重组、收购狂潮成为美国20世纪80年代上半期最典型的经济现象。

21世纪初期,美国经济稳定发展,联邦基金利率曾长期保持1%左右的基本利率水平,致使房地产市场一片繁荣。2006年前后,美国经济放缓,同时原油和原材料价格不断攀升以及借贷成本上涨,美联储不得不连续17次加息,美元的基本利率由1%上升到5.25%,高利率下住房抵押贷款的还款难度加大,震荡之下房产泡沫开始破灭,房地产价格迅速回落。购房者难以将房屋出售或通过抵押贷款获得新的融资,因而导致违约,次贷危机由此引发。次贷危机后,下调基准利率水平成为各国央行首当其冲的货币政策工具,而国债购买计划成为各国央行资产负债表扩张的最大来源。[①] 克劳迪奥·博里奥(Claudio Borio)等指出,美国和欧洲银行界在宽松的监管政策、金融创新和交易文化的共同作用下,通过表外、离岸的方式创造了美元和欧元的过量贷款,金融体系杠杆化加大,并越来越脆弱。雷曼兄弟的破产触发了一场链式反应,高杠杆的投资银行和银行的经济业务部门面临市场流动性危机或者失去偿债能力,需要美国和欧洲政府的巨额救援。[②]

由经济的动态效率可知,如果利率小于经济增长率,经济处于动态无效时,一国对外债务可以持续;如果利率大于经济增长率,经济处于动态有效时,一国对外债务的可持续性需要满足跨期约束条件。长期以来,美国的财政赤字和贸易赤字都是通过资本项目下的证券投资回流抵补的。次贷危机后,经常账户顺差国购买美国国债的增量资金减少,促使美国国债利率上

---

① 参见张茉楠:《2014年国际金融形势分析与2015年展望》,《经济与金融》2015年第2期。

② Claudio Borio and Piti Disyatat, “Global Imbalances and the financial Crisis: Link or no Link?” BIS Working Paper, No.346, 2011.

升。当美国财政部需要借钱时，美联储只能被迫购买公共债务。为了降低国债的融资成本，美联储推出量化宽松政策并实行扭曲操作，以达到压低长期利率的目的。超发的货币向世界经济“注水”，稀释了美元债务，使债权国尤其是东亚“贸易账户区”国家陷入了零利率“流动性陷阱”。[①] 为降低长期利率，美联储选择购买政府债券的行为正在改变政治博弈的性质。通过降低政府借款成本，美联储鼓励政府借更多的钱，而未来纳税人的负担也由此增加。

债务经济体制使美国对于利率上升异常敏感。美国以低风险的债券类资产进行大量借款，又以股票和对外直接投资的形式贷出大量资金。利率降低无疑可以使美元降到更真实的价位，预算赤字减小则会减少美国对外国资本的依赖，改善美国国内投资环境，并降低宽松货币政策的风险。一旦利率上升，则意味着对于外国投资者持有的美国债券将支付更多。考虑汇率调整的条件，利率上升 1.25 个百分点所造成美国对外国投资者多支付的收益，其规模相当于美元贬值 20%带来的正估值收益。因此，利率提高将会消除估值效应渠道给美国带来的正投资收益。[②] 据美国国会预算办公室预测，到 2024 年，美国利息支出将达到现在的 4 倍，因而侵蚀掉大部分联邦财政收入。但是，长期维持极低利率也会产生两个问题。第一，如果应有的实际利率水平为负，名义利率零下限会制约利率下调空间，难以实现最优增长率。第二，极低利率如果持续多年，必然使私人信贷扩张不再愿意支持新的投资，转而用于投机性购买现存资产。

① 参见[美]罗纳德·麦金农：《落入国际美元本位制陷阱》，《新金融》2005 年第 7 期。

② Vahagn Galstyan, Philip R. Lane, Caroline Mehigan and Rogelio Mercado, “The Holders and Issuers of International Portfolio Securities”, NBER Working Paper, No.22466, 2016.

第四章　美国对外负债的调节机制

一个国家产生贸易逆差或对外净头寸恶化，需要对外净出口增长或者对外净头寸收益增加来弥补，这分别对应贸易渠道和估值效应渠道。估值效应渠道是美国对外负债的重要调节机制。理解估值效应和宏观经济变量之间的相关关系，是美国调节外部失衡以及平滑经常项目逆差的重要途径。估值效应渠道在美国对外调整中的贡献大约占 31%，虽然在中短期效果明显，但长期来看，外部失衡调整仍以贸易渠道为主。[①] 估值效应渠道能放松美国经济的外部约束，平滑经常账户赤字，并在全球合理有效地分配资源。汇率变动和资产价格变动是影响估值效应的两大因素，书中将对此进行具体分析。本章最后利用向量误差修正模型和面板向量自回归模型分别验证了估值效应的存在性和波动性。

第一节　估值效应调整渠道

估值效应是指在假定一国对外资产及对外负债的规模、结构、币种构成不变的情况下，由汇率、资产价格变化所引起的外部存量资产的价值变动。对于估值效应的计算模型，结合以往学者的分析（详见本书附录 A），采用以下计算方式。

$$NFA_t - NFA_{t-1} = CA_t + KA_t + EO_t + VA_t \tag{4-1}$$

其中，NFA_t 表示 t 期对外净资产，NFA_{t-1} 表示 $t-1$ 期对外净资产，CA_t 表

① Pierre-Olivier Gourinchas and Hélène Rey, "International Financial Adjustment", *Journal of Political Economy*, Vol.115, No.4, 2007, pp.665-703.

示经常账户余额，KA_t表示资本账户余额，EO_t表示净误差与遗漏项，VA_t表示估值效应。由于资本账户余额项及净误差与遗漏项数值较小并包含很多误差，当忽略这两项后，对外净资产变动主要是由经常账户项和估值效应项引起。再根据前文分析，可将其分解为：

$$NFA_t - NFA_{t-1} \approx CA_t + VA_t \tag{4-2}$$

$$NFA_t - NFA_{t-1} \approx CA_t + VA_t^{MV} + VA_t^{XR} \tag{4-3}$$

其中，VA_t^{MV}与VA_t^{XR}分别表示资产价格变动和汇率变动导致的估值效应。利用上述公式，可计算美国 1971—2016 年的估值效应规模（见图 4-1）。1993 年以前，美国的估值效应波动很小，且基本都为正效应，占 GDP 的比例在 1%左右波动。1993 年，估值效应收益达 1959.4 亿美元，占当年 GDP 的 2.85%，之后波动性开始明显增大。1997 年亚洲金融危机，估值效应为负收益－1613.4 亿美元。1993—2007 年，除了 1995 年、1997 年、2000 年和 2001 年这四年外，其余年份估值效应均为正效应。2008 年受次贷危机影响，估值效应为－7922 亿美元，占当年 GDP 的－5.38%。2009 年，由于全球资本分别涌入美国避险，估值效应反转为正达 13005.3 亿美元，占当年 GDP 的 9.02%，达到历史最高值。之后估值效应又开始呈现剧烈波动，且主要表现为负效应。截至 2016 年末，估值效应为－3732.1 亿美元，占美国当年 GDP 的－2%。虽然美国在正常时期通过估值效应渠道获得资本利得，但在全球金融危机期间，则必须担负“过度职责”(exorbitant duty)。一旦全球性危机重创所有国家和资本市场，则美国会承受更大损失。

一国经常账户呈现顺差和逆差两种形式，而估值效应又可分为正估值效应和负估值效应，因此共存在四种组合形式。通过表 4-1 可知，当正估值效应结合经常账户顺差时，虽然外部处于非平衡状态，但是实现了对外资产的保值增值，代表国家如瑞典；当正估值效应结合经常账户逆差时，外部非平衡得到改善，经常账户逆差可由正估值效应抵消，这是最有利的情形，代表国家如美国；当负估值效应结合经常账户顺差时，虽然外部非平衡状况得到改善，但造成国家资源的无偿转移，代表国家如中国；当负估值效应结合经常账户逆差时，是最不利的情况，代表国家如巴西、阿根廷等。

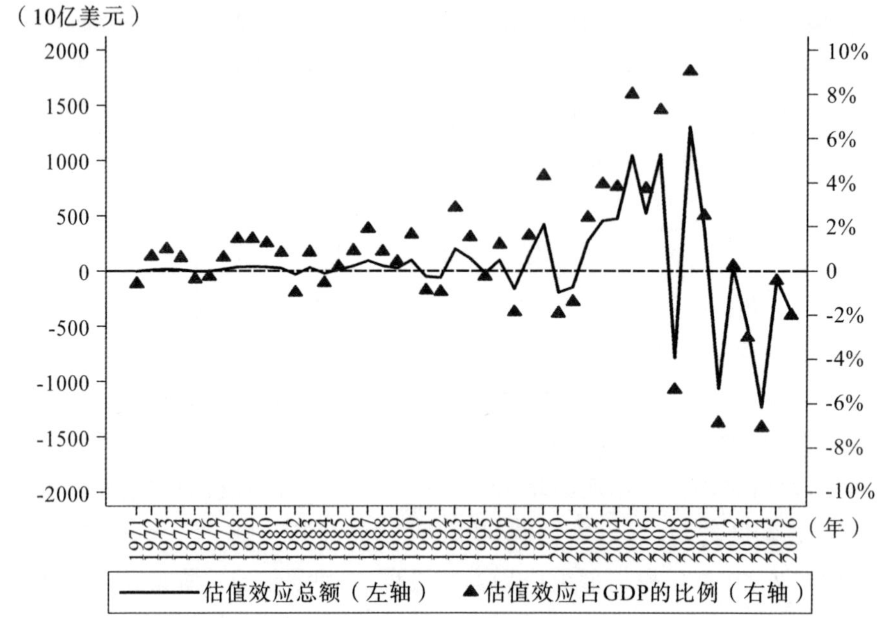

图 4-1　美国历年估值效应规模及其占 GDP 比例的结算（1971—2016 年）

数据来源：国家外部财富数据库（EWN，1970-2011 年）、美国经济分析局（BEA）。

表 4-1　估值效应与经常账户组合形式

	经常账户顺差	经常账户逆差
正估值效应	外部非平衡	改善外部平衡
负估值效应	改善外部平衡	外部非平衡

按照跨期均衡模型的定义，一国对外净头寸变动应等于经常账户差额累积值。但经常账户没有体现出汇率变动和资产价格变动中未实现的资本利得，所以此定义并不准确。从期限上看，美国对外负债一般为短期，而对外资产通常为长期，而投资期限越长收益率也越高。经常账户逆差并不必然导致对外净头寸减少，经常账户顺差也不代表对外净头寸必然增加。例如，英国在 2000 年时估值效应达到 GDP 的近 50%，超过了经常账户的影响。[①]

① 参见范志勇：《估值效应与中国外部均衡调整——以及外汇储备汇率风险研究》，东海证券研究所论文，2008 年。

2000—2015 年,美国年均经常账户余额占 GDP 的比重达－3.97%,而净国际投资头寸年均增长占 GDP 的比重为－2.90%;中国年均经常账户余额占 GDP 的比重达 3.51%,而净国际投资头寸年均增长占 GDP 的比重为 3.17%。以上数据表明,美国净国际投资头寸增值抵消了部分经常账户赤字,存在正估值效应,而中国净国际投资头寸增值小于经常账户盈余,存在负估值效应。古里查斯(Gourinchas)和雷伊(Rey)总结对比了美国、中国、日本 1971—2010 年估值效应与经常账户余额的绝对数额分别占 GDP 比例的情况(见表 4-2)。

表 4-2 中、美、日估值效应和经常账户余额分别占本国 GDP 的比例

	美国		中国		日本	
	估值效应	经常账户	估值效应	经常账户	估值效应	经常账户
1971—1980 年	0.84%	0.40%	0.00%	0.00%	1.3%	1.15%
1981—1990 年	0.93%	1.95%	1.47%	1.52%	0.83%	2.32%
1991—2000 年	1.79%	2.12%	2.95%	1.94%	2.03%	2.26%
2001—2010 年	4.75%	4.56%	2.22%	5.43%	2.67%	3.39%

注:每个阶段计算的都是平均值。

数据来源:Pierre-Olivier Gourinchas and Hélène Rey, "External Adjustment, Global Imbalances and Valuation Effects", NBER Working Papers, No.19240, 2013.

古里查斯还将估值效应分为可预期的估值效应和不可预期的估值效应。可预期的估值效应对于一国的外部失衡,在理论和实证检验上没有较大影响。不可预期的估值效应可理解为在完全市场条件下,本国投资者及外国投资者所掌握的对未定权益(contingent claims)的未来支付(future payments)的账面记录,这种支付按照风险分担原则实行。[①] 迈克尔·德弗罗(Michael B. Devereux)和艾伦·萨瑟兰(Alan Sutherland)在此基础上,建立一般均衡投资组合模型对估值效应进行了定性和定量研究。结论表明,估值效应能明显体现跨国模型中的风险分担原则。不可预期的估值效应规模较大,对一国净国际投资头寸起决定性影响,而可预期的估值效应仅在对

① Pierre-Olivier Gourinchas, "Valuation Effects and External Adjustment: A Review", *Series on Central Banking, Analysis and Economic Policies*, Santiago: Banco Central de Chile, Vol.12, 2008, pp.219-221.

模型进行高阶近似时才出现,并且相对于模型其他影响参数来说,其数值很小。①

关于美国对外净头寸,其最大的变化特点是不断"股票化",即股本类资产净头寸所占比重越来越大。蒂勒详细研究了美国净国际投资头寸的结构变化。他对美国1990—2001年对外总资产和对外总负债进行了成分分解,并指出2001年美国对外净负债达到2.3万亿美元,是1999年的两倍。美国对外净负债的增长主要用来填补经常账户赤字。金融账户流量、资产价格变动和汇率变动是影响对外净头寸变化的三大因素。1999—2001年,美国净国际投资头寸不断恶化,其中由估值效应引起的部分大约占37%。② 有学者们则解释了一国对外净头寸变化与风险收益的相关性,尤其重点研究了那些对国际资本运动冲击抵抗性较差的国家。③

莱恩和费雷蒂发现,对外净头寸变动与经常账户相关关系很小,甚至呈现负相关关系。他们还研究了对外净头寸、贸易平衡和真实汇率三者之间的关系。一国对外财富与贸易平衡的相关关系与对外资产负债收益率及国内产出增长率有关。在保持其他条件不变的情况下,长期来看,贸易平衡与真实汇率存在负相关关系。④ 莱恩和费雷蒂还建立了66个工业化国家和发展中国家1970—1997年的对外资产负债表。由数据分析可得,发展中国家人均GDP与对外净头寸显著相关,贸易开放程度与FDI和股票资产总存量显著相关;发达国家人均GDP与对外净头寸相关性很弱。越是发达的国家,越倾向于持有FDI资产,减少FDI负债。⑤

---

① Michael B. Devereux and Alan Sutherland, "Valuation Effects and the Dynamics of Net External Assets", NBER Working Paper, No.14794, 2009.

② Cédric Tille, "The Impact of Exchange Rate Movements on U.S. Foreign Debt", Federal Reserve Bank of New York, Vol.9, No.1, 2003, pp.1-6.

③ C. Calderón, N. Loayza and L. Servén, "External Sustainability: A Stock-flow Perspective", World Bank Policy Research Working Paper, No.2281, 2000.

④ Philip Lane and Gian Maria Milesi-Ferretti, "External Wealth, the Trade Balance, and the Real Exchange Rate", IMF Working Paper, WP/02/51, 2002.

⑤ Philip R. Lane and Gian Maria Milesi-Ferretti, "The External Wealth of Nations: Measures of Foreign Assets and Liabilities for Industrial and Developing Countries", IMF Working Paper, WP/99/115, 1999.

第二节　汇率变动对估值效应的影响

汇率是本国货币与外国货币之间的相对价格,也是本国贸易品与非贸易品的相对价格。汇率变动不仅会影响国际收支,还会影响物价、收入、就业等一系列变量。根据国际金融理论,汇率是货币的对外价值,物价是货币的对内价值,利率是货币的时间价值,三者组成了货币价值的三个维度。汇率是干预国际收支平衡的工具,正如商品的价格取决于商品的供给与需求,汇率也可被看作货币的价格,其取决于货币的供给与需求。① 由于美国对外资产大部分以外币计价,而对外负债基本以美元计价,所以美元总体上倾向于贬值以带来正估值收益。汇率变动对估值效应的正负影响主要取决于资产负债规模、币种构成、汇率指数、汇率敞口、汇率变化方向(本币升值或贬值,外币升值或贬值)等。

一、汇率运动调节作用

假设一国对外资产由多种货币组成,当进行计算时,不论是使用本币计价还是使用美元计价,都必须按照统计时点上市场汇率换算成同一种货币计价。外汇市场上汇率每时每刻都在波动,由此导致一国对外总资产价值的变动。古里查斯和雷伊认为,汇率变动在短期、中期、长期都是可预测的,并且短期内汇率变动导致的估值效应对外部失衡产生最直接影响。② 汇率变化还具有迟滞效应,不仅对当期美国经常账户和对外负债产生影响,还能对未来时期发挥作用。美元贬值有利于改善美国经常账户赤字,但实际汇率变化影响进出口规模的时滞是两年。③

汇率运动直接带来美元对外资产得益。美国持有对外直接投资和股票多头头寸,持有债券和银行信贷空头头寸,因此,在对外直接投资子项和股票资产子项下是净债权国,而在债券资产子项和银行信贷资产子项下则是

---

① 参见[美]劳伦斯·S.科普兰:《汇率和国际金融》,唐旭译,中国金融出版社1992版,第10—11页。

② Pierre-Olivier Gourinchas and Hélène Rey, "International Financial Adjustment", *Journal of Political Economy*, Vol.115, No.4, 2007, p.693.

③ 参见[美]罗纳德·麦金农、[日]大野健一:《美元与日元——化解美日两国的经济冲突》,第163—186页。

净债务国。美国对外资产计价的外币主要以欧洲国家货币为主，如欧元、英镑、瑞士法郎等。[①] 关于汇率运动影响方式推导如下：

$$R_{t+1}=\mu_t^a R_{t+1}^a-\mu_t^l R_{t+1}^l \tag{4-4}$$

其中，R_{t+1}表示加权后的总资产和总负债的平均收益率，R_{t+1}^a表示总资产收益率，R_{t+1}^l表示总负债回报率，

$$\mu_t^a=\frac{A_t}{NFA_t},\quad \mu_t^l=\frac{L_t}{NFA_t},\quad \mu_t^a-\mu_t^l=1 \tag{4-5}$$

由于证券投资组合的杠杆化，所以μ_t^a和μ_t^l的值可能远大于1。将上述公式进一步扩展可得

$$\begin{aligned} r_{t+1}&=\ln R_{t+1}\approx\mu_t^a r_{t+1}^a-\mu_t^l r_{t+1}^l \\ &=\mu_t^a(\omega_t^{ah}r_{t+1}^{ah}+\omega_t^{af}r_{t+1}^{af})-\mu_t^l(\omega_t^{lh}r_{t+1}^{lh}+\omega_t^{lf}r_{t+1}^{lf}) \\ &=(\mu_t^a\omega_t^{ah}r_{t+1}^{ah}-\mu_t^l\omega_t^{lh}r_{t+1}^{lh})+(\mu_t^a\omega_t^{af}r_{t+1}^{af}-\mu_t^l\omega_t^{lf}r_{t+1}^{lf}) \end{aligned} \tag{4-6}$$

其中，ω_t^{ah}和ω_t^{af}分别代表本币计价资产和外币计价资产占总资产的比例，r_{t+1}^{ah}和r_{t+1}^{af}分别代表本币计价资产收益率和外币计价资产收益率，ω_t^{lh}和ω_t^{lf}分别代表本币计价负债和外币计价负债占总负债的比例，r_{t+1}^{lh}和r_{t+1}^{lf}分别代表本币计价负债的实际回报率和外币计价负债的实际回报率。进一步可将外币计价的资产或负债收益率分解为：

$$r_{t+1}^{af}=\tilde{r}_{t+1}^{af}+\Delta\lambda_{t+1} \tag{4-7}$$

$$r_{t+1}^{lf}=\tilde{r}_{t+1}^{lf}+\Delta\lambda_{t+1} \tag{4-8}$$

$$\Delta\lambda_{t+1}=\Delta e_{t+1}+\pi_{t+1}^f-\pi_{t+1}^h \tag{4-9}$$

其中，$\tilde{r}_{t+1}^{af}$表示资产项下以外币计价的一篮子商品和服务的真实收益率，而$\Delta\lambda_{t+1}$则表示自t和$t+1$期真实汇率贬值率，Δe_{t+1}表示名义汇率贬值率，π_{t+1}^f表示外国的通货膨胀率，π_{t+1}^h表示本国的通货膨胀率。公式4-6可以进一步化简为：

$$\begin{aligned} r_{t+1}=&(\mu_t^a\omega_t^{ah}r_{t+1}^{ah}-\mu_t^l\omega_t^{lh}r_{t+1}^{lh})+(\mu_t^a\omega_t^{af}\tilde{r}_{t+1}^{af}-\mu_t^l\omega_t^{lf}\tilde{r}_{t+1}^{lf}) \\ &+(\mu_t^a\omega_t^{af}-\mu_t^l\omega_t^{lf})(\Delta e_{t+1}+\pi_{t+1}^f-\pi_{t+1}^h) \end{aligned} \tag{4-10}$$

上式等号右边前两部分代表本国资产的真实收益率，第三部分则测量了对外净头寸货币敞口，即当保持其他条件不变时，$(\mu_t^a\omega_t^{af}-\mu_t^l\omega_t^{lf})$为真实

① Cédric Tille, "Financial Integration and the Wealth Effect of Exchange Rate Fluctuations", *Journal of International Economics*, Vol.75, No.2, 2008, pp.283-294.

汇率贬值对一国对外净头寸回报率所带来的影响。此公式强调了一国货币敞口的测量除了考虑证券种类权重外,还须考虑货币种类权重。[①]

阿古斯丁·贝内特斯(Agustín S. Bénétrix)、莱恩和杰伊·香博(Jay C. Shambaugh)计算了次贷危机期间货币运动带来的估值影响。整体来看,世界各国持有美元、日元和瑞士法郎空头头寸,持有英镑和欧元多头头寸。表4-3列示了次贷危机期间主要国家由于货币运动产生的估值效应利得和损失的绝对数额。[②]

表 4-3 2008—2009 年主要国家资本利得与损失 单位:亿美元

资本利得		资本损失	
英国	9458	日本	9365
加拿大	2219	美国	7725
挪威	870	瑞士	2509
韩国	549	中国	2217
瑞典	509	新加坡	1859

如果将估值效应表示为对外总资产的收益减去对外总负债的收益,可得下式:

$$Return_t = r_t^A \cdot A_{t-1} - r_t^L \cdot L_{t-1} \tag{4-11}$$

其中,$Return_t$表示t期的真实收益,A_{t-1}表示$t-1$期的对外总资产,L_{t-1}表示$t-1$期的对外总负债,r_t^A和r_t^L分别表示t期资产收益率和负债回报率,所以真实汇率变动产生的估值影响为:

$$\frac{\partial Return_t}{\partial REXR_t} = \frac{\partial r_t^A}{\partial REXR_t} \cdot A_{t-1} - \frac{\partial r_t^L}{\partial REXR_t} \cdot L_{t-1} \tag{4-12}$$

其中,$REXR_t$表示t期的真实汇率变动。通过上式可知,即使对外净头寸为零,只要真实汇率变动给对外资产收益率和对外负债成本率带来的影响有差异,则总的真实收益就受到由汇率变动引起的估值效应的影响。

---

① Pierre-Olivier Gourinchas, "Valuation Effects and External Adjustment: A Review", *Series on Central Banking, Analysis and Economic Policies*, Santiago: Banco Central de Chile, Vol.12, 2008, pp.195-236.

② Agustín S. Bénétrix, Philip R.Lane and Jay C. Shambaugh, "International Currency Exposures, Valuation Effects, and the Global Financial Crisis", NBER Working Paper, No.20820, 2015.

汇率运动还会产生货币错配(currency mismatch)问题。艾伦·迪尔多夫(Alan Deardorff)将货币错配定义为,由于一国对外资产与对外负债的主要计价货币具有差异性,货币间汇率变动会对一国对外净资产带来可正可负的效应。[①] 货币错配表明一国资产负债表和损益表对汇率变动的敏感性,这种敏感性会导致汇率风险和经济脆弱性。

在研究新兴市场国家的经济波动性以及偿还外债的困难时,艾肯格林、豪斯曼和乌戈米·巴尼查(Ugo Panizza)提出了"原罪论"(original sin)和"债务不耐论"(debt intolerance)等观点。"原罪论"是指新兴市场国家无法使用本币进行国际借贷,甚至在本国资本市场也无法使用本币进行长期借贷。如果在本国资本市场进行本币短期借贷,会造成期限错配,而利用美元或其他国际货币进行长期借贷,又会造成货币错配。佩德罗·波尔(Pedro Pou)称此现象为"魔鬼的选择"(The Devil's Choice)。"债务不耐论"是指,新兴市场国家为促进经济发展往往过度举债,但由于本国政治体制和制度环境存在缺陷,加之金融市场发展程度低,政府难以偿还外债或确保外债安全。他们还建立了新兴市场国家对外负债货币组成成分数据库,来研究新兴市场国家的货币错配问题,并发现"原罪论"能更好地解释货币错配的概念。[②]

二、币种构成调节作用

美国对外资产负债中,币种构成存在巨大差异。对外资产以外币(主要是欧洲国家货币)为主,占比大概为70%,对外负债则基本是美元,占比大概为95%。在对外资产各个资产类别下,外币占比也各不相同。对外直接投资和股票资产子项几乎全部以外币计价,但是其他资产类别大概只有17%以外币计价。图4-2展示了美国2006—2015年的对外债务本币与外币占比情况,可见美国对外负债基本以本币计价,并且以本币长期为主。当美元贬值时,对外负债几乎不变,但对外资产则会显著升值,因此对美国国际收支有着潜在的稳定效应。

① Alan Deardorff, *Terms of Trade*, *Glossary of International Economics*, 2nd Edition, Singapore: World Scientific Publishing Co. Pte. Ltd, 2014.

② Barry Eichengreen, Ricardo Hausmann and Ugo Panizza, "Currency Mismatches, Debt Intolerance and Original Sin: Why They are not the Same and Why it Matters", NBER Working Papers, No.10036, 2003.

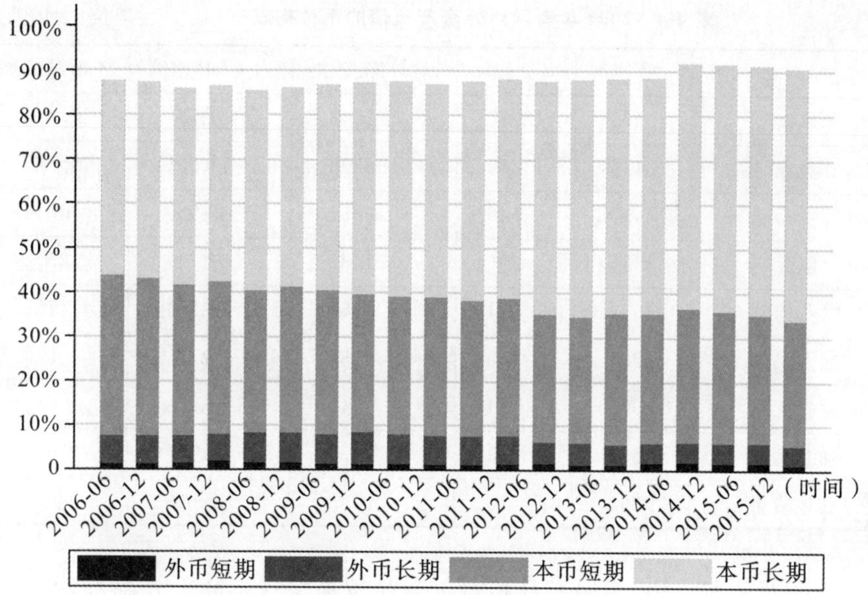

图 4-2 美国对外债务本币与外币计价比例

数据来源：美国财政部。

蒂勒曾对美国2004年对外资产及负债货币权重进行分解。由表4-4可知，2004年末，美国净国际投资头寸占当年GDP的比例为－21.7%，其中资产端美元权重为35%（$\omega_t^{ah}=3476/9973$），负债端美元权重为95%（$\omega_t^{lh}=11869/12515$）。蒂勒认为，如果一国对外资产中的外币份额高于对外负债中的外币份额，此时执行货币扩张政策，增加本币和外币的相互持有量，对于财富效应的影响就会被极度放大，本币贬值将为母国带来资本利得。

由表4-4最后一列可知，欧洲货币在美国对外资产计价币种中扮演重要角色，所占比例超过一半。其中欧元、英镑、瑞士法郎三者之和就占47%，体现了德国、英国、瑞士等西欧国家的金融中心地位。亚洲货币（包括日元在内）大概仅占20%左右，西半球各国货币大概占25%左右。欧元区及英国作为美国金融伙伴国的重要性甚至超越了其作为美国贸易伙伴国的重要性。①

① Cédric Tille,"Financial Integration and the Wealth Effect of Exchange Rate Fluctuations", *Journal of International Economics*, Vol.75, No.2, 2008, pp.283-294.

表 4-4　2004 年美国对外资产负债的币种构成　　单位：十亿美元

	资产	负债	对外净头寸	占 GDP 比例	各币种比例
总额	9973	12515	−2542	−21.7%	—
美元	3476	11869	−8393	−71.5%	—
外国货币总和	6497	646	5851	49.9%	100%
欧元	1784	296	1488	12.7%	25%
英镑	1039	71	968	8.3%	17%
瑞士法郎	304	18	286	2.4%	5%
日元	506	61	445	3.8%	8%
加拿大元	557	1	556	4.7%	9%
其他货币	2307	199	2108	18.0%	36%

美国对外贸易中，金融贸易相对于商品贸易呈现不断上升趋势，并存在本土货币偏好的特点。在贸易计价货币的选择上存在格拉斯曼法则(Grassman Law)和大国原则。表 4-5 显示了美国与其他国家的金融交易中，其他国家币种所占比例，以及该币种在美元广义贸易加权汇率指数中所占权重。

表 4-5　2004 年美国与其他国家金融贸易中外币所占比例　　单位：%

	净资产中外币所占比例	广义贸易加权汇率指数所占权重
欧洲	50.6	27.3
欧元区	25.4	18.8
英国	16.5	5.2
瑞士	4.9	1.4
其他	3.8	1.9
亚洲、大洋洲	21.1	41.1
日本	7.6	10.6
中国大陆	0.7	11.3
韩国	1.5	3.9
中国台湾	1.0	2.9

续表

	净资产中外币所占比例	广义贸易加权汇率指数所占权重
新加坡	2.0	2.1
中国香港	1.9	2.3
澳大利亚	3.0	1.2
马来西亚	0.3	2.2
菲律宾	0.2	1.1
泰国	0.3	1.4
印度	0.6	1.1
其他	2.0	1.0
西半球国家	23.1	29.8
加拿大	9.5	16.4
墨西哥	2.4	10.0
巴西	1.6	1.8
加勒比地区	8.4	0.0
其他	1.2	1.6
世界其他地区	5.1	1.6
以色列	0.5	1.0
其他中东国家	0.5	0.6
非洲	1.0	0.0
其他	3.1	0.0

数据来源：Cédric Tille, "Financial Integration and the Wealth Effect of Exchange Rate Fluctuations", *Journal of International Economics*, Vol.75, No.2, 2008, pp.283-294.

为了研究各国资产负债波动的原因，蒂勒将世界简化为仅包括美国、欧洲、亚洲的"三国模型"，并且仅适用三种货币——美元、欧元和日元。他还计算了在模型所代表的世界贸易中各币种所占的比例（见表 4-6）并得出结论：第一，总贸易流量导致各国资产负债积累；第二，累积的净头寸会产生利息支付；第三，汇率波动会影响不同货币计价的各国资产负债头寸的价值。[①]

① Cédric Tille, "Financial Integration and the Wealth Effect of Exchange Rate Fluctuations", *Journal of International Economics*, Vol.75, No.2, 2008, pp.283-294.

表 4-6　三国模型中总贸易流的货币组成

	美元计价	欧元计价	日元计价
美国出口到欧洲	50%	50%	0%
美国出口到亚洲	85%	0%	15%
欧洲出口到美国	100%	0%	0%
欧洲出口到亚洲	35%	50%	15%
亚洲出口到美国	100%	0%	0%
亚洲出口到欧洲	20%	80%	20%

数据来源：Cédric Tille, "Financial Integration and the Wealth Effect of Exchange Rate Fluctuations", *Journal of International Economics*, Vol.75, No.2, 2008, pp.283-294.

从全球层面来看，国际债券币种配置中大约一半以欧元计价，这主要源于欧盟内部高水平的跨境金融交易；美元居于第二位，占比大约为 30%；日元居于第三位，从 2004 年的占比 8.8%下降为 2014 年的 5.3%；英镑和瑞士法郎占比较为稳定，截至 2014 年分别为 2.6%和 2.4%。除以上五种国际货币，其他所有币种都被归为其他货币类别。其他货币占比从 2004 年的 5.0%上升至 2014 年的 10.5%，这是由于全球投资者越来越倾向于持有新兴经济国家货币计价的债券。总体来看，发达国家持有债券的币种构成中，大约 49%为欧元，30.4%为美元；而新兴市场国家持有债券的币种构成中，大约 60%为美元，22%为其他货币。①

三、汇率指数调节作用

由传统的实际贸易加权汇率指数可知，1979 年后美元指数不断攀升，并在 1984 年末达到最高点（见图 4-3）。此后美元迅速贬值，美元指数开始不断走低，直至 1994 年末又开始上升。2001 年互联网经济泡沫破灭后，美元指数再度走低，直至 2010 年到达最低点，之后又进入新一轮升值周期。

① Vahagn Galstyan, Philip R. Lane, Caroline Mehigan and Rogelio Mercado, "The Holders and Issuers of International Portfolio Securities", NBER Working Paper, No.22466, 2016.

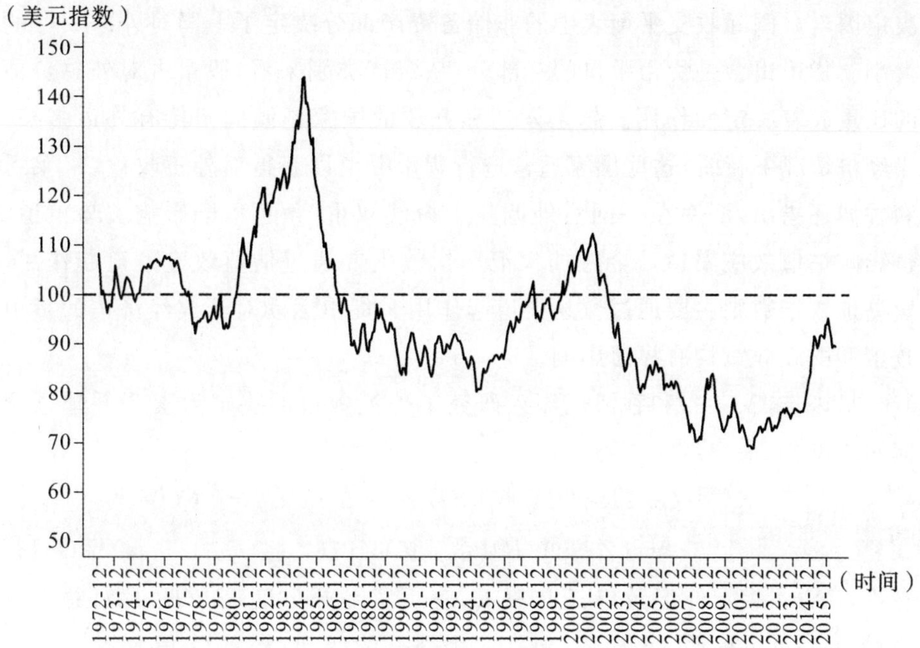

图 4-3 美元实际贸易加权汇率指数

数据来源:圣路易斯联储。

莱恩和香博建立了 1990—2004 年主要国家外币敞口数据库。外汇敞口,也叫汇率敞口(exchange rate exposure),可以理解为外汇收支不平衡,其主要原因在于对外资产负债的货币错配以及外币利息差。当存在外币敞口时,汇率变动会形成汇率风险,影响一国对外净头寸的价值,还影响当期以及未来时期收入支付流的变动。美国投资以外币计价的债券具有风险分担特性,当投资者受制于汇率风险时,来自资产多元化的资本利得就会受到限制。①

莱恩和香博还创立了金融加权汇率指数(详见本书附录 B),来进一步研究货币运动的财富效应。② 他们指出,净国际投资头寸是总外币敞口的重要

① John Burger and Francis Warnock, "Foreign Participation in Local-Currency Bond Markets", Board of Governors of the Federal Reserve System, International Finance Discussion Paper, No.794, 2004.

② Philip R. Lane and Jay C. Shambaugh, "Financial Exchange Rates and International Currency Exposures", *American Economic Review*, Vol.100, No.1, 2010, pp.518-540.

决定因素。国际收支平衡表中的非储备资产部分决定了一国对外净头寸的大小。货币组合是货币敞口的一部分,从资产类别来看,股票占对外总负债的比重起着决定性作用。越是发达和开放的国家越倾向于持有外币多头,当经济情况下行时,这些国家通常进行货币贬值以获得对外正收益。[①] 莱恩和香博还指出,汇率在一国对外调整中扮演双重"角色",既影响贸易渠道,也影响估值效应渠道。金融加权汇率指数主要通过估值效应渠道起作用,贸易加权指数则主要通过贸易渠道起作用。货币运动对开放经济体的货币政策和财政政策均有显著影响。

贝内特斯、莱恩和香博还深入研究了外汇敞口的决定因素[②],并建立了回归模型:

$$FX_{it}^{AGG}=\beta_0 TRADE_{it}+\beta_1 SIZE_{it}+\beta_2 VOL_{it}+\beta_3 COV_{it} +\gamma Z_{it}+\lambda GDP_{it}^{PC}+\theta Y_t+\varepsilon_{it} \quad (4\text{-}13)$$

其中,FX_{it}^{AGG}表示外汇敞口;$TRADE_{it}$表示贸易开放度;$SIZE_{it}$是对总人口取对数;VOL_{it}表示一个向量,包括三个部分的变动:真实 GDP 增长率的标准误、通货膨胀率、名义有效汇率;COV_{it}是 GDP 增长率和名义有效汇率变动的协方差;Z_{it}也表示一个向量,包括四个部分的变动:制度质量、资本账户开放程度、是否为盯住汇率国的虚拟变量,是否为欧元区国家的虚拟变量;GDP_{it}^{PC}表示对人均 GDP 取对数,Y_t表示 1996、2000、2004、2007、2012 年这五个年份的虚拟变量。研究结果发现:大型开放经济体在经济下行时通过汇率贬值,对对外净头寸产生正效应;而汇率不断波动的国家,则对对外净头寸产生负效应。制度完善的国家倾向于持有外币多头来有效地对冲本国产出的波动性。欧元区国家对外净头寸受到显著负效应的影响,资本管控的国家对外净头寸受到显著正效应的影响。

美国调整汇率是为了保持进出口平衡或者提高竞争优势,而调整利率通常是为了刺激投资与经济增长或者遏制投资与控制通货膨胀。保罗·伯

① Philip R. Lane and Jay C. Shambaugh, "The Long or Short of It: Determinants of Foreign Currency Exposure in External Balance Sheets", *Journal of International Economics*, Vol.80, No.1, 2010, pp.33-44.

② Agustín S. Bénétrix, Philip R. Lane and Jay C. Shambaugh, "International Currency Exposures, Valuation Effects, and the Global Financial Crisis", NBER Working Paper, No.20820, 2015.

金(Paul R. Bergin)和史蒂芬·谢弗林(Steven M. Sheffrin)引入了随时间变化的利率因素,认为利率与汇率通过外来冲击共同影响一国经常账户均衡。他们将利率和汇率加入到跨期经常账户模型中,提高了模型的拟合程度,更好地解释了经常账户的波动性。[①] 莱恩和费雷蒂在研究了新型开放宏观经济模型中的传递效应(transfer effect)后指出,当控制贸易条件不变时,跨国及跨时间序列的研究表明,一国对外净资产和真实汇率[②]存在长期相关关系。传递效应大小还随真实汇率测量方式不同而变化[③],基于居民消费物价指数(CPI)计算真实汇率产生的效果要比基于批发物价指数(WPI)计算真实汇率产生的效果更明显。[④] 费尔南多·布罗内尔(Fernando Broner)则以拉丁美洲国家的真实汇率为样本进行协整回归分析。模型中的因变量是真实汇率(基于CPI计算),自变量主要有两个:分别是CPI指数/WPI指数和NFA/GNP。模型结果表明,一国对外净资产通过对贸易条件起作用来影响真实汇率。[⑤] 著名的"巴拉萨-萨缪尔森效应"(Balassa-Samuelson Effect)指出非贸易品相对价格是真实汇率的主要内源性成分。一国经济增长率越高,实际工资增长率越高,真实汇率上升就越快。尤其当贸易部门相对于非贸易部门生产率提高,整体范围的实际工资水平将提高,使非贸易品相对价格上升,从而影响真实汇率。高速成长的经济体一般会出现本币对外升值的情况,使经济增长率和真实汇率同时提高,从而产生"强势的经济+强势的货币"现象。

---

① Paul R. Bergin and Steven M. Sheffrin, "Interest Rates, Exchange Rates and Present Value Models of the Current Account", *The Economic Journal*, Vol.110, No.463, 2000, pp.535-558.

② 真实汇率是相对于名义汇率而言的一个概念,名义汇率是两国相对价格的表达形式,而真实汇率是指两国商品实际价格,即两国货币实际币值进行对比的形式。戈德费恩和瓦尔德斯研究发现真实汇率调整一般通过名义汇率调整渠道进行,见 Ilan Goldfajn and Rodrigo Valdés, "The Aftermath of Appreciations", *The Quarterly Journal of Economics*, Vol.114, No.1, 1999, pp.229-262.

③ 传递效应大小还与国家特点有关,比如贸易开放程度、人均产出、国家规模、对外负债的组成成分、对外支付系统的限制条件等;与资产类别也有关,比如,股票融资比债券融资更能减少传递效应规模。

④ Philip Lane and Gian Maria Milesi-Ferretti, "The Transfer Problem Revisited: Net Foreign Assets and Real Exchange Rates", IMF Working Paper, WP/00/123, 2000.

⑤ Fernando Broner, Norman Loayza and Humberto López, "Misalignment and Fundamentals: Equilibrium Exchange Rates in Seven Latin American Countries", Mimeo, World Bank, 1997.

四、美元贬值调节作用

通常来讲,美元贬值时估值效应为正,美元升值时估值效应为负。美元贬值的目的不是为了改变美国经常账户逆差的状况,而是凭借美元国际货币本位币地位,通过币值重估和财富转移效应,弥补日益扩大的经常账户赤字和财政赤字。美元通过温和贬值方式调整外部失衡时的风险最小。

通过观察美元与相对更加稳定的马克—欧元(1999年之前为马克,之后为欧元)的汇率波动,可以看到美国货币政策的许多不稳定表现。当美元处于弱势并不断下跌的时期,热钱就会逃离美国,导致美国国内货币需求下降。美元每一次贬值都会引起世界大宗商品和资产价格的高涨。"弱势美元"政策产生了四次冲击,分别为1971—1973年的"尼克松冲击"、1977—1978年的"卡特冲击"、2003—2004年的"格林斯潘—伯南克冲击"、2008—2012年的"伯南克冲击"。

20世纪60年代末,由于越南战争巨额军费开支以及国内支出的巨大压力,美国通货膨胀率开始大幅上升,但联邦政府没有选择提高利率来控制通胀水平,而是在维持宽松货币政策的同时,要求其他发达国家对美元升值。当时的尼克松政府开始对出口美国的工业制造品征收高额关税,这就是始于1971年的"尼克松冲击"。由图4-4可知,"尼克松冲击"后,美元开始大幅贬值。1971年12月《史密森协议》签署后,各主要发达工业国货币均被迫对美元升值10%—20%。"尼克松冲击"引起了20世纪70年代的世界性通货膨胀。1975—1976年的世界性经济衰退,使全球通胀问题得到暂时缓解。当时的卡特政府却深受"汇率决定国际收支"观念的束缚,从1976年末开始推动新一轮美元对各国货币尤其是日元的贬值,随即引起新一轮热钱外逃,各国美元外汇储备急剧上升,第二次世界性通货膨胀爆发。最终在1978年10月,各主要发达工业国家通过实际或威胁干预汇率市场的联合行动避免了美元进一步下跌,此即"卡特冲击"。

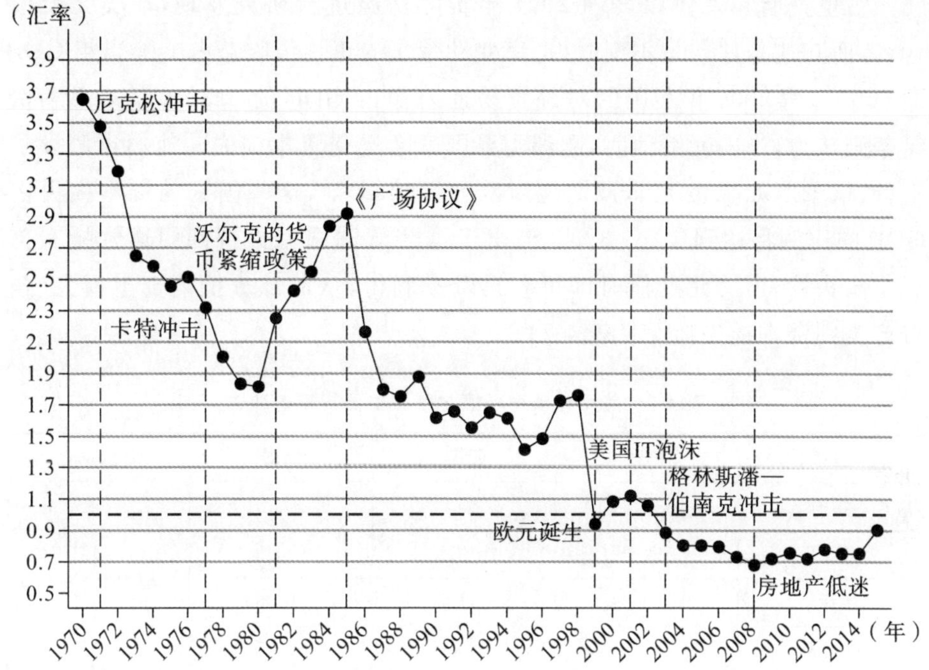

图 4-4　美元兑德国马克—欧元汇率

数据来源：美联储经济数据。

2001 年美国互联网泡沫破灭后，由于担心通货紧缩，美联储将联邦基金利率维持在 1%的低水平。美国过度宽松的货币政策，使得规模较大的新兴市场国家的经济遭受极大冲击，表现为热钱大量涌入以及过度流动性导致的商品价格泡沫。各国央行不得不采取大规模冲销操作来抑制泛滥的流动性。这就是“格林斯潘—伯南克冲击”。次贷危机后，发达国家纷纷将短期利率维持在极低水平。2008 年末，美国短期银行间同业拆借利率就已经降到接近于零的低水平。欧元、英镑的短期利率在 2009 年中期下降到 1%以下，而日本早在 20 世纪 90 年代就已经陷入零利率的流动性陷阱。美联储还推行刻意压低长期利率的量化宽松政策。2011 年，英国和德国的 10 年期国债利率降至接近 2%的水平，日本的 10 年期国债利率则跌至 1%的水平。这些现象统称为“伯南克冲击”。①

---

① 参见[美]罗纳德·麦金农：《失宠的美元本位制：从布雷顿森林体系到中国崛起》，第 38—51 页。

古里查斯和雷伊以美国 2004 年实际情况进行研究发现，当美元贬值 10%，而其他条件保持不变时，汇率变动带来的正估值收益占美国当年 GDP 的 5.9%，而 2004 年美国的对外贸易逆差额占 GDP 的 5.3%。① 莱恩和费雷蒂则认为，当美元贬值时，欧洲主要国家会遭受资本损失。他们还假设了一种“情景”，如果美元非预期地对欧元贬值 20%，这些国家的资本损失占 GDP 的比例将达到 1%—3%。但由于这些欧洲国家银行部门通常持有美元空头头寸，当美元贬值时即可获得资本利得，从而部分抵消资本损失（各资产类别资本损失情况见表 4-7）。②

表 4-7 美元非预期贬值对欧洲主要国家的冲击 单位：%

国家	FDI	股票	债券	银行部门
德国	−1.5	−0.5	−0.9	−0.9
英国	−2.2	−3.2	−1.9	4.3
法国	−1.8	−1.1	−0.03	0.9
意大利	−0.3	−0.8	−0.05	0.5
奥地利	−0.3	−1.1	−0.6	0.6
比利时	−1.0	−0.8	−3.4	0.4
芬兰	−0.8	−0.7	−0.9	0.6
希腊	−0.1	−0.2	−0.1	n/a
爱尔兰	−2.1	n/a	n/a	1.9
卢森堡	−0.2	n/a	n/a	−19.4
荷兰	−4.5	−6.2	−6.2	−0.5
葡萄牙	−0.2	−0.2	−0.2	0.6
西班牙	−0.9	−0.2	−2.1	0.3
丹麦	−1.5	−1.6	−4.4	n/a
瑞典	−1.3	−1.5	−4.1	2.6

① Pierre-Olivier Gourinchas and Hélène Rey, “From World Banker to World Venture Capitalist: US External Adjustment and the Exorbitant Priviledge”, NBER Working Paper, No.11563, 2005.

② Philip R. Lane and Gian Maria Milesi-Ferretti, “Europe and Global Imbalances”, *Economic Policy*, No.22, 2007, pp.519-573.

续表

国家	FDI	股票	债券	银行部门
挪威	−3.2	−2.3	−6.0	n/a
瑞士	−0.4	−2.6	−6.4	−1.9

注：1.以上数值表示占 GDP 的比例。

2.n/a＝无数据。

第三节　价格变动对估值效应的影响

美国对外资产以对外直接投资和股票等高风险高收益的股本类资产为主，对外负债则以安全性和流动性强的债券等债务类资产为主。股本类资产是美国净收益增长的主要来源，而债务类资产是美国吸引外部资本流入的主要手段。资产价格变动对估值效应的影响与一国金融市场发展程度，尤其是股票市场发展情况紧密相关。资产价格的波动和数量依赖于资产供给曲线及需求曲线的弹性。短期来看，供给曲线缺乏弹性，而需求曲线弹性越强，数量就越容易受到供给冲击的影响。本节主要分析美国金融市场发展程度、金融交易的信息不对称性、资产价格传导机制等如何影响资产价格变动，并最终影响估值效应。最后还综合对比汇率变动和资产价格变动对估值效应的影响程度。

一、金融市场发展程度

布雷顿森林体系解体后，伴随全球金融一体化，金融规模不断赶超实体经济，金融业占 GDP 的比例不断上升。金融体系内部交易增长速度也快于实体经济，家庭和公司部门更多地借贷，杠杆率随之增加。国际市场上，金融衍生品交易规模急剧扩大，外汇资金交易量增长快于实际贸易量，资本流动总额增长快于外商直接投资。银行资产负债表中，实体经济中的家庭与公司部门存贷款不再占据主导地位，取而代之的是对其他金融机构的债权和债务。全球金融一体化反映了全球金融深化程度，也是各国逐步加入全球资本市场的过程。过去几十年，金融资产负债增速远远超过 GDP 增速，美国输入商品并输出金融资产和服务在其中起主导作用。奥伯斯法尔德和罗格夫指出，商品贸易程度和国际金融收益多元化之间存在紧密联系。[①]

伴随金融市场自由化，金融体系可通过将资产高度杠杆化以及期限转换等途径来增加附加值，美国对外净头寸开始呈现长期衰减趋势。克里斯廷·福布斯(Kristin J. Forbes)认为，一国金融市场发展程度越低，对美国金融市场的依赖程度就越高。[②] 恩里克·蒙东萨(Enrique G.Mendoza)等研究指出，金融市场越发达的国家越倾向于在长期过程中逐渐积累对外债务。美国净出口及经常账户失衡与金融市场发展指标显著负相关。[③] 钦和伊藤采用1986—2005年19个发达国家及70个发展中国家的数据，利用多元回归方程来研究金融市场，并得出结论：国内私人部门信贷规模以及股票市场资本化程度与经常账户密切相关，发达国家金融市场规模与经常账户变动呈现负相关关系，而发展中国家金融市场规模与经常账户变动则呈现正相关关系，但发展中国家金融开放程度与经常账户变动呈现负相关关系。[④]

布雷顿森林体系解体后，尽管国际货币体系缺少正式的协议安排，但美国依然保持核心地位，国际收支平衡表虽经历复杂变动，但流动性转换和期限转换功能保持不变。美国既对外借出投资贷款一类的中长期资产，也输出美元流动性这种期限较短的债务。美国作为国际货币本位币的提供者，还享受一种“流动性折扣”(liquid discount)，即在国际债券市场上支付较少的费用进行投融资活动。[⑤]

资产组合平衡理论(portfolio balance theory)强调了市场不完全性以及资产不可完全替代性。帕特里克·基欧(Patrick J. Kehoe)和法布里齐奥·佩里(Fabrizio Perri)在考虑可预期收益、财富效应等条件后，验证了内生的

---

① Maurice Obstfeld and Kenneth Rogoff, “The Six Major Puzzles in International Macroeconomics. Is There a Common Cause?” *NBER Macroeconomics Annual*, Vol.15, 2000, pp.339-390.

② Kristin J. Forbes, “Why do Foreigners Invest in the United States?” *Journal of International Economics*, Vol.80, No.1, 2010, pp.3-21.

③ Enrique G. Mendoza, Vincenzo Quadrini and Jose-Victor Rios-Rull, “Financial Integration, Financial Deepness and Global Imbalances”, NBER Working Paper, No.12909, 2007.

④ Hiro Ito and Menzie Chinn, “East Asia and Global Imbalances: Saving, Investment, and Financial Development”, NBER Working Paper, No.13364, 2007.

⑤ 参见李晓、周学智:《美国对外负债的可持续性:外部调整理论的扩展》,《世界经济》2012年第12期。

市场不完全性问题。[①] 豪和雷伊利用股票流量、股票收益率以及汇率三个变量的月度数据，证明了资产组合平衡模型的合理性。[②] 奥利维尔·布兰查德(Olivier Blanchard)利用资产组合平衡模型验证了不同国家资产的不可完全替代性。[③] 迈克尔·德弗罗(Michael Devereux)和斋藤诚(Makoto Saito)则验证了国际资本流动中各种不同资产的投资组合分配模型。[④]

莱恩和费雷蒂还重点研究了国际投资地理区位与金融交易的关系，并解释金融市场摩擦如何影响金融交易的结构。他们重点解释了在跨国股票投资中，造成不同资金来源国在目标国的资金分配权重不同的双边因素。比如，相距较远的国家互相投资少，使用股票资本的成本较高。地理区位还塑造了金融风险规避的类型。比如A、B两国同时在C国投资，但A国所投资金权重远高于B国，当C国面临负向经济冲击时，对A国造成的负面影响也会高于B国。双边金融紧密程度不仅影响资产价格相关性和经济周期同步性，还影响双边真实汇率：如果A、B两国相互持有金融资产，而C国处于孤立，则可以预期A国(或B国)与C国的双边真实汇率波动程度要高于A国与B国。[⑤] 莱恩和费雷蒂还研究了离岸金融中心对股票投资的影响。统计数据显示，离岸金融中心掌控了比利时和意大利超过40%的总股票资产，德国这一比例为27.4%，而美国为12.3%。离岸金融中心的股票负债占各国总股票负债的比例：美国为16.8%，英国为10.9%，德国为15.3%，开曼群岛为16.6%。[⑥]

---

① Patrick J. Kehoe and Fabrizio Perri, "International Business Cycles with Endogenous Incomplete Markets", *Econometrica*, Vol.70, No.3, 2002, pp.907-928.

② Harald Hau and Hélène Rey, "Can Portfolio Rebalancing Explain the Dynamics of Equity Returns, Equity Flows and Exchange Rates", *American Economic Review*, Vol.94, No.2, 2003, pp.126-133.

③ Olivier Blanchard, Francesco Giavazzi and Filipa Sa, "International Investors, The U.S. Current Account, and The Dollar", *Brookings Papers on Economic Activity*, Vol.71, No.1, 2005, pp.1-49.

④ Michael Devereux and Makoto Saito, "A Portfolio Theory of International Capital Flows", Mimeo, University of British Columbia, 2005.

⑤ Kristin J. Forbes and Menzie D. Chinn, "A Decomposition of Global Linkages in Financial Markets Over Time", NBER Working Paper, No.9555, 2003.

⑥ Philip R. Lane and Gian Maria Milesi-Ferretti, "International Investment Patterns", IMF Working Paper, WP/04/134, 2004.

二、信息不对称的影响

资产价格变动与金融交易的信息不对称性有直接关系。“有效市场假说”和“理性预期假说”为此提供了理论支撑。

“有效市场假说”认为如果金融市场中的证券价格充分而又理性地反映了所有可得信息，而且价格变化反映了新的可得信息，而不是已有信息的分析或非理性情绪的影响，该市场就是有效金融市场。但人类不是完全理性的，即便是市场不完美性也会产生不稳定的金融市场，使之明显偏离均衡水平。经济学家罗伯特・希勒(Robert J. Shiller)指出，20 世纪股市波动性太大，难以用可信的现金流变化来解释。这直接驳斥了有效市场理论所认为的股票价格基于预期现金流的假说。[①] 资本市场不完美性还体现在其不能对冲所有类型的金融风险。[②]

“理性预期假说”认为经济主体的决策是基于它对未来可能结果的概率分布所做的理性评估，且评估时考虑了所有可获得的信息。理性预期假说认为，一个自由市场总是产生根本上正确的价格，价格持续有效地反映所有可获得的信息。“理性预期假说”与人类实际决策过程以及人脑工作方式存在冲突。因为决定未来经济走势的，并不是用数学方法计算的各种可能结果的概率分布，而是固有的不确定性。正如凯恩斯所言：“人类决策影响未来，无论是个人决策、政治决策还是经济决策，都不能依赖严格的数学预期，因为此类计算的基础不存在。”[③]金融市场注定会受到无效率和集体非理性的影响，尤其是股票价格、债券价格和收益率总体水平会明显偏离理性均衡水平。

20 世纪 80 年代以来，外国对美投资从外国私人投资者对美国股票的需求转变为外国央行及政府对美国债券的需求。罗格夫曾指出减少对债券资产的依赖性而增加对股票等权益类资产的依赖性，会使国际金融系统变得更具有弹性。国家之所以较少地依赖于短期债券，而更多选择长期债券或

---

① Robert J. Shiller, *Market Volatility*, Cambridge, MA: MIT Press, 1992.

② Steven Davis, Jeremy Nalewaik and Paul Willen, “On the Gains to International Trade in Risky Financial Assets”, Mimeo, Chicago Graduate School of Business, 2001.

③ J. M. Keynes, “The General Theory of Employment, Interest and Money”, Vol.7, *The Collected Writings of J.M.Keynes*, London: Macmillan, 1973, pp.162-163.

股票，除了可能的税收或政策导向的扭曲外，主要原因在于金融交易中信息的摩擦性和不对称性。伊恩·库珀(Ian Cooper)和艾威·卡普兰尼斯(Evi Caplanis)认为信息障碍会导致国家之间投资成本的变动。信息障碍通常由语言、文化联系以及制度差异性引起。① 完全信息条件下，莫迪利亚民-米勒定理(Modigliani-Miller Theorem)证明，在任何资本结构下，企业无论是以股权融资还是债权融资，都不会影响自身市场总价值。但是非对称性信息、税收、代理人问题、公司控制权等因素会决定企业是选择股权融资还是债权融资。理查德·波兹(Richard Portes)和雷伊认为信息不对称、股票投资流量、投资目标国股票市场存量规模，是国际股票流量的主要决定因素。② 莱恩和费雷蒂则认为不对称信息和金融摩擦是影响双边股票投资的重要因素。③

关于信息不对称性的另一个重要阐释是"柠檬原理"④。由于投资者会对任何想要卖出股票的公司的经营情况产生怀疑，所以股票都会被过低定价。根据"柠檬原理"，生产率高的公司倾向于确保债权而非股权。但是由于不确定性的存在(比如公司可能破产)，会导致公司股权融资的倾向，以此来分担风险。上升到国家角度来说，股权投资也更加有利于风险分担。因为当一国经济面临负向冲击时，外国投资者也必须承担一部分责任。但对于债权投资来说，当危机发生时，债券价格往往会升高，反而加重国内投资者负担。⑤

---

① Ian Cooper and Evi Kaplanis, "Costs to Crossborder Investment and International Equity Market Equilibrium", in Jeremy Edwards, Julian Franks, Colin Mayer and Stephen Schaefer eds., *Recent Development in Corporate Finance*, Cambridge: Cambridge University Press, 2004, pp.209-240.

② Richard Portes and Hélène Rey, "The Determinants of Cross-Border Equity Flows: The Geography of Information", New Jersey: Princeton University, 2003.

③ Maurice Obstfeld and Kenneth Rogoff, "The Six Major Puzzles in International Macroeconomics. Is There a Common Cause?" *NBER Macroeconomics Annual*, Vol.15, 2000, pp.339-390.

④ 由经济学家乔治·阿克洛夫1970年提出，"柠檬"在美国俚语中表示"次品"，柠檬原理主要指在次品市场上，卖者知道产品的确切价值，而买者却不知道产品的确切价值。买者只愿意根据他所知道的平均质量来决定支付的价格，这个价格将使质量低的卖者愿意成交，质量高的卖者由于不能得到同质量相称的价格而退出市场。

⑤ Philip R. Lane and Gian Maria Milesi-Ferretti, "External Capital Structure: Theory and Evidence", IMF Working Paper, WP/00/152, 2000.

三、资产价格影响机制

世界经济本质上具有不确定性。无论经济政策是通胀目标制、赤字目标制还是债务目标制，只有产生正面效应才是好的宏观准则。在宏观审慎原则下，金融资产资格受资本流入、股票交易、资产持有“本土偏好”以及金融风险等一系列因素的显著影响。

（一）资本流入

资产价格受到资本流入的显著影响。以新兴市场国家为例，资本流入通常和国内资本市场规模相关，并对资产价格产生影响。资本流入除了助推经济增长，也导致新兴市场国家借入大量外债，并带来国内信贷市场繁荣和资产价格泡沫。资产价格变动一般通过两个渠道：其一是资本流入直接影响投资者对资产的需求，从而影响资产价格；其二是在固定汇率制度或盯住汇率制度下，如果美国实行量化宽松的货币政策，新兴市场国家为了维持固定汇率，必须增加货币供应量，使货币流向资产市场并带来资产价格上升。田口宏幸（Hiroyuki Taguchi）等利用新兴市场国家数据研究发现，证券投资资本流入对样本经济体的股票价格有显著正向影响。[①] 海尔特·贝卡尔特（Geert Bekaert）和坎贝尔·哈维（Campbell Harvey）使用资产价格模型研究了新兴市场国家股票交易所整合进入全球市场的日期特点。[②] 玛丽安·邦德（Marianne Bond）、[③]本特·索伦森（Bent E. Sorensen）和奥维德·约萨（Oved Yosha）则建立了国家之间投资收益流的模型。[④]

据伦敦跨境资本研究公司报告显示，1975—1984 年，平均来看，银行贷款占主要工业国家资本流入额的 60.3%，资本流出额的 39.5%；股票类资产占资本流入额的 6.1%，资本流出额的 9.5%。1985—1994 年，数据发生

---

① Hiroyuki Taguchi, Pravakar Sahoo and Geethanjali Nataraj, “Capital Flows and Asset Prices: Empirical Evidence from Emerging and Developing Economies”, *International Economics*, Vol.141, 2015, pp.1-14.

② Geert Bekaert and Campbell Harvey, “Foreign Speculators and Emerging Equity Markets”, *Journal of Finance*, Vol.55, 2000, pp.565-613.

③ Marianne Bond, “A Model of International Investment Income Flows”, IMF Staff Papers, Vol.23, 1977, pp.344-379.

④ Bent E. Sorensen and Oved Yosha, “International Risk Sharing and European Monetary Unification”, *Journal of International Economics*, Vol.45, 1998, pp.211-238.

了显著变化。银行贷款占资本流入额的16.3%,资本流出额的8.3%;股票类资产占资本流入额的31.6%,资本流出额的35.9%。1975年,美国跨境股票和债券交易额占GDP的4%,而20世纪90年代初期已达到GDP的100%,2000年则飙升到占GDP的245%。[①]

(二)股票交易

股票和对外直接投资等股权类资产的价格变动对估值效应起主要作用,而债券资产的价格变动对估值效应的作用不明显。美国对外股权类资产基本以外币计价,并且按照摩根士丹利全球股权指数计算,而对内股权类资产则按照标准普尔500指数进行重估。对外股票投资能增强本国金融市场发展的广度和深度,发达国家及拥有"股票文化"(stock culture)传统的国家持有最大比例的外国股票头寸。国家间股票投资与双边商品贸易类型、是否拥有共同语言、是否拥有共同法律起源等因素相关。艾伦·阿赫恩(Alan Ahearne)和威廉姆·格里弗(William Griever)则认为金融摩擦力是解释美国股票资产估值变动的重要因素。[②] 当美国经济强于其他国家时,美国股市行情看涨,外国在美国股市投资收益将好于美国在外国股市的投资收益,因此资产价格变动引起的估值效应不利于美国外部调整。而当美国经济弱于其他国家时,外国股市好于美国,此时资产价格变动引起的估值效应有利于美国外部调整。

莱恩和费雷蒂通过对67个国家的固定效应面板数据分析,阐释了影响两国股票投资的因素。两国距离、是否拥有共同语言、是否为关税同盟,在5%的水平上显著相关;双边进口规模、GDP增长率相关性、股票收益率相关性、资金来源国的GDP增长率与投资目标国的真实股票收益率相关性、是否拥有共同的法律体系在1%的水平上显著相关。总股票资产与人均GDP在1%的水平上显著相关,与本国股票市场资本总额在5%的水平上显著相关,而总股票负债与本国股票市场资本总额在1%的水平上显著相关,与是

---

① Harald Hau and Hélène Rey, "Exchange Rates, Equity Prices, and Capital Flows", *Review of Financial Studies*, Vol.19, No.1, 2006, pp.273-317.

② Alan Ahearne, William Griever and Francis Warnock, "Information Cost and Home Bias: An Analysis of US Holdings of Foreign Equities", *Journal of International Economics*, Vol.62, 2004, pp.313-316.

否为金融中心、是否为中东国家两个虚拟变量在5%的水平上显著相关。①

法比奥·吉洛尼(Fabio Ghironi)等利用动态随机一般均衡模型(DSGE)检验了不完全资产市场中,国际股票交易的调整渠道。研究表明,如果将股票定义为生成经济中对公司利润的权益,分散化股票市场均衡模式并没有提供完美的风险分担模式。当给定一个稳态的对外总资产头寸和一个标准差的生产冲击时,估值变动会受到金融摩擦力、冲击持续性、本国商品和外国商品可替代性等因素的影响。② 贝努瓦·梅塞尔(Benoît Mercereau)建立了股票市场对经常账户影响的模型,并证明经常账户均衡受最优证券组合投资和代理机构消费储蓄选择倾向的影响。③ 亨宁·博恩(Henning Bohn)和琳达·特萨(Linda Tesar)利用月度数据证明美国投资者购买国外股票时,具有利益追逐(return-chasing)特性。④ 但理查德·宝兹(Richard Ports)和雷伊研究14个发达国家股票交易的年度数据并未发现利益追逐的特性。⑤ 乔斯·菲亚(Jos'e L. Fillat)和斯特凡尼亚·加雷托(Stefania Garetto)认为,跨国公司比非跨国公司在股票市场上具有更高的收益率和投资回报率,而在非跨国公司中,出口企业比本土企业具有更高的收益率和投资回报率。⑥

(三)资产持有的"本土偏好"

奥伯斯法尔德和罗格夫曾总结了国际宏观经济学六大难题,分别是贸易本土偏好之谜、Feldstein-Horioka 储蓄-投资之谜、French-Poterba 股票交易本土偏好之谜、Backus-Kehoe-Kydland 消费关联之谜、购买力平价之谜、汇率无关之谜。汇率无关之谜又包括两部分:Meese-Rogoff 汇率预测难题

---

① Philip R. Lane and Gian Maria Milesi-Ferretti, "International Investment Patterns", IMF Working Paper, WP/04/134, 2004.

② Fabio Ghironi, Jaewoo Lee and Alessandro Rebucci, "The Valuation Channel of External Adjustment", NBER Working Paper, No.12937, 2007.

③ Benoît Mercereau, "The Role of Stock Markets in Current Account Dynamics: A Time-Series Approach", IMF Working Paper, WP/04/50, 2004.

④ Henning Bohn and Linda Tesar, "U.S. Equity Investment in Foreign Markets: Portfolio Rebalancing or Return Chasing?" *American Economic Review*, Vol.86, 1996, pp.77-81.

⑤ Richard Ports and Hélène Rey, "The Determinants of Cross-Border Equity Flows", *Journal of International Economics*, Vol.65, 2005, pp.269-296.

⑥ Jos'e L. Fillat and Stefania Garetto, "Risk, Returns, and Multinational Production", *Quarterly Journal of Economics*, Vol.130, No.4, 2015, pp.2027-2073.

和 Baxter-Stockman 汇率制度中性难题。① 其中,本土偏好难题(home bias puzzle)有利于解释一国在国外金融市场的投资程度,尤其在股票投资方面。股票持有的本土偏好可能与消费的本土偏好有关。本国股票的吸引力依赖于劳动者收入与股息收入的相关性。②

全球金融一体化造成了国家间资产负债规模迅速膨胀,杠杆式投资则引起国家间巨额财富转移。世界各国对资产持有普遍存在本土偏好,产生对资产需求的非对称性冲击,并导致资本市场上巨大的相对价格调整。比如,如果其他国家对美国商品需求下降,会导致美国经常账户赤字,美国相对于其贸易伙伴国来说,国民财富就会减少。其他各国由于存在本土偏好,会主要在国内进行投资,则美元必须贬值以使资产市场出清。短期来看,对经常账户的负向冲击将导致汇率下跌。标准投资组合再平衡理论(standard portfolio rebalancing theory)也证实在此种情况下,国家需要预期货币贬值来恢复长期均衡。③ 本土偏好对极度依赖外国资金的国家产生负面影响。以欧元区为例,虽尚未出现明显的货币风险,但内部借贷成本出现巨大分化。任何货币联盟的成功取决于内部资本的自由流动,不管这种流动是市场力量还是政府转移的结果。欧元区内部的本土偏好剥夺了单个市场的收益,而近十多年来南欧国家毫无起色的失衡调整更加重了这种倾向。

帕特里克·霍诺根(Patrick Honohan)和莱恩认为商品市场开放性可以增加跨境金融交易的意愿,减少金融交易的本土偏好难题。④ 莱恩和费雷蒂指出,人均收入会影响一国参与国际金融交易的倾向性。人均收入越高,越不倾向于规避风险。通常来讲,国际投资比国内投资风险性更高,所以人均

---

① Maurice Obstfeld and Kenneth Rogoff, "The Six Major Puzzles in International Macroeconomics: Is There a Common Cause?" *NBER Macroeconomics Annual*, Vol.15, 2000, pp.339-390.

② Charles Engel and Akito Matsumoto, "Portfolio Choice in a Monetary Open-Economy DSGE Model", Mimeo, University of Wisonsin, 2005; Jonathan Heathcote and Fabrizio Perri, "The International Diversification Puzzle is not as bad as you think", Mimeo, New York University, 2005.

③ Pierre-Olivier Gourinchas and Hélène Rey, "International Financial Adjustment", *Journal of Political Economy*, Vol.115, No.4, 2007, pp.665-703.

④ Patrick Honohan and Philip R. Lane, "Where do the Irish Invest?" *Irish Banking Review*, 2000, pp.12-23.

收入增高会提升国际金融交易程度和国家间互相持有资产量。[①] 传统观点认为，一国股票市场强劲增长必然带动货币升值。豪和雷伊则发现，外国在本国的股票投资收益（以本国货币计价）和汇率收益存在负相关关系。当股票市场为负收益时，外国投资者将获得正汇率收益。这种自发的对冲机制可以降低股票投资的本土偏好，增强国际股票市场上的风险分担。[②]

（四）风险特性

不同资产类别的风险特性具有差异性。对外直接投资和股票资产属于高风险类资产，债券类资产则属于低风险类资产。受次贷危机影响，美国对风险资产的净敞口从 2007 年占 GDP 的 37％下降至 2015 年占 GDP 的 10％。[③] 古里查斯和雷伊研究指出，给予“净出口/对外净资产”这一指标一单位标准差负冲击，将造成下一季度美元汇率平均贬值 4％，并使外国资产相对于美国资产超额收益增加 19％。长期来看，这种冲击会促进美国净出口增加。[④] 本特·索伦森（Bent E. Sorensen）等研究了国际风险分担中持有股本类证券的非直接证据。[⑤] 蒂勒则指出，如果购买东道国的股票资产并以东道国货币计价，则该股票资产头寸无法对冲汇率风险。[⑥]

尽管资产价格变动能部分缓解美国外部失衡压力，但美国是否可以持续地依赖其进行对外负债调整还是未知数。美国近年来对外净负债的缓解是因为外国股票市场表现好于美国股票市场，但依据历史数据分析，美国股票市场表现和外国股票市场表现呈现高度相关性，因此股票价格变动也可

① Philip R. Lane and Gian Maria Milesi-Ferretti, “International Financial Integration”, *IMF Staff Papers*, Vol.50, Special Issue, 2003.

② Harald Hau and Hélène Rey, “Exchange Rates, Equity Prices, and Capital Flows”, *Review of Financial Studies*, Vol.19, No.1, 2006, pp.273-317.

③ Pierre-Olivier Gourinchas and Hélène Rey, “Real Interest Rates, Imbalances and the Curse of Regional Safe Assets Providers at the Zero Lower Bound”, NBER Working Paper, No.22618, 2016.

④ Pierre-Olivier Gourinchas and Hélène Rey, “International Financial Adjustment”, *Journal of Political Economy*, Vol.115, No.4, 2007, pp.665-703.

⑤ Bent E. Sorensen, Oved Yosha and Yi-Tsung Wu, “Home Bias and International Risk Sharing: Twins Separated at Birth”, *Journal of International Money and Finance*, Vol. 26, No.4, 2007, pp.587-605.

⑥ Cédric Tille, “Financial Integration and the Wealth Effect of Exchange Rate Fluctuations”, *Journal of International Economics*, Vol.75, No.2, 2008, pp.283-294.

能会对美国带来负面影响。比如,1989—2004 年,股票价格变动给美国带来负估值效应累计达−1130 亿美元,而 2005 年股票价格变动带来的正估值效应则达 1061 亿美元,综合来看基本正负抵消。[①]

马修·希金斯(Matthew Higgins)等认为,美国作为净债务国却获得正投资收益,主要因为美国海外公司比外国在美国设立的公司的收益率高以及全球普遍的低利率环境。但随着美国经常账户赤字逐渐增大,这种情况不会一直持续。[②] 如果海外投资者由于某种原因,短时间内大量撤回在美资金,就会造成美国国内金融资产价格下跌,蒙受损失的美国投资机构,尤其是对冲基金等高杠杆率投资机构,不得不缩小在全世界的投资资产。如果发生了美国信用危机,也会造成同样的过程,即"返还借款—金融杠杆率缩小—投资资产缩水"。由于美国对外投资无法进行,资本不得不回流美国,所以美国在宏观上实现资金流均衡。

四、汇率与价格变动对比

汇率变动引起的估值效应取决于币种种类及权重、资产负债表规模、外汇汇率变化;资产价格变动引起的估值效应主要取决于一国资本市场,尤其是股票市场和债券市场发展情况。根据美国全球共同基金数据,在不完全外汇套期保值风险的条件下,汇率动态变化与股票市场发展程度密切相关。首先,当外汇流动性供给并非具有无限价格弹性时,汇率和股票价格的波动性几乎一致;其次,本国股票市场相对于外国股票市场产生更高收益与本国货币贬值相关;最后,外国股票市场资本净流入与外国货币升值显著正相关。[③]

蒂勒认为,1990—2001 年,美国资产价格变动对估值效应的影响程度比

---

① Matthew Higgins, Thomas Klitgaard and Cédric Tille, "Borrowing without Debt? Understanding the U.S. International Investment Position", Federal Reserve Bank of New York Staff Report, No.271, 2006.

② Matthew Higgins, Thomas Klitgaard and Cédric Tille, "The Income Implications of Rising U.S. International Liabilities", *Current Issues in Economics and Finances*, Vol.11, No.12, 2005, pp.1-9.

③ Harald Hau and Hélène Rey, "Exchange Rates, Equity Prices, and Capital Flows", *Review of Financial Studies*, Vol.19, No.1, 2006, pp.273-317.

汇率变动对估值效应的影响程度更大。[①] 安娜·巴普洛娃(Anna Pavlova)和罗伯托·里哥本(Roberto Rigobon)认为汇率和资产价格之间的协同运动依赖于对经济冲击的本质特征以及生产冲击对需求冲击的相对重要性。如果是生产冲击,各国股票价格将会一致变动,但如果是需求冲击,各国股票价格变化方向则不同。生产正冲击会提振本国股票市场,并使本币贬值,而需求正冲击会提振股票收益,但使本币升值。[②] 程希认为,无论是发达国家还是新兴市场国家,汇率都比相对股票收益率能解释更多的估值效应的波动。[③] 齐天翔等对亚洲 13 个主要国家 2006—2013 年相关变量采用面板 VAR 进行估值波动分析。结果显示:估值效应波动主要由对外净资产自身的投资组合和币种配置决定,占 76.25%;资产收益率波动效应占 20.17%,汇率波动效应占 3.57%。[④]

估值效应变动由三个因素引起:汇率变动、资产价格变动和其他因素。其中,其他因素受报道偏误、概念定义范围差异以及其他不确定性的影响。由此得到以下公式:[⑤]

$$VA_t = \Delta\varepsilon_t + \Delta p_t + \Delta o_t \tag{4-14}$$

$$NFA_t = NFA_{t-1} + CA_t + \Delta\varepsilon_t + \Delta p_t + \Delta o_t \tag{4-15}$$

其中,VA_t 表示估值效应,$\Delta\varepsilon_t$ 表示汇率变动,Δp_t 表示资产价格变动,Δo_t 表示其他因素影响。2000—2010 年,美国经常账户累积额为-5.78 万亿美元,2000 年对外净头寸为-1.34 万亿美元,2010 年对外净头寸为-2.47 万亿美元,变化量为-1.13 万亿美元,远远小于经常账户累积值。根据上述公式可得,在此期间估值效应带来的累积正收益为 4.65 万亿美元。马修·希金斯、托马斯·特里克加德(Thomas Klitgaard)和蒂勒考察了美元贬值、外国股票价格及美国股票价格变动、外国债券价格及美国债券价格变动对美

---

① Cédric Tille, "The Impact of Exchange Rate Movements on U.S. Foreign Debt", Federal Reserve Bank of New York, Vol.9, No.1, 2003, pp.1-6.

② Anna Pavlova and Roberto Rigobon, "Asset Prices and Exchange Rates", *Review of Financial Studies*, Vol.20, No.4, 2007, pp.1139-1180.

③ 参见程希:《估值效应与外部失衡研究》,西南财经大学博士学位论文,2014 年。

④ 参见齐天翔、陈瑞、林博:《亚洲国家估值效应波动分析》,《国际贸易问题》2016 年第 6 期。

⑤ Peter Brust and Vivekanand Jayakumar, "Introducing Valuation Effects-Based External Balance Analysis into the Undergraduate Macroeconomics Curricula: A Simple Framework with Applications", *The Journal of Economic Education*, Vol.43, No.4, 2012, pp.363-376.

国对外净头寸的影响。表 4-8 中的百分比表示，在一定条件下，美国对外净头寸变动量占当年 GDP 的比例。由表中数据可知，美元贬值、外国股票价格升值和外国债券价格升值为美国带来正估值效应，而美国股票价格升值和美国债券价格升值为美国带来负估值效应。①

表 4-8　美国汇率变动和资产价格变动对美国净国际投资头寸的影响

	1985 年	1995 年	2005 年
美元(相对所有货币)贬值 10%	1.0%	2.9%	5.3%
外国股票价格升值 10%	0.1%	1.1%	2.5%
外国债券价格升值 10%	0.2%	0.6%	0.8%
美国股票价格升值 10%	−0.3%	−0.7%	−1.7%
美国债券价格升值 10%	−0.7%	−1.7%	−3.4%

注：以当年的对外净头寸为基准。

根据前述公式，美国每年对外净头寸变化分为金融流量变动、汇率变动、资产价格变动、其他因素四项，其中后三项被划归为估值效应部分。用每一项的当年市值除以美国当年对外净头寸的改变量得到百分比，详细分解情况如表 4-9 所示。由表 4-9 可知，汇率和资产价格具有较强的波动性，而其他因素的影响相对较小。从金融流量和估值效应的对比程度来看，近年来，估值效应对美国对外净头寸改变量的影响程度逐渐明显，由此佐证了估值效应调整渠道的重要性。

表 4-9　金融流量和估值效应占对外净头寸改变量的比例

年份	金融流量	估值效应			
		总和	汇率变动	资产价格变动	其他因素
2003	23.85%	76.15%	49.33%	31.09%	−4.27%
2004	53.79%	46.21%	23.81%	15.71%	6.69%
2005	−159.50%	259.50%	256.00%	−87.36%	90.89%

① Matthew Higgins, Thomas Klitgaard and Cédric Tille, "Borrowing without Debt? Understanding the U.S. International Investment Position", Federal Reserve Bank of New York Staff Report, No.271, 2006.

续表

年份	金融流量	估值效应			
		总和	汇率变动	资产价格变动	其他因素
2006	−1677.00%	1777.00%	1227.00%	775.70%	−226.20%
2007	−121.10%	221.10%	61.09%	123.90%	36.12%
2008	27.82%	72.18%	65.32%	24.92%	−18.06%
2009	−13.89%	113.90%	63.20%	29.00%	21.69%
2010	−328.00%	428.00%	54.51%	−10.78%	384.30%
2011	25.57%	74.43%	66.59%	1.00%	6.85%
2012	1301.00%	−1201.00%	−1270.00%	−78.32%	147.20%
2013	46.47%	53.53%	14.75%	27.75%	11.03%
2014	16.87%	83.13%	28.68%	71.23%	−16.78%
2015	63.61%	36.39%	−156.10%	215.90%	−23.40%
2016	47.42%	52.58%	−4.49%	57.00%	0.08%

数据来源：美国经济分析局(BEA)。

第四节　收益率差对估值效应的影响

美国对外资产负债间存在收益率差(return differentials)。收益率差可以归因于风险溢价和流动性溢价。美国虽为净债务国，但收益率差使其对外资产收益超过对外负债成本，因而持续获得对外投资正收益。即使美国经常账户逆差不断积累，并且负债回报率高于GDP增长率，但只要保持对外资产收益率高于对外负债回报率一定值，则对外净头寸就可以维持稳定规模。估值效应是美国对外资产收益率与对外负债回报率之间存在长期系统性差异的主要原因。本小节主要从收益效应与组合效应、美国的“过度特权”与“过度职责”以及收益率差的计算与特点几个方面分析收益率差与估值效应的关联机理。

一、收益效应与组合效应

美国对外获得正收益率差体现出美国的“过度特权”，其带来的超额收益可分解为由国际收支非均衡结构引起的收益效应(return effect)和组合效应(composition effect)。收益效应是指,对于同种资产美国对外资产收益率高于对外负债回报率。组合效应是指,美国对外资产和对外负债的资产类别权重不同导致组合差异,由此带来的收益率差异。

(一)计算模型

收益率差的具体分解如下:

$$r^a=\mu^{af}r^{af}+\mu^{ae}r^{ae}+\mu^{ad}r^{ad}+\mu^{ao}r^{ao} \tag{4-16}$$

$$r^l=\mu^{lf}r^{lf}+\mu^{le}r^{le}+\mu^{ld}r^{ld}+\mu^{lo}r^{lo} \tag{4-17}$$

$$\begin{aligned}E(r^a-r^l)=&E[\bar{\mu}^f(r^{af}-r^{lf})]+E[\bar{\mu}^e(r^{ae}-r^{le})]\\&+E[\bar{\mu}^d(r^{ad}-r^{ld})]+E[\bar{\mu}^o(r^{ao}-r^{lo})]\\&+E[(\mu^{af}-\mu^{lf})(\bar{r}^f-\bar{r}^o)]\\&+E[(\mu^{ae}-\mu^{le})(\bar{r}^e-\bar{r}^o)]\\&+E[(\mu^{ad}-\mu^{ld})(\bar{r}^d-\bar{r}^o)]\end{aligned} \tag{4-18}$$

式中,$E[\cdot]$表示期望算子,μ^{af}表示资产端FDI占总资产比例,μ^{ae}表示股票占总资产比例,μ^{ad}表示债券占总资产比例,μ^{ao}表示其他资产占总资产比例。同理,μ^{lf}、μ^{le}、μ^{ld}、μ^{lo}分别表示负债端的FDI、股票、债券、其他资产占总负债比例。其中,$\bar{\mu}^i=(\mu^{ai}+\mu^{li})/2, i\in\{f、e、d、o\}$,分别表示FDI、股票、债券和其他资产所占的平均权重。$\bar{r}^i=(r^{ai}+r^{li})/2, i\in\{f、e、d、o\}$则表示FDI、股票、债券和其他资产的平均收益率。公式(4-18)右端分为两大部分,前四项表示收益效应,定义了每项资产(FDI、股票、债券、其他项)相对于其负债的额外平均收益。根据式子,如果每项资产类别的资产收益率与负债收益率相同,即$r^{ai}=r^{li}, i\in\{f、e、d、o\}$,则收益效应为零。公式(4-18)右端后三项表示组合效应。如果每项资产类别的对外资产和对外负债有相同权重,即$\mu^{ai}=\mu^{li}, i\in\{f、e、d、o\}$,则组合效应为零。[①]

(二)影响因素

收益效应是影响美国对外收益率差的最主要因素,而组合效应影响较小。古里查斯和雷伊认为,1952—2004年,美国对外总资产年均收益率为5.72%,对外总负债年均回报率为3.61%,平均收益率差为2.11%,其中收

① Pierre-Olivier Gourinchas and Hélène Rey,"International Financial Adjustment",*Journal of Political Economy*,Vol.115,No.4,2007,pp.665-703.

益效应占 1.97%，而组合效应仅占 0.14%(见表 4-10)。另据莱恩和费雷蒂推算，1995—2000 年，美国收益效应平均为－1.0%，2001—2004 年，收益效应平均高达 11.1%。[①] 如果以 1973 年布雷顿森林体系解体作为间隔点，则 1952—1973 年，美国资产收益率和负债回报率分别为 4.04%和 3.78%，而 1973—2004 年，资产收益率和负债回报率分别上升至 6.82%和 3.50%，这主要源于对外直接投资和股票等高风险资产带来的高收益。20 世纪 80 年代中后期，美国股票市场持续低迷，年收益率仅为 2.2%。同期外国股票市场持续高涨，例如，英国股票市场年收益率为 31.7%，日本股票市场年收益率为 18.3%，而英国、日本的股票资产占美国海外股票总资产的 38%。1985—1994 年的美元贬值时期，估值效应显著为正；而 1995—2003 年的美元升值时期，估值效应显著为负。[②]

表 4-10　不同年代美国超额收益的收益效应和组合效应(1952—2004 年)

	收益效应(return effect)					组合效应(composition effect)				总收益
	FDI	股票	债券	其他	总收益	FDI	股票	债券	总收益	r_a-r_l
	(1)	(2)	(3)	(4)	(1—4)	(5)	(6)	(7)	(5—7)	(1—7)
1952—1959 年	−0.07	0.52	0.34	0.37	1.16	0.13	−2.14	−0.05	−2.06	−0.90
1960—1969 年	0.24	−0.04	0.53	1.00	1.73	0.62	−0.64	−0.06	−0.07	1.66
1970—1979 年	1.29	0.47	0.16	2.36	4.28	0.48	−0.42	0.71	0.77	5.05
1980—1989 年	−0.12	0.79	0.55	0.49	1.71	1.32	−1.13	−0.11	0.08	1.79
1990—1999 年	−1.36	0.06	1.24	0.70	0.63	1.04	0.83	−0.16	1.71	2.33
2000—2004 年	0.70	0.37	0.42	0.81	2.30	0.13	−0.19	−0.46	−0.53	1.77

① Philip R. Lane and Gian Maria Milesi-Ferretti, "A Global Perspective on External Positions", NBER Working Paper, No.11589, 2005.

② Pierre-Olivier Gourinchas and Hélène Rey, "From World Banker to World Venture Capitalist: US External Adjustment and The Exorbitant Priviledge", NBER Working Paper, No.11563, 2005.

续表

	收益效应(return effect)					组合效应(composition effect)				总收益
	FDI	股票	债券	其他	总收益	FDI	股票	债券	总收益	$r_a - r_l$
	(1)	(2)	(3)	(4)	(1—4)	(5)	(6)	(7)	(5—7)	(1—7)
总时期	0.06	0.35	0.56	1.00	1.97	0.70	−0.59	0.03	0.14	2.11

数据来源：Pierre-Olivier Gourinchas, "Valuation Effects and External Adjustment: A Review", Series on Central Banking, Analysis and Economic Policies. Santiago: Banco Central de Chile, 2008, Vol. 12, p.220.

美国对外获得超额收益，在布雷顿森林体系解体固定汇率制度崩溃后，得到进一步加强。美国通常借入短期资金(外国投资者有意愿购买流动性强的美元资产)，并发放长期贷款(美国对外国企业提供长期贷款和投资基金以为外国资产购买者提供流动性)，而长期资本收益通常高于短期资本收益。这种"经营模式"类似于银行赚取中介差价的行为，使美国成为"世界银行家"(world banker)。随着全球金融一体化，20 世纪 90 年代以来，美国开始由"世界银行家"转变为"世界风险资本家"(world venture capitalist)，对外资产端资产的风险性显著高于对外负债端资产，同时"对外负债/对外资产"杠杆比率也成倍增长。希金斯等通过计算得出，1982—2005 年，美国对外直接投资收益率平均高出外商对美直接投资收益率 5.6 个百分点，并且这一利差从未低于 3.2 个百分点。[①] 张纯威则利用美国商务部经济分析局数据，计算得到 1973—2005 年，美国对外投资收益一直为正，累计总额为 7500 亿美元，平均每年对外资产收益率为 6.95%，对外负债成本率为 5.34%，收益率差为 1.52%。[②]

莱恩和费雷蒂还研究了对于净国际投资头寸产生影响但难以统计和测算的因素，即"残差调整"(residual adjustment)因素。他们认为这是由估值效应和金融账户统计误差所造成的，从这个角度也可解释美国对外资产负债间存在的收益率差。残差调整是除去金融流量和资本利得外，对净国际投资头寸价值变动产生影响的，且难于界定与统计的因素。即估值效应中

① Matthew Higgins, Thomas Klitgaard and Cédric Tille, "The Income Implications of Rising U.S. International Liabilities", *Current Issues in Economics and Finances*, Vol.11, No.12, 2005, pp.1-9.

② 参见张纯威:《美元本位、估值效应与季风型货币危机》,《金融研究》2007 年第 3 期。

除了资产价格变动因素、汇率变动因素外的其他因素。残差调整项虽然未有精确定义，但可大体视为是由统计口径变动、直接投资的资本利得及损失和其他对外资产负债估值调整所造成的。[①]

（三）拐点含义

茅瑞斯·奥伯斯菲尔德（Maurice Obstfeld）和艾伦·泰勒（Alan Taylor）针对一国对外资产负债提出了拐点的定义。[②] 拐点具体是指，假设对外资产名义平均总收益率为$\tilde{r}^a$，对外负债的名义平均总收益率为$\tilde{r}^l$，对外总资产表示为A，对外总负债表示为L，当对外总负债和对外总资产之比超过某个界限，使得$\tilde{r}^a \cdot A - \tilde{r}^l \cdot L$为负数时，此时的"负债—资产"比例就是拐点。根据1952—2004年美国数据，古里查斯和雷伊估算得到一个拐点：$(L/A) > (\tilde{r}^a/\tilde{r}^l) = 1.30$。[③]

奥伯斯菲尔德和罗格夫认为，美国对外投资净收益的数据反映在美国国际收支平衡表中。1983—2003年，平均来看，美国对外投资收益率高于外国对美国的投资收益率1.2个百分点。但广义收益还应考虑对外资产负债的资本利得情况，也就是估值效应调整部分。这部分收益被记录在国际投资头寸表中，但没有被统计在国际贸易或国家收入账户中。对外投资收益比较稳定，而资本利得则波动剧烈。利用r^w表示对外资产收益率，r^u表示对外负债成本率，NFA表示对外净资产，L表示对外总负债，则国际投资净收益可以表示为$r^w \cdot NFA + (r^w - r^u) \cdot L$。根据公式，只要满足$r^w > r^u$，并且对外总负债存量规模足够大的条件，当$NFA < 0$，即美国对外净头寸为负时，总收益流也可能为正。这个公式同时表明，美国产生对外正收益的杠杆化机制同时也增加了风险性。比如，外国投资者可能在某一时刻突然要求

---

① Philip R. Lane and Gian Maria Milesi-Ferretti, "Where did all the Borrowing go? A Forensic Analysis of the U.S. External Position", *Journal of the Japanese and International Economics*, Vol.23, No.2, 2009, pp.177-199.

② Maurice Obstfeld and Alan Taylor, "Sources of America's Exorbitant Privilege", Mimeo, University of California, 2005.

③ Pierre-Olivier Gourinchas and Hélène Rey, "From World Banker to World Venture Capitalist: US External Adjustment and the Exorbitant Priviledge", NBER Working Paper, No.11563, 2005.

美国提高负债成本率（即提高 r^u）。[①]

二、收益率差计算模型

一国对外资产总收益率可以分解为两部分：一部分来自累积的资产头寸的投资收入（investment income）收益率，另一部分来自资本利得（capital gains）收益率。美国对外投资收益主要来源于收入流（income streams），包括证券组合投资的股息及利息收入（股票红利、债券利息、银行及非银行债权利息）和对外直接投资收入（包括已分配收益和再投资收益等）。资本利得收益主要来源于由汇率变动和资产价格变动所引起的美国对外净头寸的存量价值调整变化。

一国对外资产或对外负债总收益率包括投资收入收益率和资本利得收益率。具体分解如下：

$$RTOT_t=(INC_t+PRCHG_t+XRTCHG_t)/AVGPOS_t \tag{4-19}$$

其中，$RTOT_t$ 表示第 t 期的总收益率；INC_t 是 t 期的投资收益；$PRCHG_t$ 表示第 t 期由资产价格变动引起的资本利得；$XRTCHG_t$ 表示第 t 期由汇率变动引起的资本利得；$AVGPOS_t$ 表示第 t 期的平均投资头寸，它是对 $t-1$ 期的投资头寸与 t 期的投资头寸之和取平均值得到。上式右端可进一步分解为两部分：

$$RINC_t=(INC_t)/AVGPOS_t \tag{4-20}$$

$$RKG_t=(PRCHG_t+XRTCHG_t)/AVGPOS_t \tag{4-21}$$

其中，$RINC_t$表示 t 期投资收入收益率，RKG_t表示第 t 期资本利得或资本损失的收益率。按照上述公式，本研究采用美国经济分析局（BEA）数据库数据计算得出，2003—2016 年，美国对外总资产年均收益率为 7.02%，其中投资收入收益率为 4.31%，资本利得收益率为 2.71%；对外总负债年均收益率为 4.76%，其中投资收入收益率为 2.90%，资本利得收益率为 1.86%。这一阶段美国对外资产负债年均收益率差为 2.26%。

基于不同理论和数据来源，许多经济学家计算了不同时期美国对外收益率差情况（见表 4-11）。

---

① Vahagn Galstyan, Philip R. Lane, Caroline Mehigan and Rogelio Mercado, "The Holders and Issuers of International Portfolio Securities", NBER Working Paper, No.22466, 2016.

表 4-11　不同学者对不同时间段美国对外资产负债收益率差的计算结果

	时间段	平均收益率差
亨和麦卡洛(2004)①	1982—2003 年	1.23%
古里查斯和雷伊(2005)②	1952—2004 年	2.10%
古里查斯和雷伊(2005)	1973—2004 年	3.30%
奥伯斯法尔德和罗格夫(2005)③	1983—2003 年	3.10%
希金斯、克利特加德、蒂勒(2005)④	1982—2005 年	5.60%
莱恩和费雷蒂(2005)⑤	1995—2004 年	2.70%
迈斯纳和泰勒(2006)⑥	1981—2003 年	3.10%
张纯威(2007)⑦	1973—2005 年	1.52%
屈尔屈吕、德沃夏克、瓦诺克(2008)⑧	1994—2005 年	0.72%
屈尔屈吕、托马斯、瓦诺克(2008)⑨	1990—2007 年	1.10%
莱恩和费雷蒂(2009)⑩	1980—2004 年	3.90%

① Juann H. Hung and Angelo Mascaro: "Return on Cross-Border Investment: Why does U.S. Investment Abroad Do Better?", *Technical Paper Series*, Congressional Budget Office, Washington, D.C., 2004.

② Pierre-Olivier Gourinchas and Hélène Rey, "From World Banker to World Venture Capitalist: US External Adjustment and the Exorbitant Priviledge", NBER Working Paper, No.11563, 2005.

③ Maurice Obstfeld and Kenneth Rogoff, "Global Current Account Imbalances and Exchange Rate Adjustments", *Brookings Papers on Economic Activity*, Vol.36, No.1, 2005, pp.67-146.

④ Matthew Higgins, Thomas Klitgaard and Cédric Tille, "The Income Implications of Rising U.S. International Liabilities", *Current Issues in Economics and Finances*, Vol.11, No.12, 2005, pp.1-9.

⑤ Philip R. Lane and Gian Maria Milesi-Ferretti, "A Global Perspective on External Positions", NBER Working Paper, No.11589, 2005.

⑥ Christopher M. Meissner and Alan M. Taylor, "Losing Our Marbles in the New Centrury?" The Great Rebalancing in Historical Perspective, NBER Working Paper, No. 12580, 2006.

⑦ 参见张纯威:《美元本位、估值效应与季风型货币危机》,《金融研究》2007 年第 3 期。

⑧ Stephanie E. Curcuru, Thomas Dvorak and Francis E. Warnock, "Cross-border Returns Differentials", NBER Working Paper, No.13768, 2008.

⑨ Stephanie E. Curcuru, Charles P. Thomas and Francis E. Warnock, "Current Account Sustainability and Relative Reliability", NBER Working Paper, No.14295, 2008.

⑩ Philip R. Lane and Gian Maria Milesi-Ferretti, "Where did All the Borrowing Go? A Forensic Analysis of the U. S. External Position", *Journal of the Japanese and International Economics*, Vol.23, Issue 2, 2009, pp.177-199.

续表

	时间段	平均收益率差
古里查斯、雷伊、戈维莱(2010)①	1973—2009年	3.50%
哈比(2010)②	1981—2007年	3.30%
福布斯(2010)③	2002—2006年	6.90%
竹中正治、张虎(2011)④	1989—2009年	4.10%
倪权生、潘英丽(2011)⑤	1977—2009年	3.63%
屈尔屈吕、托马斯(2012)⑥	1983—2010年	1.40%
戈尔邦德、豪威尔(2015)⑦	1990—2005年	1.70%
周学智(2015)⑧	1977—2013年	1.35%

学术界对于美国对外资产收益率与对外负债回报率之间是否存在明显收益率差存有争议，并主要体现为两种观点。第一种观点认为，美国对外资产收益率高于对外负债回报率，二者之间存在明显收益率差，使美国获得超额收益。第二种观点认为，美国对外资产负债间并不存在明显收益率差，表面上计算得出的收益率差源于数据来源不同和统计方法各异。虽然各位学者基于不同理论和计算方式所得的收益率差结果各不相同，但大多数结论显示，美国对外年均收益率差在3%左右。

① Pierre-Olivier Gourinchas, Hélène Rey and Nicolas Govillot, "Exorbitant Privilege and Exorbitant Duty", Bank of Japan, Institute for Monetary and Economic Studies Discussion Paper, No.2010-E-20, 2010.

② M. M. Habib, "Excess Returns on Net Foreign Assets-the Exorbitant Privilege from a Global Perspective", Working Paper Series 1158, European Central Bank, 2010.

③ Kristin J. Forbes, "Why do Foreigners Invest in the United States?" *Journal of International Economics*, Vol.80, No.1, 2010, pp.3-21.

④ 参见[日]竹中正治、张虎:《美国对外负债的可持续性与国际货币体系的未来》,第84—103页。

⑤ 参见倪权生、潘英丽:《谁在补贴美国——美国对外资产负债规模及收益率差异分析》,《上海金融》2011年第4期。

⑥ Stephanie E. Curcuru and Charles P. Thomas, "The Returns on U.S. Direct Investment at Home and Abroad", FRB International Finance Discussion Paper, No.1057, 2012.

⑦ Christopher A. Gohrband and Kristy L. Howell, "U.S. International Financial Flows and the U.S. Net Investment Position: New Perspective Arising From New International Standards", in Charles R. Hulten and Marshall B. Reinsdorf eds., *Measuring Wealth and Financial Intermediation and Their Links to the Real Economy*, Chicago: The University of Chicago Press, 2015, pp.231-270.

⑧ 参见周学智:《美国对外负债的外部调节研究》,吉林大学博士学位论文,2015年。

三、收益率差其他特点

一国对外资产负债的不同资产类别项下的收益率差明显不同。克里斯托弗·A.戈尔邦德(Christopher A. Gohrband)和克里斯蒂·L.豪厄尔(Kristy L.Howell)总结了美国1990—2011年的各资产类别下的投资收入收益率差和资本利得收益率差情况(见表4-12)。[①] 由表4-12可知,对外直接投资子项下的收益率差是美国获得对外正收益率差的主要原因。

表4-12 美国对外收益率差的分解(1990—2011年)

	资产收益率	负债成本率	收益率差
所有资产类别			
总收益率	7.0%	5.2%	1.9%
投资收入	5.4%	4.0%	1.5%
资本利得	1.6%	1.2%	0.4%
资产价格变动	1.5%	1.2%	0.3%
汇率变动	0.1%	0.0%	0.1%
FDI			
总收益率	10.6%	4.7%	6.0%
投资收入	10.2%	4.1%	6.1%
资本利得	0.4%	0.6%	−0.2%
资产价格变动	0.4%	0.6%	−0.2%
汇率变动	0.0%	0.0%	0.0%
债券资产			
总收益率	7.4%	6.3%	1.1%
投资收入	6.5%	5.9%	0.6%
资本利得	0.8%	0.4%	0.5%
资产价格变动	0.8%	0.3%	0.6%

① Christopher A. Gohrband and Kristy L. Howell, "U.S. International Financial Flows and the U.S. Net Investment Position: New Perspective Arising From New International Standards", in Charles R. Hulten and Marshall B. Reinsdorf eds., *Measuring Wealth and Financial Intermediation and Their Links to the Real Economy*, Chicago: The University of Chicago Press, 2015, pp.231-270.

续表

	资产收益率	负债成本率	收益率差
汇率变动	0.0%	0.1%	−0.1%
股票资产			
总收益率	7.5%	8.4%	−0.9%
投资收入	2.6%	2.1%	0.5%
资本利得	4.9%	6.3%	−1.3%
资产价格变动	4.5%	6.3%	−1.7%
汇率变动	0.4%	0.0%	0.4%
其他资产			
总收益率	4.1%	3.2%	0.9%
投资收入	3.8%	3.3%	0.5%
资本利得	0.3%	0.0%	0.4%
资产价格变动	0.2%	0.0%	0.2%
汇率变动	0.1%	0.0%	0.1%

注:由于四舍五入原因,有些项下投资收入收益率与资本利得收益率相加之和不严格等于总收益率。

莱恩和费雷蒂利用面板数据考察了发达国家与发展中国家的资产负债收益率差与对外净头寸的动态变化情况,发现资产端收益率与负债端收益率都超过了 GDP 增长率。[①] 他们构建了国家外部财富数据库(External Wealth of Nations, EWN),计算了 145 个国家的对外资产及负债情况。通过数据分析发现,发达国家和发展中国家的金融一体化速度不同,证券投资组合也有差异。大多数发达国家表现为“短期债权,长期股权”,新兴市场国家及发展中国家通常表现为“短期股权”,而对外净头寸为负的国家,无论是债券头寸还是股票头寸均为负值。[②] 毛里齐奥·迈克尔·哈比博(Maurizio Michael Habib)利用 1981—2007 年 49 个国家[③]的面板数据,研究了对外净

① Philip R. Lane and Gian Maria Milesi-Ferretti, “International Financial Integration”, IMF Staff Papers, Vol.50, Special Issue, 2003.

② Philip R. Lane and Gian Maria Milesi-Ferretti, “The External Wealth of Nations Mark Ⅱ: Revised and Etended Estimations of Foreign Assets and Liabilities, 1970-2004”, IMF Working Paper, WP/06/69, 2006.

③ 20 个 OECD 国家以及来自东亚、拉美和中东欧地区的 29 个新兴市场国家。

头寸和收益率差问题。对于各国对外净头寸的改变，短期来看，投资收入收益率比资本利得收益率影响大，但是长期来看，资本利得收益率比投资收入收益率更重要。数据并未发现美国对外投资杠杆率与其超额收益率之间有显著正向关系，因此美国作为“杠杆投资者”(levered investor)并不是导致其“过度特权”的原因。但真实汇率贬值通过影响资本利得而显著影响超额收益率，并且外国投资者持有的美国债券收益率尤其是美国国债收益率，通常低于美国投资者持有的外国债券收益率。①

由于对外资产负债结构优势，美国虽获得了风险溢价，但在金融危机期间也遭受不对称的资本损失。这主要源于风险性高的对外资产比安全性高的对外负债缩水程度更大。古里查斯、雷伊和尼古拉斯·戈维莱(Nicolas Govillot)认为，在全球经济正常发展时期，美国拥有“过度特权”，而在全球经济危机时期，美国则拥有“过度职责”。这类似于美国和全球其他国家签订了“保险条约”，美国既是全球流动性的“提供者”，也是全球的“承保者”。他们通过对次贷危机期间美国对外失衡情况的研究发现，从2007年第三季度至2009年第一季度，由于流动性损失(美国在外国卖出资产大于外国在美国卖出的资产)和估值调整，美国资本损失总规模达到GDP的19%。②

次贷危机中，汇率及资产价格变动引发了全球大规模的财富转移(wealth transfer)。2007年4月至2008年4月，美国、欧元区、中国、瑞士向世界其他国家或地区的财富转移规模及占当期自身GDP的比例分别为：美国8630亿美元，占GDP的6%；欧元区1850亿美元，占GDP的1.36%；中国1580亿美元，占GDP的3.5%；瑞士530亿美元，占GDP的10.6%。全球整体损失程度呈现不平衡性，美国占全球跨境财富总损失的68%，欧元区占15%，中国占13%，瑞士占4%。③ 表4-13列示了2008—2009年，全球主要国家的资本得益与资本损失情况。

① Maurizip Michael Habib, “Excess Returns on Net Foreign Assets-the Exorbitant Privilege from a Global Perspective”, Working Paper Series, No.1158, European Central Bank, 2010.

② Pierre-Olivier Gourinchas, Héléne Rey and Nicolas Govillot, “Exorbitant Privilege and Exorbitant Duty”, Institute for Monetary and Economic Studies, Bank of Japan, Institute for Monetary and Economic Studies Discussion Paper, No.2010-E-20, 2010.

③ Pierre-Olivier Gourinchas, Hélène Rey and Kai Truempler, “The Financial Crisis and the Geography of Wealth Transfers”, NBER Working Paper, No.17353, 2011.

表 4-13 2008—2009 年主要国家资本利得与资本损失 单位:亿美元

资本利得(世界前五位)		资本损失(世界前五位)	
英国	9458	日本	9365
加拿大	2219	美国	7725
挪威	870	瑞士	2509
韩国	549	中国	2217
瑞典	509	新加坡	1859

数据来源:Agustín S. Bénétrix, Philip R. Lane and Jay C. Shambaugh,"International Currency Exposures, Valuation Effects, and the Global Financial Crisis", NBER Working Paper, No.20820, 2015.

考虑次贷危机的影响,古里查斯和雷伊将时间区间扩展到 1952—2009 年,重新计算了美国对外资产负债各资产类别下的超额收益率情况。[①] 阶段分析显示,美国从 1952 年第一季度到 1972 年第四季度,平均超额收益率为 1.3%,从 1973 年第一季度到 2009 年第四季度,平均超额收益率为 3.47%。这表明布雷顿森林体系解体后,美国超额收益率大幅增加。表 4-14 统计了各时段不同资产类别内部的超额收益率情况。[②]

表 4-14 各资产类别内部超额收益率情况

时段	FDI	股票	债券	其他项
1952—1972 年	2.24%	3.96%	4.79%	−2.02%
1973—2009 年	4.99%	4.19%	4.67%	0.16%
1952—2009 年	4.00%	4.11%	4.71%	−0.63%

① 必须指出的是,古里查斯和雷伊在计算美国对外负债成本率时,侧重研究政府债,较少关注机构债和企业债,而机构债和企业债的负债成本率较高,所以本书认为他们整体上低估了美国对外负债成本率。

② Pierre-Olivier Gourinchas, Hélène Rey and Nicolas Govillot, "Exorbitant Privilege and Exorbitant Duty", Institute for Monetary and Economic Studies Discussion Paper, No.2010-E-20, 2010.

第五节 估值效应存在性检验

本节建立了美国进口、出口、对外净资产三个因素的向量误差修正模型，来检测估值效应存在性以及影响程度。首先阐释向量自回归、协整、向量误差修正模型等基本概念。在此基础上，使用美国 1970—2015 年数据，利用增广迪基-富勒(ADF)方法进行单位根检验。验证变量平稳性之后，进行 Johansen-Juselius 协整检验并确立协整方程个数，然后进行格兰杰因果关系检验。最后得到长期均衡关系方程和短期动态关系方程。根据所得模型，调整速度 α 值为 0.2271，这说明美国存在正估值效应。

一、向量误差修正模型

20 世纪 80 年代，经济学中经常使用大型联立方程组来进行多变量分析，但其方法过于复杂，因此，向量自回归模型得以提出。向量自回归模型是一种时间序列分析法的动态模式，直接采用数据进行推测，不预先假定解释变量和被解释变量，也不预先确定因果关系，而是根据数据分析结果来判断谁是因谁是果。向量自回归模型不以经济理论为基础，不需要考虑变量内生性和外生性问题。

协整是专门研究时间序列之间长期趋同的发展的关系。罗伯特·恩格尔(Robert F. Engle)和克莱夫·格兰杰(Clive W. J. Granger)规范探讨了协整(cointegration)的概念，使得一阶单整变量的回归也有了潜在的意义。变量协整性的经济意义在于，对于多个各自具有长期波动规律的变量，如果它们之间是协整的，则它们之间存在一种长期的均衡关系。

非平稳时间序列很可能出现伪回归，协整的意义就在于检验它们的回归方程所描述的因果关系是否是伪回归，即检验变量之间是否存在稳定的关系。所以非平稳序列的因果关系检验就是协整检验。如果非平稳时间序列不存在协整关系，可以建立向量自回归模型，然后利用变量的差分进行格兰杰因果关系检验，但前提是满足同阶单整。如果变量之间存在协整关系，可以建立向量误差修正模型。[①] 向量误差修正模型能直接描述短期波动与

① 参见李尚英、马婧：《中国碳市场现状的实证研究及对统一碳市场建立的启示——以北京和天津为例》，《中国市场》2015 年第 34 期。

长期均衡间的综合关系。格兰杰表述定理也证明,协整序列可以表示成误差修正模型形式。向量误差修正模型又被称为带有协整方程约束的向量自回归模型。[①]

二、进出口及对外净资产 VECM 模型

美国出口(X)、进口(M)和对外净资产(NFA)数据均来自美国商务部经济分析局(BEA)的国际交易数据和国际投资头寸数据。因为美国对外净资产很多时期都为负值,不能取对数,所以参考宋效军等在研究中国进出口和对外净资产关系时采用的方法,利用各期值除以当期名义 GDP 来替代进行研究。[②]

向量误差修正模型要求变量具有平稳性。首先使用增广迪基-富勒(ADF)方法进行变量平稳性检验(见表 4-15)。

表 4-15 利用 ADF 方法进行单位根检验

	检验形式(C,T,K)	ADF 检验值	1%临界值	5%临界值	10%临界值	P 值	结论
X	(c,0,0)	−0.918	−3.655	−2.961	−2.613	0.7820	非平稳
M	(c,0,0)	−1.726	−3.655	−2.961	−2.613	0.6402	非平稳
NFA	(c,0,0)	0.013	−3.655	−2.961	−2.613	0.9596	非平稳
dX	(c,0,0)	−4.944	−3.662	−2.964	−2.614	0.0000	平稳
dM	(c,0,0)	−6.335	−3.662	−2.964	−2.614	0.0000	平稳
dNFA	(c,0,0)	−7.854	−3.662	−2.964	−2.614	0.0000	平稳

注:检验形式中的(C,T,K)分别代表检验方程中含有的截距项、趋势项和滞后阶数。

通过以上分析可知,出口、进口、对外净资产的一阶差分是平稳的,符合一阶单整序列 $I(1)$,可以构建向量误差修正模型。滞后阶数由 AIC、BIC 信息准则并结合数据具体情况来确定,最终采取三阶滞后项。

然后,进行 Johansen-Juselius 协整检验(也称为"约翰林-居期利斯协整检验")(见表 4-16)。

---

① 参见[美]杰弗里·M.伍德里奇:《计量经济学导论(现代观点)》(第五版),张成思、李红、张步昙译,中国人民大学出版社 2015 年版,第 528—529 页。

② 参见宋效军、陈德兵、任若恩:《我国外部均衡调节中的估值效应分析》,《国际金融研究》2006 年第 3 期。

表 4-16　Johensen-Juselius 协整检验

最大秩	初始值参数	极大似然值	特征根	迹统计值	5%临界值
0	21	324.75885	—	43.1667	29.68
1	26	338.73948	0.54008	15.2054*	15.41
2	29	343.45569	0.23050	5.7730	3.76
3	30	346.34220	0.14816	—	—

注:统计时设定为滞后 3 期,* 为在 5%的显著水平上拒绝零假设。

由表 4-16 可知,有且仅有一个协整方程。根据古里查斯和雷伊①的研究可知对外净资产和进出口之间具有如下方程所描述的关系:

$$x_t - \gamma m_t + (\gamma - 1)\, nfa_t = \sum_{i=1}^{\infty} \rho^i [\Delta x_{t+i} - \gamma \Delta m_{t+i} + (\gamma - 1)\, r_{t+i}] \quad (4\text{-}22)$$

其中,γ 和 ρ 表示跨期预算约束方程中的相关参数,r 表示净国际投资头寸总回报率,小写字母表示相应变量的自然对数,Δ 表示一阶差分。等式左边表示三个变量对长期关系的偏离。方程同时显示,如果协整残差不是常数,那么它必然预测未来净出口的变化或国外净资产收益的变化。根据上式,向量之间要满足$[1,\gamma,1-\gamma]$的协整向量(就是变量的系数)约束条件。等式左边变形可得到:

$$x_t - \gamma m_t + (\gamma - 1) nfa_t = (x_t - nfa_t) + \gamma(nfa_t - m_t) \quad (4\text{-}23)$$

然后将$(x_t - nfa_t)$作为因变量,$(nfa_t - m_t)$作为自变量,进行线性回归。由表 4-17 可得到协整向量系数 $\gamma = 0.941$

表 4-17　协整向量系数 γ

	$(x_t - nfa_t)$
$(nfa_t - m_t)$	−0.941***
	(0.0122)
_cons	−0.00910*
	(0.0037)
N	40

注:括号内为标准误,* $p<0.05$, ** $p<0.01$, *** $p<0.001$。

① Pierre-Olivier Gourinchas and Hélène Rey, "International Financial Adjustment", *Journal of Political Economy*, Vol.115, No.4, 2007, pp.665-703.

再将 $\gamma=0.941$ 代回方程 4-23 左端并整理可得到满足约束条件的协整方程为：

$$x_t-0.941m_t-0.059nfa_t=0 \tag{4-24}$$

接下来，进行格兰杰因果关系检验。格兰杰因果关系检验的结果显示，dNFA 是 dM 的格兰杰原因，dNFA 是 dX 的格兰杰原因。在 10%的置信水平上（非常接近 5%的置信水平），dX 是 dM 的格兰杰原因（见表 4-18）。

表 4-18 格兰杰因果关系检验

原假设	样本数	F 统计值	F 检验（P 值）	卡方值	LM 检验（P 值）
dM 不是 dX 的格兰杰原因	36	1.57	0.2189	5.83	0.1201
dX 不是 dM 的格兰杰原因	36	2.05	0.2190	7.63	0.0544
dM 不是 dNFA 的格兰杰原因	36	0.23	0.8749	0.86	0.8361
dNFA 不是 dM 的格兰杰原因	36	24.73	0.0000	92.09	0.0000
dX 不是 dNFA 的格兰杰原因	36	0.71	0.5523	2.65	0.4490
dNFA 不是 dX 的格兰杰原因	36	21.52	0.0000	80.13	0.0000

根据格兰杰定理，如果两个变量之间存在协整关系，那么一定可以用误差修正模型来表示。根据协整关系建立误差修正模型，并检验估值效应对净国际投资头寸的影响。完整的向量误差修正模型中净国际投资头寸的方程为：

$$\begin{aligned}D(NFA)=0.2271\cdot[NFA(-1)\\ -2.1332\cdot X(-1)-7.6647\cdot M(-1)+0.0288]\\ +[-1.1995\cdot D(NFA(-1))-0.7838\cdot D(NFA(-2))]\\ +[-2.1811\cdot D(X(-1))-0.5326\cdot D(X(-2))]\\ +[2.6367\cdot D(M(-1))+0.4422\cdot D(M(-2))]-0.0015\end{aligned} \tag{4-25}$$

方程左边是 NFA 的短期变动，即差分项；右边 $\alpha=0.2271$ 表示调整速度，右边第一个方括号内的 $NFA(-1)-2.1332\cdot X(-1)-7.6647\cdot M(-1)$ 表示长期均衡关系，0.0288 为常数项。设 $G_1=[NFA(-1)-2.1332\cdot X(-1)-7.6647\cdot M(-1)+0.0288]$，如果 $G_1=0$，说明整个系统处于均衡状态；如果 $G_1\neq0$，表示系统偏离均衡态的程度，α 表明 dNFA、dX、dM 向均衡态调

整的快慢和方向。

右边剩下三部分

$$[-1.1995 \cdot D(NFA(-1)) - 0.7838 \cdot D(NFA(-2))]$$
$$+[-2.1811 \cdot D(X(-1)) - 0.5326 \cdot D(X(-2))]$$
$$+[2.6367 \cdot D(M(-1)) + 0.4422 \cdot D(M(-2))] \quad (4\text{-}26)$$

表示短期动态关系而−0.0015表示常数项。短期动态关系中各项前面的系数反映了dNFA、dX、dM的短期调整行为。通过上述公式可得,代表估值效应的α值为0.2271,说明美国存在对外正估值效应。表4-19列示了误差修正模型的检验结果。

表4-19 误差修正模型的检验结果

	检验结果		
协整方程	$NFA(-1)$	$X(-1)$	$M(-1)$
	1.0000	−2.1332	−7.6647
误差修正系数	$D(NFA)$	$D(X)$	$D(M)$
	0.2271	0.0794	0.1566
	[0.2017]	[0.0263]	[0.0283]
$D(NFA(-1))$	−1.1995	0.0916	0.0504
	[0.2667]	[0.0348]	[0.0375]
$D(NFA(-2))$	−0.7838	0.0740	0.0554
	[0.2554]	[0.0333]	[0.0359]
$D(X(-1))$	−2.1811	−0.1320	0.3455
	[1.9209]	[0.2506]	[0.2698]
$D(X(-2))$	−0.5326	0.0722	0.2064
	[1.8497]	[0.2413]	[0.2598]
$D(M(-1))$	2.6367	0.2347	0.0939
	[1.4948]	[0.1950]	[0.2099]
$D(M(-2))$	0.4422	0.1904	0.1766
	[1.2394]	[0.1617]	[0.1741]

续表

	检验结果		
常数项	−0.0015	0.0006	0.0019
	[0.0088]	[0.0011]	[0.0012]
R^2	0.6551	0.8073	0.8837

完成模型估计后，为了确保模型的准确性，首先需要进行残差平稳性检验。根据表 4-20 可知残差是平稳的。

表 4-20　残差平稳性检验

	ADF 检验值	1%临界值	5%临界值	10%临界值	P 值
残差	−8.071	−3.662	−2.964	−2.614	0.0000

注：表中 ADF 检验值为 $z(t)$，麦金农近似 P 值为 0。

接下来需检验残差是否存在序列相关。原假设认为残差项不存在序列相关。由表 4-21 可知，P 值显示在 5%的置信水平上不拒绝原假设，所以残差不存在序列相关性。

表 4-21　拉格朗日乘数检定

滞后期数	卡方值	自由度	P 值
1	4.5966	9	0.86796
2	2.3869	9	0.98377
3	2.5431	9	0.97970
4	2.0836	9	0.99010

得到向量误差修正模型后，还要进行脉冲响应检验。脉冲响应函数用于衡量来自随机扰动项的一个标准差冲击对内生变量当期和未来取值的影响。设置 step(30)，表明预测 30 期，并做正交冲击反应。通过观察脉冲响应函数，考察来自 dX、dM 的外界冲击对 dNFA 有什么影响(见图 4-5)。外界对 dX 的一个标准差的冲击，对 dNFA 的影响先有一个明显下降，然后明显上升，波动几期后，在−0.006 左右达到稳定。外界对 dM 的一个标准差的冲击，对 dNFA 的影响先有一个明显上升，然后下降，经过几期波动后，在数

值接近于 0 时达到稳定。对比可知，dX 对 dNFA 的冲击影响程度大于 dM 对 dNFA 的冲击影响程度且方向相反。

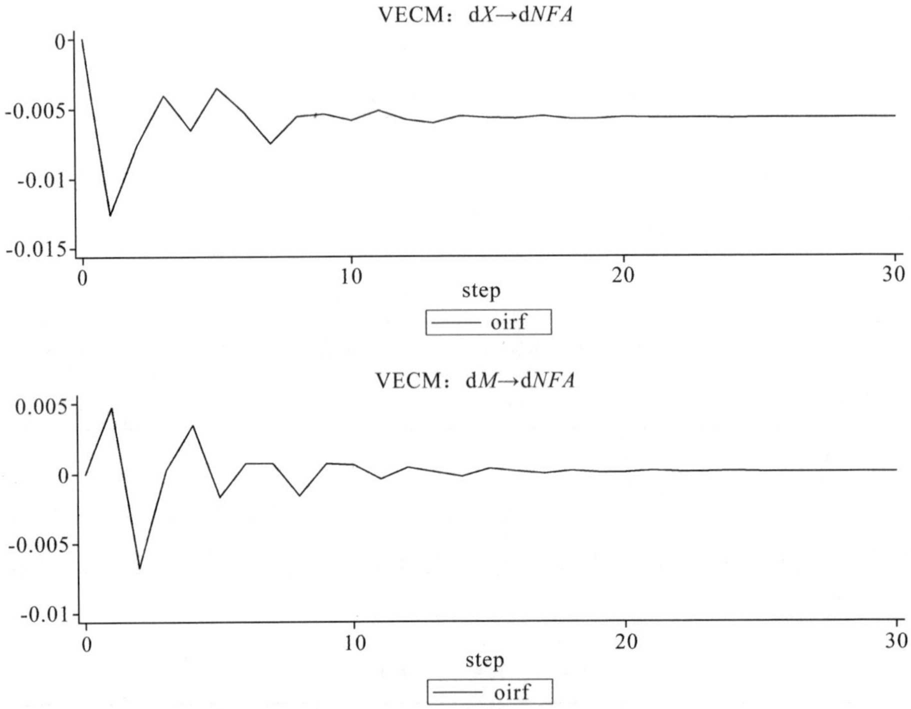

图 4-5　dX 和 dM 对 dNFA 的脉冲响应检验

对 dNFA 进行脉冲响应分析后，进行方差分解。方差分解的主要目的是分析被解释变量预测之误差由哪些解释变量引起及各自所占的百分比是多少，即利用方差分解的方法预测不同因素对 dNFA 变动的影响程度。由表 4-22 可知，dNFA 的变动中，其自身变动影响大概占 89.5850%，dX 的影响占 8.5874%，dM 的影响占 1.8276%。

表 4-22　方差分解结果

Step	方差分解(1)	方差分解(2)	方差分解(3)
	冲击为 dNFA，响应为 dNFA	冲击为 dX，响应为 dNFA	冲击为 dM，响应为 dNFA
0	0	0	0
1	1	0	0

续表

Step	方差分解(1)	方差分解(2)	方差分解(3)
	冲击为 d*NFA*,响应为 d*NFA*	冲击为 d*X*,响应为 d*NFA*	冲击为 d*M*,响应为 d*NFA*
2	0.934100	0.057700	0.008200
3	0.901220	0.075348	0.023432
4	0.915641	0.065420	0.018939
5	0.902104	0.075998	0.021897
6	0.904546	0.074292	0.021162
7	0.908142	0.072786	0.019072
8	0.897883	0.083428	0.018689
9	0.895850	0.085874	0.018276

第六节　估值效应波动性检验

本节利用美国、日本、德国、英国、法国、加拿大、澳大利亚、瑞士八个金融发达国家[①] 1970—2015 年的数据，选取名义汇率、超额股票收益率和估值效应三个变量，首先建立面板向量自回归(PVAR)模型。然后观测其脉冲响应函数并进行方差分解，分析估值效应的变动多少可由汇率波动解释，多少可由超额股票收益率波动解释。研究结果显示，估值效应的变动主要由自身的投资组合和币种配置决定，占比为 92.1%，而汇率波动可解释其变动的 1.7%，超额股票收益率波动可解释其变动的 6.2%。由此还可得出，资产价格变动对估值效应的波动的影响力更大，这与理论预期相同。

一、面板向量自回归模型

PVAR 模型最先由道格拉斯·霍尔茨-埃金(Douglas Holtz-Eakin)提出。伊涅萨·洛夫(Inessa Love)随后使用 PVAR 模型以及正交冲击反应函

① 本书将这八个国家作为金融发达国家的代表，并且这八国的货币也是主要的国际货币。

数来研究金融发展程度低和金融发展程度高的两组国家的公司财务状况如何影响投资行为。[①] PVAR 模型保持了 VAR 模型最大的优势,即将所有变量平等地视作内生变量。同时,残差项在各个体之间是相互关联的。PVAR 模型分析中,最重要的一步是进行 Cholesky 分解(又称“平方根法”),即将一个对称正定矩阵表示成一个下三角矩阵和其转置矩阵的乘积。所谓“正交冲击反应函数”,是指经过 Cholesky 分解后的干扰项。Cholesky 分解与变量的先后顺序有关,外生性越强的变量越应该首先出现。在本节中,因为汇率对相对股票收益率和估值效应均有影响,所以需要将汇率放在最前面,因此变量排序为 ex、R 和 VA。其中,ex 代表名义汇率、R 代表超额股票收益率,VA 代表估值效应。

图 4-6 展示了八个金融发达国家 1970—2015 年,净国际投资头寸占 GDP 比例的变动情况。日本、德国、瑞士处于债权国地位。瑞士的对外净头寸一直为正,且大部分年份超过 GDP 的 100%,2007 年更达到 GDP 的 146%。截至 2015 年末,日本、德国、瑞士净国际投资头寸占 GDP 的比例分别为 68.28%、48.05%、92.32%。加拿大、澳大利亚则一直处于债务国地位。澳大利亚 2009 年对外净头寸达到最低值,占 GDP 的−70%。加拿大对外净头寸占 GDP 的比例从 1970 年到 1997 年一直处于−40%左右,1997 年失衡状况有所缓解,此后直至 2012 年占 GDP 的比例一直处于−15%左右,但从 2013 年开始,加拿大从债务国向债权国转变,截至 2015 年,加拿大对外净头寸占 GDP 的比例已经变为 22.57%。美国、英国、法国都是从 20 世纪 80 年代后期由债权国转变为债务国。2015 年,美国、英国、法国对外净头寸占 GDP 的比例分别为−44.53%、−14.0%、−17.11%。

① Inessa Love and Lea Sicchino, “Financial Development and Dynamic Investment Behavior: Evidence from Panel VAR”, *Quarterly Review of Economics and Finance*, Vol.46, No.2, 2006, pp.190-210.

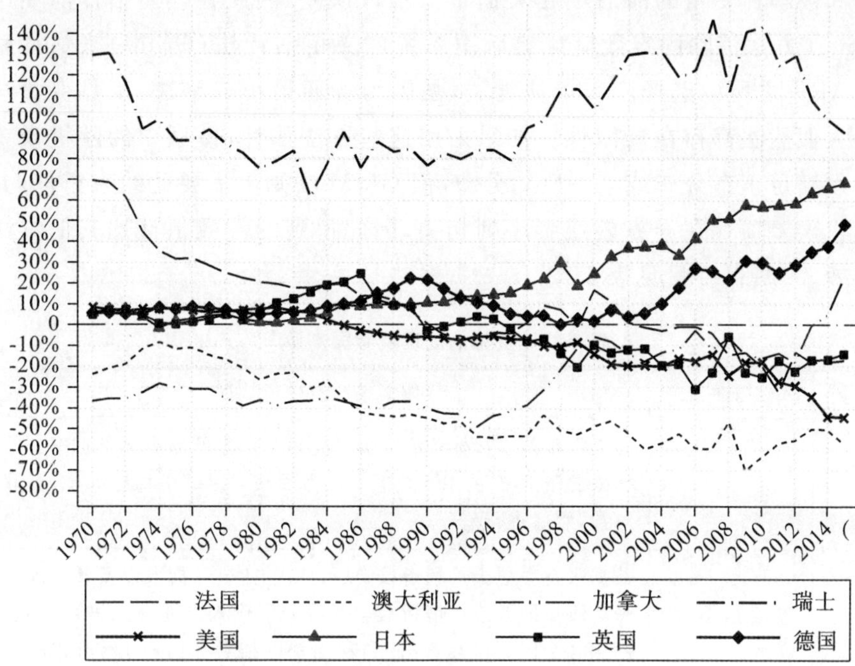

图 4-6 八个金融发达国家 1970—2015 年净国际投资头寸占 GDP 的比例

数据来源:美国经济分析局(BEA)、国际货币基金组织(IMF)。

二、基于发达国家的面板数据检验

通过上节的数据以及图表分析,下面采用 PVAR(1)进行研究。根据 PVAR 的特点,设定模型如下:

$$\begin{pmatrix} ex_{it} \\ R_{it} \\ VA_{it} \end{pmatrix} = \alpha_i + \rho \cdot \begin{pmatrix} ex_{i,t-1} \\ R_{i,t-1} \\ VA_{i,t-1} \end{pmatrix} + \begin{pmatrix} \varepsilon_{1t} \\ \varepsilon_{2t} \\ \varepsilon_{3t} \end{pmatrix} \tag{4-27}$$

其中,ex_{it}表示i国在t期的名义汇率;$R_{it}=r_{it}-r_{it}^{*}$表示i国在t期相对世界平均股票收益率的超额股票收益率,r_{it}表示i国在t期的相对股票收益率,r_{it}^{*}表示t期世界平均股票收益率;VA_{it}表示i国t期的估值效应;α_i是i国的固定效应,目的是消除面板中各国的固定差异。ρ为系数矩阵,用以衡量变量滞后一期对它们自身的影响;ε表示残差项。使用 VAR 时,每个个体截面需要具有相同结构,所以应用固定效应α_i来控制国家间差异。又由于α_i

会因和被解释变量的滞后项相关而带来估计误差，因此在模型估计前使用Helmert方法消除固定效应。然后用系统广义矩估计法（GMM）来估计整个VAR。之所以选择广义矩估计法，是因为普通最小二乘法、工具变量法或极大似然法都存在局限性。如果采用这些方法估计，模型中的随机误差项必须满足正态分布或某一已知分布，但GMM法则不需要此约束条件，允许随机误差项存在异方差或者序列相关，因此得到的参数估计比其他方法更有效。[①] 具体变量见表4-23。

表4-23 变量的处理及数据来源

符号	描述	数据来源及变量构建
ex	名义汇率	名义汇率是直接标价法下美元兑每个国家的双边名义汇率。数据来源于IMF的IFS数据库。为了获得时间平稳序列，对其取对数，然后进行差分
R	超额股票收益率	数据来自摩根士丹利指数（MSCI），包括全球指数以及各个国家平均每年的股票价格指数。然后分别代入上述公式进行计算。利用各个国家指数算出r_{it}，利用全球指数算出r_{it}^*，然后相减得到超额股票收益率
VA	估值效应	对外资产负债数据来自莱恩和费雷蒂编制的国家对外财富数据库（EWN），2012—2015年数据来源于BEA，经常账户数据来源于IMF中的BOP数据库

超额股票收益率（R）的计算。首先根据连续复利计算股票收益率：

$$\gamma=\ln(index_t)-\ln(index_{t-1}) \tag{4-28}$$

分别计算出r_{it}和r_{it}^*，然后根据$R_{it}=r_{it}-r_{it}^*$计算i国在t期相对世界平均股票收益率的超额股票收益率。而VA可由下式计算：

$$NFA_{t+1}-NFA_t=CA_t+VA_t \tag{4-29}$$

样本选择美国、日本、德国、英国、法国、加拿大、澳大利亚、瑞士八个金融发达国家从1970年到2015年的数据进行分析（有些年份的数据有缺失）。由于非平稳时间序列可能会带来伪回归问题，因此在进行PVAR分析前，要进行时间平稳性处理。先利用VA除以当年的GDP消除异方差后，再

① 处理方法参考程希、舒艳：《估值效应波动——基于面板VAR的分析》，《国际金融研究》2014年第5期。

利用 H-P 滤波法消除趋势部分，余下波动部分就可以进行分析。

滞后阶数选择方面，根据分析精简性以及避免损失过多自由度的原则，按照 BIC 准则选择 2 阶滞后(见表 4-24)。

表 4-24　滞后阶数选择

滞后阶数	AIC	BIC	HQIC
1	3.43542	3.85199	3.6023
2	3.27642	3.81744*	3.49335
3	3.32538	3.99613	3.59457
4	3.16138*	3.96751	3.4852*

* 当使用 AIC 准则时，滞后 4 阶时才显著；使用 BIC 准则时，滞后 2 阶时才显著；使用 HQIC 准则时，滞后 4 阶时才显著。

由表 4-25 的结果可知，名义汇率的滞后一期和滞后两期对当期汇率影响显著，超额股票收益率滞后一期对当期汇率影响显著为负，但影响力很小。对于超额股票收益率，名义汇率滞后两期和超额股票收益率滞后两期在 10%的显著性水平上对当期值有显著负向影响。其可能原因是，如果名义汇率较高，货币贬值，弱势货币使得本国股票市场低迷。从前两部分来看，估值效应对于汇率和股票收益率均未呈现显著影响，说明短期估值效应可能对名义汇率和超额股票收益率不产生显著影响。而从第三部分来看，滞后一期的估值效应对当期值在 10%的水平上有显著负向影响，可能原因在于如果发达国家通过估值效应获得正收益，相对应地其他国家就会有损失，由此可能拒绝购买发达国家债券或撤出资本转投国内股票市场等，这些措施会使发达国家通过估值效应渠道所获收益变少。总体来看，上述结果并不十分显著，可能是因为某些年份的数据缺失和样本量过小，以及处理方法带来的系统误差等。但本研究重点在于观察名义汇率和超额股票收益率对估值效应的动态冲击效果以及它们对估值效应波动的解释，结果不显著并不影响对这两个主要问题的分析。

表 4-25 PVAR 的 GMM 结果

		系数	t 值
ex	L.ex	0.405***	(7.43)
	L.R	−0.001***	(−2.95)
	L.VA	0.030	(0.36)
	L2.ex	−0.186***	(−3.10)
	L2.R	0.000	(1.59)
	L2.VA	−0.062	(−0.82)
R	L.ex	8.819	(0.86)
	L.R	−0.097	(−0.82)
	L.VA	−9.324	(−0.33)
	L2.ex	−20.572*	(−1.80)
	L2.R	−0.244*	(−1.83)
	L2.VA	6.802	(0.38)
VA	L.ex	−0.088	(−1.55)
	L.R	−0.000	(−0.35)
	L.VA	−0.139*	(−1.77)
	L2.ex	0.067	(1.47)
	L2.R	−0.001	(−1.33)
	L2.VA	−0.132	(−1.20)
样本数		283.000	
AIC		3.276	
BIC		3.817	
HQIC		3.493	

* $p<0.1$，** $p<0.05$，*** $p<0.01$。

下面利用脉冲响应分析来观察动态冲击性。其中，实线表示脉冲响应函数，虚线表示正负两倍标准差偏离带。

由图 4-7 可知，ex 的一个标准差的负冲击，会使得 VA 逐渐减少。原因在于发达国家对外资产通常以外币计价，而对外负债以本币计价，ex 减少意味着本币升值，对外资产缩水，而对外负债几乎保持不变，所以造成对外净头寸减少。例如美国，美元升值通常会带来负估值效应。超额股票收益率的一个标准差的负冲击，使得 *VA* 上升，原因在于，如果发达国家的股票市场收益下降，会使得其他国家投资于发达国家的 FDI 和股票资产收益均下降，其他国家的损失也就意味着发达国家对外负债成本减少，所以给发达国家带来正 *VA* 提高。虽然这两个结果在统计上也不十分显著，但变化趋势与理论预期相符合。

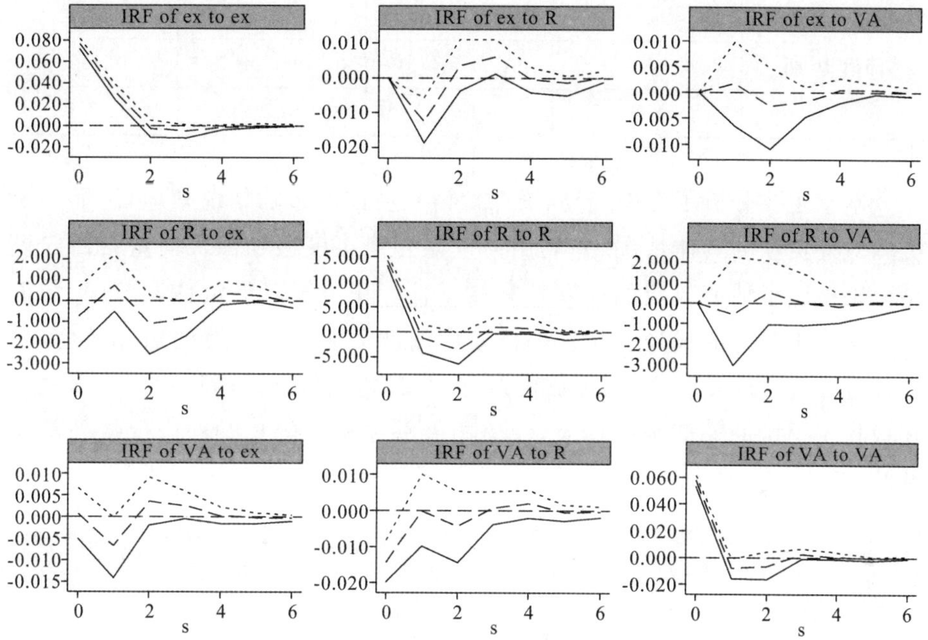

图 4-7 PVAR 的脉冲响应分析

注：用蒙特卡罗法模拟 1000 次，其误差在 5%的范围内。图中横轴表示冲击作用的滞后期数，纵轴表示内生变量受到一个标准差的冲击后的脉冲响应程度。

为了进一步研究估值效应变动的多少是由汇率波动和超额股票收益率波动引起，对 PVAR(2)分别选择 5 期和 10 期进行方差分解，结果显示几乎一样，20 期的分解结果与 10 期也完全相同，因此选择滞后 10 期的方差分解结果。

由表 4-26 可知，*VA* 的变动主要由自身投资组合和币种配置决定，占比为 92.1%，汇率波动解释其变动的 1.7%，超额股票收益率波动解释其变动的 6.2%。由此可见，超额股票收益率变波动带来的影响更大，与理论预期相同。

表 4-26　方差分解结果

被解释变量		解释变量		
		ex	*R*	*VA*
滞后 5 期	*ex*	96.9%	2.9%	0.2%
	R	1.4%	98.3%	0.3%
	VA	1.7%	6.2%	92.1%
滞后 10 期	*ex*	96.9%	2.9%	0.2%
	R	1.5%	98.2%	0.3%
	VA	1.7%	6.2%	92.1%

本章主要分析了汇率变动、资产价格变动如何影响估值效应，进而调节美国对外负债的具体情况，并利用向量误差修正模型和面板向量自回归模型分别检验了估值效应的存在性和波动性。在美国对外负债调节中，估值效应是货币权力的代理变量。估值效应的波动能平滑消费的边际效应，在全球范围有效配置资产，增加居民财富，并起到风险分担的作用。估值效应还放松了美国的外部金融约束，使美国能够在相对较长时期内保持外部失衡状态。

第五章　美国对外负债的可持续性

传统上对一国债务是否可持续主要是从常规指标、经济增长、债务危机等视角进行分析。除了货币权力和估值效应能有效调节美国的外部失衡外，人口增长和技术进步使美国经济总收入一直在增长，因而支付债务利息的能力也随之增长。美国对外负债可持续性还可狭义理解为美国联邦政府的财政融资程序不会发生违约风险。美国金融市场的开放、效率和信誉持续吸引外来资本大量流入，所以美国对外负债具有一定可持续性。本章首先介绍美国债务资产的基本特征以及美国国债的重要作用。其次阐释美国对外负债的一些衡量指标和其他解释框架。然后剖析特朗普政府经济政策调整对美国对外负债的影响。最后对美国对外负债是否存在崩溃的"临界状态"进行解析。

第一节　债务资产的基本特征

在对外负债式经济运行框架下，美国国际收支平衡表总结了美国与世界其他国家的经济交易情况，国际投资头寸表考察了整体的资产负债情况。美国对外资产以高风险高收益的对外直接投资和股票资产为主，对外负债以安全性高流动性强的债务类资产为主。完善的金融体系支撑了美国对外负债的发展，大量发行债券则是美国吸引外部资本流入的主要手段，而对外股权投资是美国获得外部收益的主要方式。外国政府和私人投资者大量购买美国国债，弥补了美国经常账户赤字和预算赤字，并压低了美国的对外融资成本。

一、资产负债各资产类别

根据莱恩和费雷蒂建立的国家外部财富数据库(External Wealth of Nations，1970-2011)以及美国经济分析局(U.S. Bureau of Economic Analysis，BEA)编制的美国国际投资头寸表，统计出 1970—2015 年美国对外资产端及对外负债端各资产类别分别占当年 GDP 的比例，如图 5-1 和图 5-2 所示。

由图 5-1 可知，20 世纪 80 年代以前，对外 FDI 是美国对外资产最大项，股本类资产和外汇储备占比很小。80 年代后债务类资产占比开始迅速上升，股权类资产占比也加速上升，但随着经济形势变动有较大波动，比如 1998 年亚洲金融危机以及 2008 年次贷危机期间，美国都大量抛售在国外的股票资产，使股权类资产占比明显下降。FDI 资产占比处于缓慢上升趋势，且波动性较小，在 2000 年后增速开始明显加快。2010 年后，债务类资产占比开始下降，FDI 和股权类资产占比还呈上升趋势，截至 2015 年，三大类资产所占比例非常接近。外汇储备占对外总资产的比例一直呈稳定态势，基本维持在 1%左右，处于极低水平。

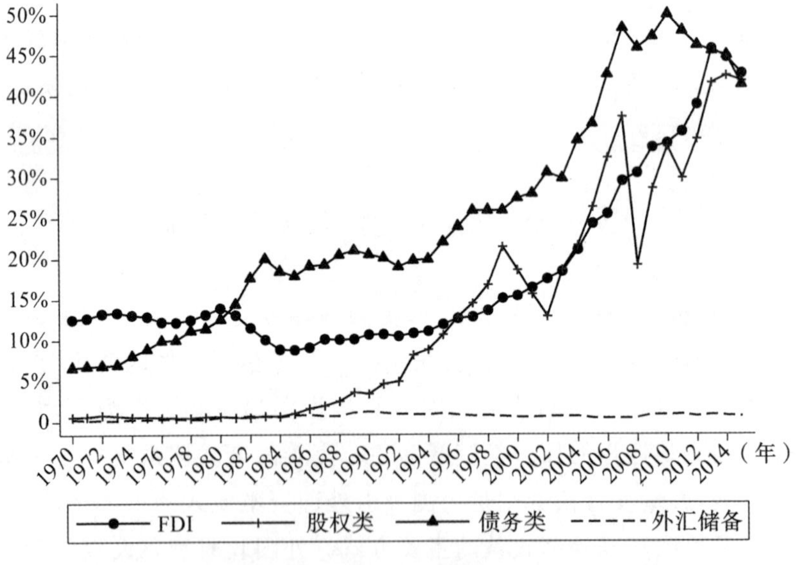

图 5-1 美国对外资产各资产类别分别占 GDP 的百分比

由图 5-2 可知，在美国对外负债端，债务类资产一直占据很大比例，20 世纪 80 年代以前，FDI、股权类资产、债务类资产增速都较为缓慢。此后，随着美元本位制确立以及全球金融一体化，中国、日本、德国、石油出口国等贸易顺差国积累了巨额美元外汇储备。由于国内投资机会有限，这些资金大举进入美国资本市场，其中很大比例购买了美国国债和高质量机构债，造成美国对外负债端债务类资产占比迅速攀升。截至 2014 年，债务类负债占 GDP 的比例近 98%。FDI 和股本类资产占对外总负债的比例一直非常接近，2015 年，二者的占比均为 30%左右。

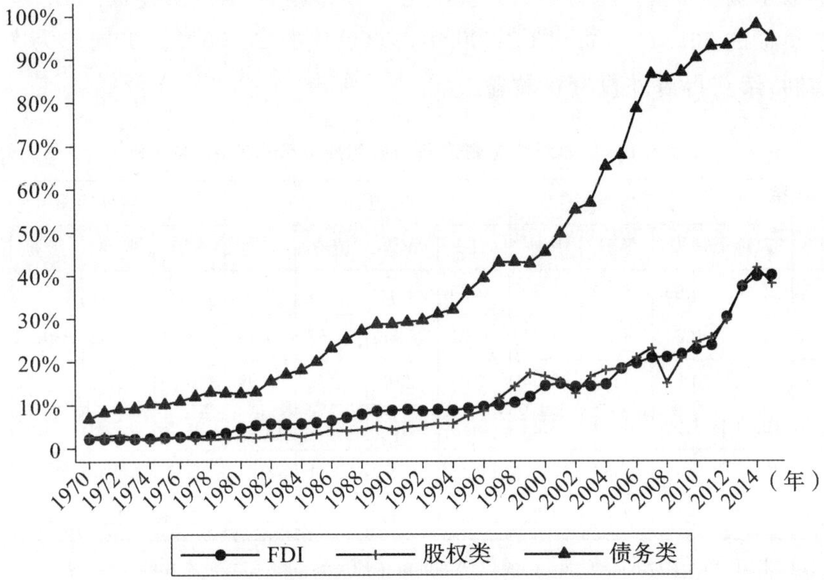

图 5-2　美国对外负债各资产类别分别占 GDP 的百分比

王志军认为美国对外资产负债的资产类别可以划分为三大类：利率敏感类、股票、外国直接投资。其中，利率敏感类包括全部的付息债务求偿权，包括各种存款、固定收入证券、银行贷款，其收益率随利率的变化而波动。[①]塞德里克·蒂勒则统计了 1950—2000 年，平均每十年美国对外资产负债中各资产类别占 GDP 的比例以观察变化规律。研究发现，美国长期持有 FDI 和股票资产头寸，短期持有债券和银行资产头寸。虽然美国净国际投资头寸为负，但如果分资产类别来看，在 FDI 和股票资产项下净头寸为正，或者说，美国在 FDI 和股票资产类别项下是净债权国，而在债券资产及银行资产

① 参见王志军：《美国近百年来的对外负债》，《国际金融研究》2008 年第 4 期。

类别项下则是净债务国。[①]

由表 5-1 可知,美国对外资产端对外直接投资项和股票资产项所占比例逐年增大,而对外负债端,债券资产项和其他资产项占比上升明显。20 世纪 50 年代,股票和 FDI 仅占总资产的 8.75%,而到了 2000 年,股票和 FDI 占总资产的比例达到 59.40%。从两者对比程度来看,股票资产可以提供有效率的资产多样化以达到替代 FDI 的目的,并增加对 FDI 风险调整的收益,这表明股票资产和 FDI 资产可互为补充。[②] 对外负债端,债券资产在 1950 年占总负债的 10.21%,而到了 2000 年占总负债的 27.98%。美国作为净债务国,却持续获得对外投资正收益。

表 5-1　美国对外总资产负债各组成成分占 GDP 的比例　　单位:%

	总资产				总负债				对外净头寸			
	FDI	股票	债券	其他	FDI	股票	债券	其他	FDI	股票	债券	其他
1950 年	1.06	0.66	0.69	17.20	0.29	1.36	0.71	4.59	0.77	−0.70	−0.02	12.61
1960 年	4.49	0.75	1.20	11.96	0.91	1.86	1.57	4.17	3.58	−1.11	−0.36	7.78
1970 年	7.72	0.61	1.49	9.54	1.81	2.02	4.74	4.94	5.91	−1.41	−3.25	4.60
1980 年	10.84	1.22	1.69	18.87	5.88	3.23	7.36	11.62	4.96	−2.01	−5.67	7.25
1990 年	20.17	9.58	4.53	19.21	17.10	7.87	16.31	18.21	3.06	1.80	−11.8	1.00
2000 年	26.56	16.04	4.91	24.21	28.59	14.47	26.47	25.07	−2.03	1.57	−21.6	−0.86

数据来源:Pierre-Olivier Gourinchas, "Valuation Effects and External Adjustment: A Review", Series on Central Banking, *Analysis and Economic Policies*, Santiago: Banco Central de Chile, 2008, Vol.12, p.218.

二、美国国债的重要作用

现代经济的发达系以债务发展为基础,其本质就是承诺将来某一时点偿还与现货同值的财货。国债也就是公共债务(public debt),即"公债"。美国国债是美国财政部代表联邦政府发行的国家公债,即联邦政府债。1971 年,美国联邦债务总额约为 4081.76 亿美元,占 GDP 的比例约为 36.5%;

---

① Cédric Tille, "Financial Integration and the Wealth Effect of Exchange Rate Fluctuations", *Journal of International Economics*, Vol.75, No.2, 2008, pp.283-294.

② Philip R. Lane and Gian Maria Milesi-Ferretti, "External Capital Structure: Theory and Evidence," IMF Working Paper, WP/00/152, 2000.

2008 年，联邦债务总额攀升至 9.98 万亿美元，占 GDP 的比例约为 67.7%；2012 年，联储债务规模突破 16 万亿美元，债务规模首次超过了 GDP 规模；2017 年，联邦债务总额达到 20.21 万亿美元，占 GDP 的比例达到 105.4%（其中联邦政府账户占 28.9%，公众持有占 76.5%）。[①] 国际市场中，私人债券和主权债券大多以美元定价。很多国家央行则将美国国债作为对冲全球金融风险的重要储备资产。

美国还拥有全球最大的债券市场。根据美国证券业与金融市场协会（Securities Industry and Financial Markets Association，SIFMA）数据，2012 年，美国债券市场存量为 38.14 万亿美元，约占当年美国股票市值的 1.2 倍，占当年美国 GDP 的 243.20%。其中，国债占比为 28.64%，联邦机构债券占比为 5.50%，市政债券占比为 9.74%，公司债券占比为 23.83%，抵押贷款支持证券（MBS）占比为 21.42%，资产支持型证券（ABS）占比为 4.43%。与其他证券相比较，美国国债一直是全球资金的避险投资标的。[②] 全球来看，外国的央行持有大约 50%美国财政部的巨额债券。

美国国债市场对于全球金融体系意义重大，但购买美国国债对于大多数国家来说是一项收益很低的选择。对美国国债收益率的具体考量，必须考虑扣除美国通货膨胀率（用 CPI 指数表示）和美元汇率变动后的国债收益，而且相较于在美直接投资、购买美国公司债以及代表存款收益的联邦基金利率等指标，国债是否相对收益更大。[③] 在其他条件不变的情况下，美元升值国债收益率提高，美元贬值国债收益率下降，CPI 增长率提高国债收益率下降。根据公式"国债收益率－CPI 增长率＋美元汇率变化率"，如结果为正，表示购买国债具有正收益；如结果为负，则表示购买国债具有负收益。

通过表 5-2，计算 2000—2015 年各项指标均值并代入上述公式，平均来看只有购买超过 5 年期的国债，才能获得正收益。而相对收益方面，无论是对美国直接投资收益率还是美国公司债券收益率均高于 20 年期国债收益率，联邦基金利率则与 1 年期国债收益率基本持平。

---

① 数据来源于美国白宫管理及预算办公室（Office of Management and Budget）。

② 参见王立：《我国购买美国国债策略研究》，第 27—28 页。

③ 这是一种简单处理方式。参见宋国友：《中国购买美国国债：来源、收益与影响》，《复旦学报（社会科学版）》2008 年第 4 期。

表 5-2 投资美国国债收益比较分析(2000—2015 年) 单位:%

	美国CPI	美元汇率	对美FDI收益率	公司债券利率	联邦基金利率	3月期国债收益率	1年期国债收益率	5年期国债收益率	10年期国债收益率	20年期国债收益率
2000 年	3.38	2.93	4.30	7.62	6.34	6.00	6.11	6.16	6.03	6.23
2001 年	2.83	5.44	1.21	7.08	3.88	3.48	3.49	4.56	5.02	5.63
2002 年	1.59	0.61	2.43	6.49	1.67	1.64	2.00	3.82	4.61	5.43
2003 年	2.27	−6.00	4.37	5.66	1.13	1.03	1.24	2.97	4.01	4.96
2004 年	2.68	−4.62	5.92	5.63	1.35	1.40	1.89	3.43	4.27	5.04
2005 年	3.39	−2.57	6.41	5.23	3.22	3.22	3.62	4.05	4.29	4.64
2006 年	3.23	−2.00	7.54	5.59	4.97	4.85	4.94	4.75	4.80	5.00
2007 年	2.85	−4.72	6.19	5.56	5.02	4.48	4.53	4.43	4.63	4.91
2008 年	3.84	−3.57	6.14	5.63	1.92	1.40	1.83	2.80	3.66	4.36
2009 年	−0.36	5.79	4.74	5.31	0.16	0.15	0.47	2.20	3.26	4.11
2010 年	1.64	−3.64	6.36	4.94	0.18	0.14	0.32	1.93	3.22	4.03
2011 年	3.16	−4.59	6.46	4.64	0.10	0.05	0.18	1.52	2.78	3.62
2012 年	2.07	2.75	6.45	3.67	0.14	0.09	0.17	0.76	1.80	2.54
2013 年	1.46	1.16	n/a	4.23	0.11	0.06	0.13	1.17	2.35	3.12
2014 年	1.62	3.15	n/a	4.16	0.09	0.03	0.12	1.64	2.54	3.07
2015 年	0.12	12.60	n/a	3.89	0.13	0.05	0.32	1.53	2.14	2.55
均值	2.24	0.17	5.27	5.33	1.90	1.75	1.96	2.98	3.71	4.32

注:1.美元指数采用广义贸易加权美元指数衡量,1997=100,正数为升值,负数为贬值;美国公司债券利率采用穆迪 AAA 级公司债券收益率(所有行业)。

2.n/a=无数据。

数据来源:CEIC 全球数据库、BEA、美联储统计公报。

美国国债占全球国债的比重约为 40%。阿温德·克里希纳穆尔蒂(Arvind Krishnamurthy)和维辛·乔根森(Vissing Jorgensen)指出,美国长期国债的流动性和安全性使其等同于现金的替代物。美国长期国债比 AAA 级企业债流动性溢价高了近 0.7%,若长期国债供给下降,其流动性溢价将会进一步升高。[①] 美国国债市场规模大,国债流动性高,再加上有回购市场和衍生市场共同支撑,其影响远远超过政府财政融资以及公开市场操

① Arvind Krishnamurthy and Vissing-Jorgensen, "The Aggregate Demand for Treasury Debt", Mimeo, Northwestern University, 2010.

作的基本职能。无限杠杆化操作是美国国债向外扩张的重要渠道，美元资产定价权也是以美国国债为基础。经济学家埃弗塞·多马(Evsey D. Doma)曾创立了"多马模型"，并指出债务负担问题实际是经济增长速度问题，而与国债规模无关。当面临金融危机冲击时，全球投资者对美国联邦政府履行债务契约的信心，使美国国债成为其可选择的最佳安全资产，也让美元成为终极的"避风港"货币。[①] 2014 年 10 月，美国国债的"闪电崩盘"，引发其他国家股市价格暴跌，说明了美国国债是世界经济态势的"关键晴雨表"。2016 年初，外国投资者已经持有价值约 6.2 万亿美元的美国国债，其中外国央行持有的部分约 4.1 万亿美元。

第二节　衡量指标及其他解释

本小节首先说明对外负债是美国经济运行的理性选择，然后计算了"G-L 指数"、债务率、对外净负债率等几个衡量对外负债的关键指标。关于美国对外负债可持续的解释除了美元本位制、金融霸权、估值效应等理论外，还存在其他分析视角。本小节最后阐释了"金融暗物质说"的相关理论。

一、对外负债的理性选择

经济学关于对外负债的思想观点主要有三种：新古典学派、凯恩斯学派、李嘉图学派，可依次简单归结为债务有害论、债务有益论、债务中性论。凯恩斯学派认为，国家应采取扩张性的经济政策，扩大政府开支，实行财政赤字，刺激经济；新古典学派和李嘉图学派信奉新自由主义思想，强调以市场为导向，主张自由贸易和自由竞争，认为政府不应过多干预市场。[②] 这些经济哲学思想的不同观点，也是美国难以统一对外负债调整政策的深层原因。

从历史上看，由一个国家来负担和维持运作国际货币体系压力过重，这体现在英国 19 世纪末维持的金本位体系和美国在 1945—1965 年运行的布雷顿森林体系。这两个不同时期，作为世界霸主，英国和美国在政治、经济和军事上拥有绝对主导力量，且均持有巨额的外部经常账户头寸，提供融资

---

① 参见[美]埃斯瓦尔·S.普拉萨德：《赢得货币战争》，第 160—161 页。

② 参见类成曜：《国债的分析理论》，中国人民大学出版社 2002 年版，第 50 页。

支持，使全球经济体系渡过正常的商业和贸易起伏周期。这种融资并不仅仅以经常账户顺差为基础，两国经常经历经常账户逆差，但其海外投资利润和其他国际收益远超过这个逆差。两国均维持适当的国内政策，并未出现通胀和通缩的大幅波动。①

20 世纪 80 年代中期以来，得益于全球的低通货膨胀经济环境，不同领域宏观经济波动性的下降，全球进入"大稳定时期"。但从 2007 年次贷危机开始至今，世界经济则陷入了"消费-财富比"(consumption-wealth ratio)过低的阶段，而历史上第一次出现这种阶段性现象是在 20 世纪 30 年代的"大萧条"时期。在这两个阶段之前，世界都经历了财富迅速增长的经济繁荣阶段，分别对应 20 世纪 20 年代和 21 世纪 00 年代，而且这两个阶段也都遭遇了重大金融危机，并伴随之后的去杠杆化和低消费时期。②

2007 年，全球金融资产总值达 230 万亿美元，是全球 GDP 的 4 倍，全球金融衍生品名义价值达 596 万亿美元，是全球 GDP 的 11 倍。量化交易占纽约和伦敦市场交易量的 70%，占东京和其他远东城市市场的 40%—50%。截至 2007 年 7 月，中国和日本持有美国政府财政债券总额的一半。外国人拥有可转让美国政府财政债券的 56.9%，公司债券和其他债券的 24%，美国政府机构票据的 21.4%，美国股票市值总额的 11.3%，而美国非金融部门债务达到 GDP 的 226%。③ 根据国际金融协会报告，截至 2016 年第三季度末，全球债务总额达 217 万亿美元，大约是全球 GDP 的 3.25 倍。仅 2016 年前三季度，全球债务就增长了 11 万亿美元，而其中很大部分来自美国对外净债务的增加。④

当前的世界外汇市场上，货币像商品一样被交易。美国作为世界最大债务国，可以以外币、特别提款权或其他非美元资产向债权国支付，以结算其贸易逆差，否则顺差国不会仅通过累积不断贬值的美元而进行积极干预。如果世界经济没有美国作为长期贸易逆差国，任何区域性自由贸易协定都

① 参见[美]保罗·沃尔克、[日]行天丰雄：《时运变迁：世界货币、美国地位与人民币的未来》，第 398 页。

② Pierre-Olivier Gourinchas and Hélène Rey, "Real Interest Rates, Imbalances and the Curse of Regional Safe Assets Providers at the Zero Lower Bound", NBER Working Paper, No.22618, 2016.

③ 数据来源于美国财政部。

④ 参见张明：《全球债务高企的潜在风险与化解之道》，《人民日报》2017 年 2 月 8 日。

无法发挥作用。金融市场已经从偏重质量和基本面的投资方式转变为偏重数量、技术和模型的投资方式，这大大增加了总的交易量，缩短了反应周期，并使新型金融产品的数量激增。大卫·洛希(David Roche)指出，全世界的流动性好比一个以几何级数增长的倒金字塔，其中80%为金融衍生品。其余部分包括以债务和资产为担保的债券占流动性的10%，广义货币占流动性的9%，高能货币占流动性的1%。①

在当今的开放经济条件下，宏观经济政策的目标不应只是维持内部总需求和总供给的平衡，还需包括国际收支平衡，并且内部均衡和外部平衡间存在冲突的可能性。国际货币基金组织的全球经济模型(Global Economic Model，GEM)是世界经济的总体均衡宏观经济模型。在此模型下，外部债务风险溢价增长可以看作外部失衡减少以及造成债务国产出下降的现象。一国在面临宏观经济失衡时会有动力向均衡回归，即使面临会被卷入衰退和通缩的风险。②

二、对外负债的衡量指标

美国对外负债的关键衡量指标包括G-L指数、债务率、对外净负债率等。通过这三个指标历年的变化发展，可以考察美国对外投资杠杆化及对外负债的可负担性情况。

(一)G-L指数

格鲁贝尔和劳埃德平均双边贸易指数(Grubel-Lloyd index)，即G-L指数，原本是用于测度一个单一产业内进出口平衡所达到的程度，该指数的变化范围为0—1。该指标最开始主要用来分析国际贸易发展情况。奥伯斯法尔德在2004年的一篇论文中提出利用G-L指数对主要发达国家的资产负债状况进行对比分析，以衡量对外负债的风险性。③ G-L指数的计算公式为：

$$GL = 1 - \frac{|A - L|}{A + L} \tag{5-1}$$

或表示为：

$$LEV_{aggregate} = 1 - \frac{Abs[NIIP]}{A + L} \tag{5-2}$$

---

① David Roche and Bob McKee, *New Monetarism*, London: Independent Strategy, 2007.

② Enrique G. Mendoza, "Sudden Stops, Financial Crises and Leverage", *American Economic Review*, Vol.100, No.5, 2010, pp.1941-1966.

③ Maurice Obstfeld, "External Adjustment", NBER Working Paper Series, No.10843, 2004.

其中，A 表示对外资产，L 表示对外负债，$NIIP$ 表示净国际投资头寸。如果 $GL=0$，表示对外资产等于对外负债，净国际投资头寸为零；如果 $GL=1$，由公式可知，$A=0$ 或者 $L=0$，意味着没有对外资产或对外负债。根据上述公式，表 5-3 计算了八个主要金融发达国家 2006—2015 年的 G-L 指数值。

表 5-3　主要发达国家不同年份的 G-L 指数值

	美国	日本	德国	英国	法国	加拿大	澳大利亚	瑞士
2006 年	0.9259	0.7628	0.9296	0.9689	0.9975	0.9888	0.7615	0.8882
2007 年	0.9491	0.7435	0.9377	0.9794	0.9922	0.9597	0.7723	0.8829
2008 年	0.9192	0.7232	0.9385	0.9951	0.9664	0.9676	0.7561	0.8854
2009 年	0.9366	0.6834	0.9235	0.9824	0.9741	0.9516	0.7504	0.8676
2010 年	0.9409	0.7063	0.9363	0.9819	0.9654	0.9437	0.7578	0.8689
2011 年	0.9139	0.7064	0.9426	0.9876	0.9402	0.9456	0.7452	0.8660
2012 年	0.9089	0.7062	0.9441	0.9826	0.9785	0.9374	0.7798	0.8863
2013 年	0.8999	0.7434	0.9263	0.9859	0.9694	0.9978	0.8028	0.9075
2014 年	0.8752	0.7611	0.9153	0.9847	0.9687	0.9842	0.8164	0.9119
2015 年	0.8651	0.7823	0.8965	0.9865	0.9713	0.9364	0.8168	0.9231
平均值	0.9135	0.7318	0.9290	0.9835	0.9724	0.9613	0.7759	0.8888

数据来源：美国商务部经济分析局(BEA)。

从表 5-3 可以得知，英国、法国、加拿大的 G-L 指数接近于 1，表明这些国家的国际投资头寸状况较为平衡，对外资产与对外负债大体相当。日本、瑞士、德国的 G-L 指数较小，表明国际投资头寸状况失衡，又因为这三个国家均为债权国，所以该指数表明这些国家的对外资产远大于对外负债。美国、澳大利亚的 G-L 指数也偏小，同样表明国际投资头寸状况失衡，但因为这两个国家均为债务国，所以该指数表明这两国的对外负债远大于对外资产。由数据可知，澳大利亚的失衡状况比美国严重。

(二)债务率

债务率是一国对外债务额与出口额的比率。一国进出口贸易尤其是出口能力是偿还对外债务的一个重要参考。图 5-3 展示了美国每年对外负债与出口额的比值。美国债务率在 1970 年接近 170%，到 1997 年，美国债务率就已经达到了447%，并且这一比值仍在不断攀升，2015年达到近950%。20世纪80年代拉美债务危机爆发前，阿根廷和巴西的债务率分别达到375%和425%，而1976—1982年，阿根廷所支付的债务利息占出口收益的百分比就已经超过了50%，而巴西也接近50%。[①] 1985年，巴西外债总额为990亿美元，阿根廷为480亿美元，随即两国就陷入债务泥潭，面临资本流动逆转和货币贬值的压力。虽然，美国的经济体量与发展模式与拉美国家具有很大差异，但从对比效果来看，债务率水平过高仍值得警惕。如果美国发生债务危机，不仅对本国经济产生负面影响，还会对全球经济产生剧烈冲击。

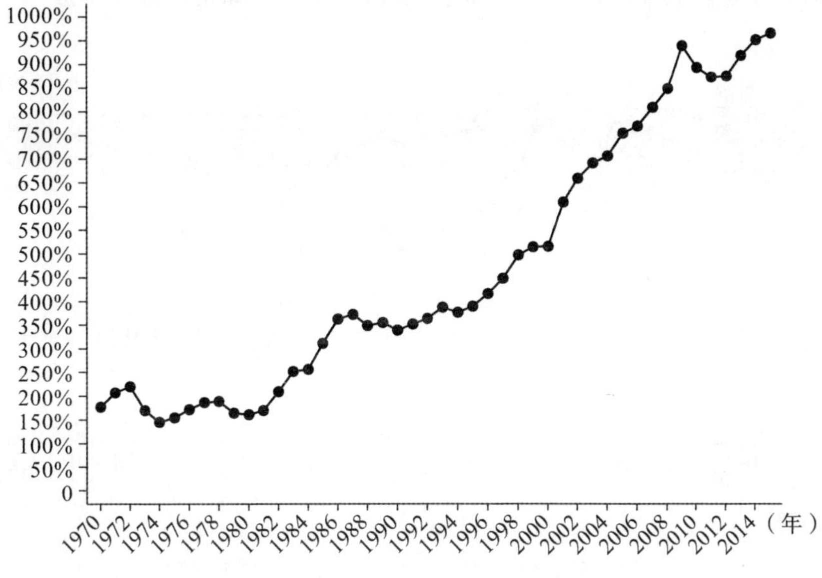

图5-3 美国1970—2015年债务率(对外负债额/出口额)

数据来源：美国经济分析局数据库(BEA)。

（三）对外净负债率

对外净负债率是一国净国际投资头寸与当年GDP的比率，即NIIP/GDP。该指标能说明美国对外债务风险的累积程度，如果该比值过高，会影响世界各国对美国偿还债务能力的信心。

图5-4展示了1970—2015年，美国历年净国际投资头寸占GDP比例的

① 参见[美]罗伯特·吉尔平：《国际关系政治经济学》，第292页。

变动情况。美国对外净负债率一直呈恶化趋势，但总有一定限度，可能会在某一个阶段达到稳态。因为随着美国对外资产负债绝对数额的增大，两者之间收益差的绝对数额也在扩大。虽然外债净值不断增多，但美国可以通过美元贬值或其他渠道稀释债务。奥伯斯法尔德和罗格夫认为该比例维持在50%以内是合理的，如果超过50%，美元就会面临贬值危险。[①] 李石凯曾利用引入时间趋势项的回归方程研究NIIP/GDP的动态变化，并研究美国净国际投资头寸1980—2005年的相对变动趋势。[②] 吴信如、潘英丽也利用该指标构建动态模型，并结合实际数据考察，认为美国的宽货币、低利率、弱汇率的政策具有强烈的资产负债表效应，刺激了全球资产泡沫形成。[③]

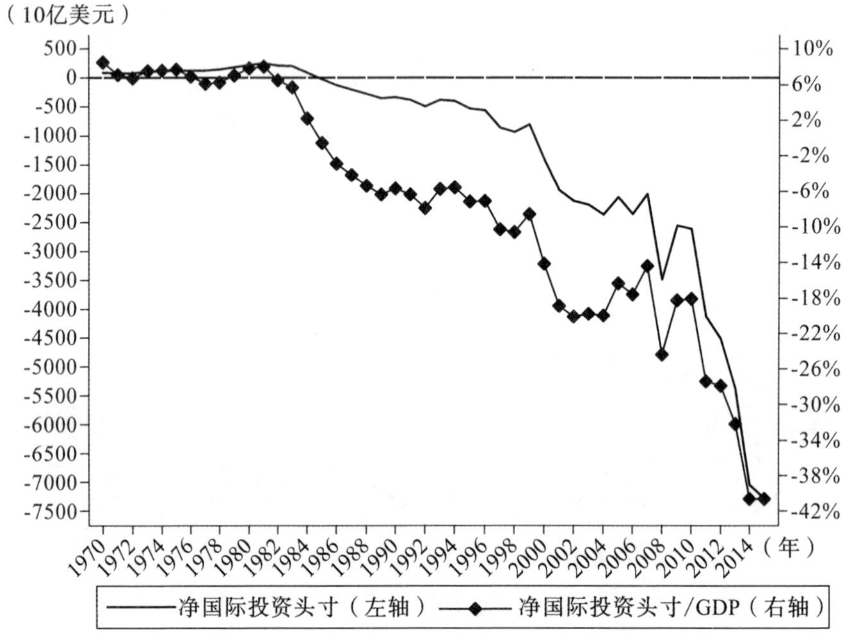

图5-4 美国净国际投资头寸总额及其占GDP的比例

数据来源：美国经济分析局(BEA)。

① Maurice Obstfeld and Kenneth Rogoff, "The Intertemporal Approach to the Current Account", NBER Working Paper, No.4893, 1994.

② 参见李石凯：《美国国际投资头寸的规模与结构变迁》，《广东金融学院学报》2007年第3期。

③ 参见吴信如、潘英丽：《美元汇率与美国国际投资头寸》，《华东师范大学学报(哲学社会科学版)》2011年第6期。

三、"金融暗物质"的解释

"金融暗物质"(dark matter)的概念最先由哈佛大学的两位经济学家里卡多·豪斯曼(Ricardo Hausmann)和费德里科·施图辛格(Federico Sturzenegger)提出。"暗物质"来自物理学概念,它是指比电子和光子还要小的物质,不可以被直接测到,但可以通过引力效应被明显感知。科学家通过引力来推测物质的存在,而不是通过将可见物质简单相加。

(一)产生原因

豪斯曼和施图辛格将跨国资本流动中无法直接测算的因素归结为"金融暗物质",其具体数值为他们所计算的一国实际对外净头寸与官方统计数据之差。他们认为经常账户数据错估了一国对外净资产的真实数额。产生差异的原因在于受 FDI 的错误测算,国家之间未报道的保险贸易及流动性服务贸易,国家间债务减免,美元收益率溢价等影响。比如,美国对外直接投资逐年递增,投资净收益返回国内的部分会被计入对外资产项中,但是保留在国外的未分配利润或者已经分配但却未返回国内的利润没有被计入对外资产项中。这部分留存收益就没有被体现在官方统计中,而是和投资净收益一同成为下一期的再投入资本。由于"金融暗物质"的存在,全球经济失衡实际规模很小且很稳定。

作为技术知识、金融保险、美元流动性的净提供者,美国向外大量输出"金融暗物质",因此不需要担心表面的外部失衡状况。"金融暗物质"能稳定输出的原因在于:首先,美国对外资产端 FDI 不断增长并产生超额收益,通过 FDI 可以输出知识和技术(know-how)。[①] 其次,基于自身庞大的经济规模和金融稳定性,美国通过金融中介为全球资金提供担保服务,并在投融资活动中获得信用溢价。[②]

(二)计算方式

"金融暗物质"的具体计算方式如下:

---

① Richard Cooper, "Living with Global Imbalances", *IIE Policy Brief*, Vol.28, No.6, 2005, pp.615-627.

② Ricardo Hausmann and Federico Sturzenegger, "Global Imbalances or Bad Accounting? The Missing Dark Matter in the Wealth of Nations", CID Working Paper, No.124, 2006.

$$NFA_t^{DM}=\frac{NII_t}{r} \tag{5-3}$$

其中，NFA_t^{DM}是考虑金融暗物质存在的 t 期对外净资产，NII_t是 t 期净投资收益，r 为资产净投资收益率。通过式(5-3)，t 期经常账户可定义为：[①]

$$CA_t=NFA_t^{DM}-NFA_{t-1}^{DM}=\frac{NII_t-NII_{t-1}}{r} \tag{5-4}$$

将上述公式进一步扩展可得“金融暗物质”：

$$\begin{aligned}DM &=NFA_t^{DM}-NFA_t=\frac{NII_t}{r}-NFA_t\\ &=\frac{\tilde{r}(NFA_t+\mu_t)}{r}-NFA_t=\frac{\tilde{r}}{r}\mu_t+\frac{(\tilde{r}-r)}{r}NFA_t\end{aligned} \tag{5-5}$$

其中，DM 表示金融暗物质，NFA_t表示官方计算的 t 期对外净资产(按照经常账户累计值计算)。在上述公式中，假定资产被错误测算，μ_t代表测算误差，同时假定此时的资产收益率为$\tilde{r}$，与固定资产净投资收益率 r 不同。化简后，根据式(5-5)最后两项可以得知“金融暗物质”有两个来源：未计算的对外资产的资本收益以及产生特权的资本收益。[②] 豪斯曼和施图辛格认为，用一国对外净资产乘以净投资收益率可测算出其应有的净投资收益。如果实际净投资收益比测算值大，则证明该国拥有“金融暗物质”资产，如果实际净投资收益比测算值小，则证明该国拥有“金融暗物质”负债。他们还对比了2000—2004 年美国官方公布的经常账户数据以及加入“金融暗物质”后美国经常账户情况(见表 5-4)。2000—2004 年，美国平均每年“金融暗物质”进出口规模为 5599 亿美元，年均占 GDP 的比例为 5.3%；同期英国平均每年“金融暗物质”进出口规模为 2343 亿美元，年均占 GDP 的比例为 14.6%。如果考虑“金融暗物质”的影响，美国有些年份不仅不存在经常账户逆差，甚至还

---

① 美国联邦政府曾对这种计算方式进行讨论，但美国经济分析局最终放弃了这种计算方式，因为非常难以找到一个合适的净资产投资收益率 r，而 Ricardo Hausmann and Federico Sturzenegger 取 r 为 5%。其他学者的研究可参考 M. Ulan and W. Dewald, “The US Net International Investment Position: Misstated and Misunderstood”, in J.Dorn and W.Niskanen eds, *Dollars, Deficits and Trade*, Kluwer Academic, Norwell, MA.1989; W. Cline, *The United States as a Debtor Nation*, Institute for International Economics, Washington DC, 2005.

② Ricardo Hausmann and Federico Sturzenegger, “The Missing Dark Matter in the Wealth of Nations and its Implications for Global Imbalances”, *Economic Policy*, Vol.22, No.51, 2007, pp.491-505.

是经常账户顺差。[①]

表 5-4 美国官方经常账户余额与计算金融暗物质后的经常账户余额 单位:十亿美元

	2000 年	2001 年	2002 年	2003 年	2004 年
官方数据	−416.0	−389.5	−475.2	−519.7	−668.1
加入 DM 后	143.3	82.5	−303.3	725.7	−317.3

数据来源:Ricardo Hausmann and Federico Sturzenegger, "Why the U.S. Current Account Deficit is Sustainable", *International Finance*, Vol.9, No.2, 2006, pp.1-18.

金融暗物质与一国对外收益特权有关。克里斯托弗·迈斯纳(Christopher M. Meissner)和艾伦·泰勒曾利用投资净收益对对外净资产做回归,来评估 G7 国家的收益特权(return privileges)。[②] 具体如下式:

$$\frac{NII_{it}}{GDP_{it}}=r\left[\frac{NFA_{it}}{GDP_{it}}\right]+\alpha_i+u_{it} \tag{5-6}$$

用投资净收益和对外净资产分别除以第 i 国的 GDP 是为了消除由于各国经济总量不同所带来的异方差问题。NII_{it} 表示第 i 国第 t 期的投资净收益,NFA_{it} 表示第 i 国第 t 期的对外净资产,此处恒定斜率系数 r 近似等于对外净资产中获得的传统收益率。α_i 表示评估收益特权的固定效应,u_{it} 表示误差项。结论表明美国、英国、日本从收益特权中获得正收益,而加拿大和意大利获得负收益,法国和德国有较小的收益率差异,但在数据上不显著。[③]

(三)其他分析

卡洛尔·科拉多(Coral A.Corrado)等认为,无形资本是美国国民收入的一项重要来源。2006 年美国国民收入账户中,在无形资本这一项下漏算约 8000 亿美元,如果加上这些无形资本,2006 年美国经济的资本存量达到

---

① Ricardo Hausmann and Federico Sturzenegger, "Why the U.S. Current Account Deficit is Sustainable", *International Finance*, Vol.9, No.2, 2006, pp.1-18.

② Christopher M. Meissner and Alan M. Taylor, "Losing Our Marbles in the New Century? The Great Rebalancing in Historical Perspective", NBER Working Paper, No.12580, 2006.

③ Christopher M. Meissner and Alan M. Taylor, "Losing Our Marbles in the New Century? The Great Rebalancing in Historical Perspective", NBER Working Paper, No.12580, 2006.

近3万亿美元。[①] 威廉姆·比特(Willem H.Buiter)认为"金融暗物质"来自美元铸币税特权,2006年美国输出的"金融暗物质"资产大约在2100亿美元至5250亿美元之间。[②] 豪斯曼和施图辛格认为,美国对外超额收益还来源于隐形资产,比如公司交易、风险溢价和流动性溢价。外国投资者在美国投资获得较低收益率的原因之一在于,美国提供了对外国投资者投资的保险服务,这类似于银行和存款者的关系。因为银行对存款者提供了金融服务,所以银行对存款可提供较低利率。[③] 由于"金融暗物质"的存在,所以美国对外金融净头寸才是其对外资产真实价值的准确衡量。[④] 斯蒂芬妮·屈尔屈吕(Stephanie E.Curcuru)、托马斯(Charles P. Thomas)和瓦诺克(Francis E. Warnock)则认为,对于美国对外负债的原因分析,"金融暗物质"假说的错误在于其将收入流作为国际账户中最准确的一项。而实际上收入流总量根本无法精确测量,只能利用估计方法算出,存在严重理论误差。[⑤]

国内学者对"金融暗物质"也称为"经济暗物质"。丁志杰认为,"经济暗物质"等同于存量估值效应。[⑥] 赵建认为,截至2014年,保守估算中国已经输入1万亿美元的"经济暗物质",而同期中国的对外净资产不到2万亿美元,如果考虑"经济暗物质"的负面作用,中国的对外净资产可能减半。[⑦] 而形成的原因在于中国对外经济中"大资产、弱货币"的地位不对称,无法像美国那样利用美元本位制进行全球资产定价和输出危机。张茉楠则提出,中美经济不平衡是债权国与债务国权利与利益分配上的失衡,从根本上讲是一种非对称的依赖关系,而债权国与债务国背后的"经济暗物质"是认清此

---

① Coral A. Corrado, C. Hulten and D. Sichel, "Intangible Capital and Economic Growth", NBER Working Paper, No.11948, 2006.

② Willem H. Buiter, "Dark Matter of Cold Fusion?" Global Economics Paper, No. 136, 2006.

③ Ricardo Hausmann and Federico Sturzenegger, "The Missing Dark Matter in the Wealth of Nations and Its Implications for Global Imbalances", *Economic Policy*, Vol. 22, No. 51, 2007, pp.491-505.

④ Ricardo Hausmann and Federico Sturzenegger, "Why the U.S. Current Account Deficit is Sustainable", *International Finance*, Vol.9, No.2, 2006, pp.1-18.

⑤ Stephanie E. Curcuru, Charles P. Thomas and Francis E. Warnock, "Current Account Sustainability and Relative Reliability", NBER Working Paper, No.14295, 2008.

⑥ 参见丁志杰、谢峰:《美元过度特权、经济暗物质与全球治理变革》,《国际金融研究》2014年第11期。

⑦ 参见赵建:《警惕人民币背后的"经济暗物质"》,《商周刊》2014年第11期。

非对称关系的关键。[①] 卢瑾认为“金融暗物质”就是全球资本流动中，美国对外投资收益和外国对美国的投资收益之间的利差，其体现了美国海外资产所有者相较于外国投资者而言可获得更高的投资收益率。[②]

第三节 特朗普政府的政策调整

奥巴马政府时期，美国的外部失衡现象并未得到有效缓解。特朗普正式就任美国第 45 任总统后开始推进一系列经济调整政策。特朗普的经济刺激计划体现出“美国优先”和实用主义特征。特朗普还秉持一种“新干预主义”，遵循重商主义原则有选择地干预经济生活，并将“大市场、小政府”作为经济治理的重要理念，其在逻辑上具备自洽性，但又带有很强的负外部性。

针对美国对外负债规模持续扩张，特朗普首先对美联储货币政策进行一系列评论，并试图适度干预美联储的独立性地位。次贷危机后，美联储资产负债表规模激增到近年的 45000 亿美元以上。[③] 当前全球金融市场面临杠杆过高、监管缺失和跨境资本过度流动局面，美联储采用“加息”和“缩表”，重启货币政策正常化进程，从“价”和“量”两个维度紧缩货币政策。“加息”和“缩表”一方面是为下一阶段可能的经济下跌做好准备，另一方面是为应对美元贬值造成的输入型通货膨胀。美联储的持续加息政策可能促使美元大量回流美国，推高美国金融资产价格，造成美元指数短期剧烈波动，还可能导致 2018 年美国国债市场爆发大崩盘，联邦政府或将出手拯救美债收益率。[④] “加息”和“缩表”还会对与美国经贸关系紧密的国家产生正向溢出效应。

“特朗普经济学”框架下的美国刺激经济方案主要包括税收改革、贸易保护、加强基础设施建设、放松金融监管四个方面。

第一，税收改革。供给学派认为，高税率特别是高的边际税率是抑制人

---

① 参见张茉楠：《中美经济失衡“另解”——解析中美之间的“暗物质”之谜》，《发展研究》2010 年第 11 期。

② 参见卢瑾：《全球经济失衡：特征、机制及可持续性》，中国社会科学院博士学位论文，2010 年。

③ 参见卢锋：《特朗普的经济主张》，《国际经济评论》2017 年第 1 期。

④ 参见陈思进：《美联储新领袖鲍威尔的货币政策猜想》，《金融博览》2018 年第 1 期。

们工作积极性和劳动生产率下降的重要原因。美国属于发达经济体中的高税率国家,公司所得税为35%,个人所得税分七档,从10%到39.6%。特朗普税改法案将公司税率降至21%,下调个人所得税并废除净投资所得税,降低富人的最高收益率至37%,遗产税门槛则被提高到2200万美元。① 特朗普还主张将最高联邦企业所得税税率由现行的35%降至15%,对回迁海外利润的美国企业一次性征税10%,吸引跨国公司将利润及早汇回国内。关税方面,特朗普主张对进口货物施加20%的关税,特别是对中国和墨西哥分别征收45%和35%的惩罚性关税。② 美国税收政策中心估计,税改方案将使美国未来20年增加24.5万亿美元债务,联邦政府开始10年减少9.7万亿美元税收,第二个10年进一步减少15万亿美元税收。③ 特朗普的财税政策一定程度上是重复里根经济学的措施。美国企业历来都是高杠杆运作,从债务市场融资。税率是每年调整一次,国债利率是随行就市随时调整的。一般情况下,利率变化比税率快得多,还没等减税兑现,上升的利率就可能冲销了减税带来的好处。④

第二,贸易政策。特朗普上台后开始限定自由贸易政策,并转向贸易保护主义。特朗普政府认为,美国长期巨额贸易逆差导致美国失业率上升、公共债务高企、制造业竞争力下降。贸易政策改革将会促进净出口增长,大量减少石油等资源进口,恢复贸易平衡。2017年1月23日,美国宣布退出跨太平洋伙伴关系协定(Trans-Pacific Strategic Economic Partnership Agreement, TPP),5月计划重谈北美自由贸易协议(North American Free Trade Agreement, NAFTA)。⑤ 特朗普还针对中国发起"301条款"调查。中国是美国的长期贸易顺差国,但美国巨额贸易逆差的主要原因在于自身低储蓄率和高消费率,而与人民币汇率无关。特朗普贸易政策将使美国对

---

① 参见宋泓:《特朗普上台后美国贸易及相关政策的变化和影响》,《国际经济评论》2017年第1期。

② 参见吴秀波:《特朗普激进经济政策主张对中国的不利影响及应对策略》,《价格理论与实践》2016年第11期。

③ 参见徐明棋:《美国的自由主义经济思想是否正走向终结——特朗普政府"新干预主义"经济政策评析》,《学术前沿》2017年第3期。

④ 参见张燕玲:《特朗普减税,中国怎么办?》,《中国经济报告》2018年第1期。

⑤ 参见杨力、李蕊:《"特朗普经济学"框架下的美国宏观经济政策分析》,《国际观察》2017年第5期。

贸易赤字更加敏感,甚至陷入重商主义的政策旋涡中,有可能增加与其他贸易伙伴国间的贸易摩擦。

第三,基础设施建设。特朗普政府计划未来十年利用 2000 亿美元撬动总额高达 1 万亿美元规模的基础设施建设投资,大量修建高铁、公路、桥梁、水道,并达到重振制造业的目的。关于基建资金来源,特朗普计划缩减海外军事支出并大力拉动民间投资。但减税和增加基础设施建设对拉动美国经济增长的效果存在不确定性。在税收收入减少的同时扩大基建支出,只能通过增加预算赤字,而这会进一步加重联邦政府债务负担。

第四,放松金融监管。其主要目的在于加强金融服务实体经济的功能,释放金融活力并重构全球竞争力。特朗普试图废除奥巴马政府在次贷危机后颁布的旨在扩大监管机构权利,限制金融机构投机性交易的《多德-弗兰克法案》,对银行业进行"松绑",为企业扩大投资创造制度环境。放松金融监管虽有益于刺激资本投资、促进经济增长,但也可能诱发系统性的金融风险。

美国对外负债对全球经济发展产生溢出效应,重塑美国财政纪律是项长期而艰巨的任务。财政赤字直接推高了美国对外负债,因此财政整顿、增税减支有利于降低美国债务膨胀速度。美国调整对外净债务的外部条件包括减少联邦预算赤字,东亚新兴经济体提高汇率灵活性和消费增长,日本和欧元区进行结构性改革,石油出口国增加开支等。短期内,美国可通过债务货币化手段规避风险。尽管现阶段美国财政处于可持续水平,但已出现偏离稳态的迹象。债务攀升引发的挤出效应,使私人的生成性投资大量被挤出,导致美国债务负担率上升,经济增长率放缓。

特朗普上台后,尊崇"美国第一""美国优先",强调美国本土经济利益。在贸易、投资、外交、移民等领域实行保护主义,执行反全球化的政策立场,拒绝为全球治理提供公共产品。在税收改革、贸易保护、加强基建建设、放松金融监管等方面的激进改革,对美国经济产生强烈刺激。2017 年,美国的失业率曾一度降至 4.1%,创 17 年来的新低。同时,商业贷款比重增长,贸易赤字略有下降,房地产销售额创下新高。但特朗普经济政策能否有效缓解美国外部失衡状态、遏制美国外债增长速度并促进世界经济平稳运行,还有待观察其政策的后续运行情况。

第四节　对外负债崩溃的“临界状态”

美国对外负债是对“债权人逻辑”的违反。美国外部债务几乎全部以本币美元标价，在美元本位制下得以避免货币错配问题，并通过调整美元汇率以及资产价格有效缓解外部失衡。当前全球发达经济体中，持续增长的高水平债务威胁到全球宏观经济的稳定性。债务水平是否是经济增长的“引爆点”？即一旦债务水平超过该“引爆点”，债券市场就会面对公共债务成本大幅上涨的局面，进而危及一国的偿债能力。一些研究显示，政府债务占GDP的比例超过80%且长期维持经常账户赤字的国家，很容易遭受财政危机。当外国投资者对该国的债务水平感到担忧时，市场利率随之升高，导致债务水平进一步恶化。虽然上述危险信号一直在美国出现，但美国目前还没有遇到这个问题。

莱因哈特提出了“这次不一样”综合征，强调了美国的特殊情况。主要原因是美国拥有全球最具广度、深度和流动性的金融市场以及完善的金融体系，可以毫无顾忌地承受巨额的资本流入。美国还拥有良好的货币政策制定机构及货币政策制定者。市场是自我组织并有路径依赖的社会制度。成功的市场都具有三大特性：保护产权、降低交易成本和提高透明度。金融市场是交易货币、产权、证券和金融衍生品的复杂网络。基于本国健全可靠的银行和金融系统，美国可以持续获得外国对其经常账户赤字提供资金的好处。此外，美国并不是全球唯一面临巨额经常账户赤字和持续资本洪流的国家，英国、新西兰、西班牙、保加利亚、冰岛、拉脱维亚等都从国外获得大量资本流入，助推了信贷和资产价格泡沫，即资本流入“富矿事件”，但在美元本位制下，美国是其中获益最多的国家。[①]

美国对外负债是否存在崩溃的“临界状态”？“临界状态”是一个物理学概念，普·巴克(Per Bak)、唐超和科特·威森费尔(Kurt Weisenfeld)认为拥

① 参见[美]卡门·M.莱因哈特、肯尼斯·S.罗格夫：《这次不一样：八百年金融危机史》，第167—190页。

有空间自由度的动态系统会自发地被诱导至自组织的临界状态。[①] 按照他们的模型，一旦达到临界状态，即使是最微小的变化也会带来意想不到的效果。比如，以无序的方式向沙堆上撒沙子，当沙堆达到临界状态时，如果再向沙堆撒上一粒沙子，既有可能不会带来任何后果，也有可能引起流沙效应，导致整个沙堆彻底坍塌。这个道理类似于“压死骆驼的最后一棵稻草”。同样对于美国对外负债的“沙堆”来说，最具挑战性的问题是这个“沙堆”是否已经处于“临界状态”，只需要最轻微的“震颤”，整个“沙堆”就会崩塌。[②]

积累大规模存量债务的经济体高度依赖新的信贷供给。新增信贷一旦终止，负债依存度高的企业将停止投资，甚至出现倒闭。相比于股权密集型经济体、债务密集型经济体，尤其是过度依赖短期债务融资的经济体，在面临投资者信心突然崩溃或银行信贷能力突然萎缩时显得更加脆弱。彼得·戴尔蒙德(Peter A. Diamond)在新古典经济增长模型框架内分析了美国债务形成原因，并认为美国对外负债的确在一定时期内促进了美国经济增长，但由此造成了经常账户赤字和财政赤字，一旦超过“赤字天花板”，美国将失去政策调整的灵活性。[③] 罗伯特·戈登(Robert J. Gordon)认为，美国为使经济长期发展达到 1860—2007 年年均 1.9%增长速度的一半或略少的过程中，面临着六大障碍，即人口、教育、不平等、全球化、能源和环境、消费者和政府债务过剩。[④] 古里查斯和雷伊指出，即使美国还没有为其对外净负债进行净支付，但也为期不远。外国借贷者有可能在某一时刻突然停止为美国外部赤字融资，抛弃美元而转向另一种国际货币，比如欧元；或者对美国的流动性资产要求风险溢价。任何一种情况发生都将造成美元贬值、美国国

---

① 闪烁噪声(flicker noise)，“1/f”噪声可以被确认为临界状态的动态表现。拥有扩展的空间自由度的动态系统会自发地演进成为一个不稳定的临界态结构。动态最小稳定度和空间尺度的结合会导致时空波动的幂律分布。噪声以“多米诺效应”方式通过缩放集群传播，并扰动最小稳定状态。长波长扰动引起所有长度尺度上的能量耗散级联，这是扰动的主要特征。参见：Per Bak, Chao Tang and Kurt Wiesenfeld, “Self-Organized Criticality: An Explanation of 1/f Noise”, *Physical Review Letters*, Vol.59, No.4, 1987, pp.381-384.

② 参见[美]埃斯瓦尔·S.普拉萨德：《即将爆发的货币战争》，第 324—325 页。

③ Peter A. Diamond, “National Debt in a Neoclassical Growth Model”, *The American Economic Review*, Vol.55, No.5, 1965, pp.1126-1150.

④ Robert J. Gordon, “Is US Economic Growth Over? Faltering Innovation Confronts the Six Headwinds”, NBER Working Paper, No.18315, 2012.

内利率上升，甚至全球经济衰退。[①] 科什纳则指出，如果债务过度导致美元地位衰落，将使美国面临国防开支的压力、宏观经济自主性的弱化、对外融资能力的下降以及货币操控的脆弱性等。[②]

关于美国对外负债的“临界状态”和“崩溃论”的深入解析，超出了本书的研究范畴。结合实际情况，以上仅对美国能否出现这种现象做出判别。通常来讲，当借款人资不抵债时，他会将损失传递给贷款人，而当贷款人破产时，社会将承担余留的损失。由此原理推及国际社会，一旦美国遭遇内生性衰退和全球经济竞争的外部积压，或者国际政治经济体系出现“黑天鹅事件”，将使美国大规模对外负债无法持续，美国经济或将陷入“长期疲软”(the long slump)和“大停滞”(the great stagnation)，国际货币体系也必将面临重大变革。但就目前情况来看，美元本位制、美国金融霸权、估值效应调整渠道、对外资产负债收益率差等条件的存在，使美国债务式经济运行模式具有一定可持续性，尽管这是一种比较脆弱的平衡。

---

① Pierre-Olivier Gourinchas and Hélène Rey, "From World Banker to World Venture Capitalist: US External Adjustment and The Exorbitant Priviledge", NBER Working Paper, No.11563, 2005.

② 参见[美]乔纳森·科什纳:《金融危机后的美国权力》,第151—152页。

第六章　美国对外负债的影响后果

美元本位制下，美国掌握着国际货币权力，依靠持续对外负债维持经济运行。美国的经常账户逆差、金融账户顺差、国内宽松的信贷政策、投资储蓄的不平衡、长期加速度提供美元等，造成全球流动性失衡。对外负债还导致美国虚拟经济膨胀，产生泡沫式经济，并促使金融危机频发。作为世界前两大经济体，中美两国的金融发展差异性愈发明显。中美经济关系失衡不仅体现在数量和结构上，还体现在相互依存关系的非对称性上。在美元本位的国际货币体系下，中国面临着身份认同、议题设置、战略心态等方面的困惑与挑战，因此应积极推进人民币国际化作为应对策略，有建设性地参与完善全球金融治理，重构全球货币秩序。

第一节　对外负债造成全球流动性失衡

历史上金融的作用在于支持实体经济活动，到20世纪末期，实体经济同金融之间的重要性位次发生逆转。促成这一历史性反转的因素体现在两个方面：其一是膨胀的全球流动性，其二是金融工程。二战后，世界经济的增长本质上得益于宽松的货币政策以及美国的经常账户赤字。简单来说，世界的增长基于扩大的全球失衡，扩大的失衡要求更大的流动性来提供融资支持，而更大的流动性又产生了对更高收益的需求。[①] 国际资本流动是世界经济发展的强大推动力。资本通常被转移到边际收益率最高并能得到最

---

① 参见[美]保罗·沃尔克、[日]行天丰雄：《时运变迁：世界货币、美国地位与人民币的未来》，第414页。

有效利用的地方，贷款国和借款国均能从可投资资本的有效利用中获益。但是资本的投机性和多变性也是造成全球经济动荡的重要原因。美国对外负债是造成当今全球流动性失衡的主要原因，而货币权力的差异性则导致全球经济失衡调整中各国所付出的成本各不相同。全球各经济体的耦合度日渐上升，导致影响全球流动性失衡的因素也越来越多。

一、失衡产生原因

失衡是指对一般均衡的偏离。全球流动性失衡包含了国家之间在不同阶段的流动性错配，从而造成经常账户的赤字或盈余。全球流动性失衡与跨境的抵押资产和支出有关系。全球流动性可以分为公共流动性和私人流动性。公共流动性包括金融机构在央行的总储蓄以及政府或机构债券；私人流动性包括银行部门可要求的存款(demandable deposits)、货币市场基金存款、金融部门发布的自有标签安全资产等。① 全球经常账户失衡必然伴随着方向相反的金融账户失衡，因此全球经济失衡必然伴随着资本在全球的大规模流动，致使国际债权债务在不同国家累积。

美国与世界其他国家消费与投资的不平衡，造成世界范围内的流动性过剩。全球资本流动主要在国际金融市场上进行。布雷顿森林体系解体后，国际金融市场的资金流动与实际生产和交换的直接联系日益减弱，表现出明显的货币金融性质和自身独立的运动规律，对全球经济均衡产生重要影响。国际金融市场愈发呈现批发市场的特征，机构投资者成为国际资金流动的主要载体。居民家庭储蓄行为多元化和金融业的开放使机构投资者掌握的金融资产急剧上升。同时金融衍生品交易比重不断攀升，交易虚拟化程度逐步升高。②

理查德·库珀(Richard Cooper)认为，全球流动性失衡最直接的原因就是美国经常账户逆差与对外负债政策。③ 姚枝仲也指出，全球国际收支失衡关键就在于美国的巨额经常账户逆差、不断攀升的对外债务以及外围国家

---

① Pierre-Olivier Gourinchas, "Global Imbalances and Global Liquidity", *Proceedings*, No.11, 2011, pp.305-340.

② 参见姜波克:《国际金融新编》(第五版)，第215—228页。

③ Sebastian Edwards, "Is the U.S. Current Account Deficit Sustainable? And If Not, How Costly is Adjustment Likely to be?" NBER Working Paper, No.11541, 2005.

不断积累的对美国的债权。① 尹应凯和崔茂中认为,造成全球经济失衡的两大要素是美元的超中心地位以及发行自由化。② 伊藤宏和门齐·钦利用19个发达国家和70个发展中国家1986—2005年面板数据,研究金融发展和开放程度对全球资本流动的影响。结果显示,发达国家的债券市场对预算均衡影响显著。③ 法比奥·弗洛伦(Fabio Fornari)和艾维瑞姆·利维(Aviram Levy)指出,以股票市场资本总额占GDP比例这一指标对全球资本流动进行解释,效果要好于利用国内总产出、国际贸易等传统宏观经济变量的解释。④ 恩里克·蒙东萨(Enrique G.Mendoza)等认为,全球外部失衡源于不同国家金融市场发展的差异性。持续性的全球失衡是全球金融一体化的直接结果。⑤ 伊尔德里米·卡南(Yildrim Canan)则认为跨国公司主导的全球性产业布局调整是全球经济失衡的根本动因。他还利用协调证券组合投资调查报告(Coordinated Portfolio Investment Survey)研究了不同类型的公司治理对决定一国对外投资类型的影响。⑥

资金分散化和资产配置调整频繁化共同促进了国际资本流动,并进一步引发全球经济失衡。根据现代投资学的观点,资产投资组合应当分散化,即应持有多种形态的、具有不同风险和收益率的资产组合。投资者能迅速注意到不同金融市场中金融产品的差价,并在短时期内调动大量资金进行套利活动。⑦ 金融全球化催生了四种套利活动,即工资套利、金融套利、知识套利、监管套利。国际金融市场上的资产投资组合多元化,还提高了资本的边际产出,并为投资者提供了融资和获利渠道。

---

① 参见姚枝仲:《美国贸易逆差的可持续性:调整及其影响》,《国际经济评论》2006年第3期。

② 参见尹应凯、崔茂中:《美元霸权:生存基础、生存影响与生存冲突》,《国际金融研究》2009年第12期。

③ Hiro Ito and Menzie Chinn, "East Asia and Global Imbalances: Saving, Investment, and Financial Development", NBER Working Paper, No.13364, 2007.

④ Fabio Fornari and Aviram Levy, "Global Liquidity in the 1990s: Geographical Allocation and Long-run Determinants", Preparatory Paper for Bank of Italy's 1998 Annual Report, *Conference Paper*, No.8, 1999.

⑤ Enrique G. Mendoze, Vincenzo Quadrini and Jose-Victor Rios-Rull, "Financial Integration, Financial Deepness and Global Imbalances", NBER Working Paper, No.12909, 2007.

⑥ Yildirim Canan, "Informational Asymmetries, Corporate Governance Infrastructure and Foreign Portfolio Equity Investment", Mimeo, Tilburg University, 2003.

⑦ 参见姜波克:《国际金融新编》(第五版),第226—228页。

二、失衡表现特征

流动性失衡能够衡量外部资产抵押价值以及到期的外部负债之差。如果一国经常账户发生逆差，要么通过私人部门资本流入，要么通过官方资本流入来抵消。全球流动性失衡的表现之一是全球流动性膨胀，这主要指货币和具有高度流动性的短期证券的膨胀。由于美国短期内巨额经常账户逆差无法改善，所以流动性扩张短期也无法停止。与全球流动性失衡相应的国际资本流动收益为美国提供了稳定的融资来源，实现了从中国、日本、德国等贸易顺差国向失衡中心美国的财富转移，即美国获得流动性溢价。这同时体现出全球金融利益的分配格局。

资本流动能否发挥积极效应取决于资产类别和期限因素。外国直接投资的波动性最小，效益最明显，因为其推动了新的资本投资；股权投资波动性较强，且具有明显的顺周期性，动用的资本量也更大；以银行为中介的短期资本流动波动性最大，往往加剧国内信贷和资产价格周期波动，并驱使汇率偏离均衡水平。

全球流动性失衡还伴随着世界长期利率水平的整体下滑，带来全球金融体系的不稳定。次贷危机后，各国央行试图用量化宽松货币政策来刺激经济增长，通过购买政府债券或其他债券导致全球名义利率水平整体下降。2009 年以来，全球名义利率一直保持零利率下限(zero lower bound)。① 那些面临着安全资产短缺的国家，经常账户不得不保持盈余。里卡多·乔治·卡巴莱罗(Ricardo Jorge Caballero)等认为，在零利率下限条件下，当产出达到其潜在产出能力时，全球资产市场会出现失衡状态，而且无法由压低利率水平来缓解。各国均会以邻为壑，实施本币贬值刺激经济增长，汇率政策调整将演变为全球“货币战争”中的“零和博弈”。与此相对比，发行安全公共债券和实施“直升机撒钱”政策将增加政府开支，鼓励私人证券化并刺激各国产出，属于一种“正和博弈”。②

在全球流动性调整中，发达国家与新兴市场国家处于非对称地位。这主要源于二者的总资本流量和对外净头寸结构具有显著差异。发达国家倾

---

① 参见[英]阿代尔·特纳：《债务和魔鬼：货币、信贷和全球金融体系重建》，第 189 页。

② Ricardo Jorge Caballero, Emmanuel Farhi and Pierre-Olivier Gourinchas, “Global Imbalances and Currency Wars at the ZLB”, NBER Working Paper, No.21670, 2015.

向于长期持有风险资产，而新兴市场国家倾向于短期持有风险资产。发达国家风险资产占对外总资产比例也远远高于新兴市场国家。统计数据表明，发达国家跨境投资头寸从1980年占GDP的68%上升到2007年占GDP的438%，新兴市场国家该比值则从1980年的35%上升到2007年的73%。[①] 此外，新兴市场国家对外净头寸还受到估值效应的显著影响。例如，印度尼西亚和泰国保持经常账户平衡或盈余，但是对外净资产占GDP的比值不断恶化，原因就在于其货币贬值造成资本损失。匈牙利和墨西哥却由于货币升值而获得资本收益。正估值效应能提高新兴市场国家的消费和投资，而负估值效应过大则可能导致资本急停。迈克尔·宾德(Michael Binder)和克里斯蒂安·奥弗曼(Christian J. Offermanns)证明，一国对外净资产占GDP比例的恶化是否会导致该国实际有效汇率贬值，取决于该国通货膨胀率相对于外国通货膨胀率的变化以及该国应对全球冲击的敞口头寸。[②]

古里查斯认为，新兴市场国家资本净流入与生产率增长呈显著负相关关系。[③] 卡布来洛和阿尔温德·克里希纳穆尔蒂(Arvind Krishnamurthy)则指出，新兴市场国家产生经济泡沫，是因为国内没有可信赖的金融资产。当经济泡沫破裂时，新兴市场国家不得不向国外寻找价值储藏方式。[④] 全球流动性失衡还引起新兴市场国家的收入不平等。贸易全球化减少了新兴市场国家的收入不平等，而金融全球化却扩大了新兴市场国家的收入差距。西尔克·布曼(Silke Bumann)和罗伯特·伦辛(Robert Lensink)指出，如果一国金融发展程度较高，资本账户开放有利于降低收入不平等，如果金融发展程度较低，资本账户开放则可能导致收入不平等加剧。[⑤]

---

① Hélène Rey, "Dilemma or Trilemma: The Global Financial Cycle and Monetary Policy Independence", NBER Working Paper, No.21162, 2015.

② Michael Binder and Christian J. Offermanns, "International Investment Positions and Exchange Rate Dynamics: A Dynamic Panel Analysis", CESifo Working Paper, No.2095, 2007.

③ Pierre-Olivier Gourinchas, "Capital Flows to Developing Countries: The Allocation Puzzle", NBER Working Paper, No.13602, 2007.

④ Ricardo Jorge Caballero and Arvind Krishnamurthy, "Bubbles and Captial Flow Volatility: Causes and Risk Management", NBER Working Paper, No.11618, 2005.

⑤ Silke Bumann and Robert Lensink, "Capital Account Liberalization and Income Inequality", *Journal of International Money and Finance*, Vol.61, Issue C, 2016, pp.143-162.

三、失衡风险衡量

世界各国经济发展的不平衡性加剧了全球流动性失衡程度。一国对外资产负债的期限结构和币种结构决定了其是否容易受到全球流动性失衡的冲击。全球资本流动的一个特点是总额远远高于净值，资本流动并非只是为经常账户逆差融资，还有大量资本在不同国家之间来回流转。1970—2000年，高收入国家资本流入和流出总额占GDP的比例由9.5倍升至37倍，中等收入国家则从2倍升至15倍。资本流动总额增长远快于净值，并具有更强波动性。[①] 同时资本流动存在门槛效应（threshold effects），大规模资产流动仅对那些金融发展程度高的国家有益。[②]

全球资本流动的波动性会放大经济周期，增加金融系统的脆弱性，造成宏观经济不稳定。巨大的资本流动总额可能同时推高一国国内资产价格和汇率，并造成该国在短期内形成两者将继续攀升的自我实现的预期，这种预期一旦难以实现，资本流出又将导致国内资产价格急剧下跌，货币过度贬值。因此，高波动的短期资本流动可能削弱国内货币政策有效性，而通过利率工具来抑制国内信贷增长和资产价格泡沫，则可能吸引更多资本流入并推升资产价格，效果适得其反。克里斯汀·福布斯（Kristin J.Forbes）和弗朗西斯·瓦诺克（Francis E. Warnock）利用1980—2009年超过50个国家的资本总流动的季度数据来研究全球资本流动问题。研究认为，全球风险对资本总流动影响最为显著，其他原因则包括全球增长和金融传染。资本流入波动可能导致货币升值和资产泡沫，而资本流出波动则可能导致汇率和资产价格下跌。为减少波动性而采取的资本管制措施和资本流动波动性并未呈现显著相关关系。[③]

全球资本流动的风险性衡量经常利用VIX指数。VIX指数全称为芝加哥期权交易所波动率指数，其衡量了以S&P 500指数为基础的指数期权隐含波动率。该指数被广泛视为风险规避和不确定性的市场代理指标以及全

① F. Broner, T. Didier, A. Erce, and S. Schmukler, "Gross Capital Flows: Dynamics and Crisis", *Journal of Monetary Economics*, Vol.60, 2013, pp.113-133.

② Geert Bekaert, Campbell Harvey and Christian Lundblad, "Does Financial Liberalization Spur Growth?" *Journal of Financial Economics*, Vol.77, No.1, 2005, pp.3-55.

③ Kristin J. Forbes and Francis E. Warnock, "Capital Flow Waves: Surges, Stops, Flights, and Retrenchment", *Journal of International Economics*, Vol.88, No.2, 2012, pp.235-251.

球投资者恐慌度的通用指标。海尔特·贝克特(Geert Bekaert)等将 VIX 指数分解为两部分:一部分反映预期股票市场波动性,另一部分反映风险厌恶的方差溢价(variance premium)。① 当 VIX 指数偏低时,全球套利交易增多;当 VIX 指数偏高时,全球套利交易减少。

布鲁科和申铉松验证了 VIX 指数降低与资本流动增多显著正相关。② 从资产类别角度来看,VIX 指数与外商直接投资资本流入呈正相关关系,而与股票、债券、信贷等资本流入都呈负相关关系。雷伊认为资本流动存在全球金融周期。全球金融周期与 VIX 指数所测量的世界资本市场的风险规避和不确定性的波动性相协调一致。雷伊还利用向量自回归模型研究发现,银行杠杆率、资本流入增加、信贷扩张、资产价格通货膨胀率升高均与 VIX 指数降低有关。③ 全球金融流量规模与使用 VIX 指数衡量的国际金融体系风险具有强烈的相关关系。2003—2012 年,全球金融流量经历了一个“繁荣—萧条—恢复”周期:2003—2007 年,是金融流量显著增长阶段;2008—2009 年的次贷危机阶段,金融流量显著下降;2010—2012 年是次贷危机后的恢复阶段。全球金融流量弹性随着金融市场条件的不同,在追逐风险和规避风险之间来回波动。④

四、失衡调整措施

过去五十年间,伴随经济失衡,全球经济活动经历了四个低谷,分别在 1975 年、1982 年、1991 年、2009 年。1975 年的全球经济衰退出现了油价的急剧上涨,美国开始长期进入“低增长、高通胀”的滞胀时期;1982 年的经济衰退与发达国家的紧缩货币政策、石油价格的迅速攀升以及拉美国家的债务危机有关;1991 年的经济衰退则反映了美国面临储蓄和贷款环境的困境,斯堪的纳维亚国家陷入银行危机和汇率危机,东欧和苏联国家经济转型面

① Geert Bekaert, Marie Hoerova and Marco Lo Duca, “Risk, Uncertainty and Monetary Policy”, European Central Bank Working Paper Series, No.1565, 2013.

② Valentina Bruco and Hyun Song Shin, “Capital Flows, Cross-border Banking and Global Liquidity”, Working Paper, No.237a, 2013.

③ Hélène Rey, “Dilemma or Trilemma: The Global Financial Cycle and Monetary Policy Independence”, NBER Working Paper, No.21162, 2015.

④ Philip R. Lane, “International Financial Flows in Low-income Countries”, *Pacific Economic Review*, Vol.20, No.1, 2015, pp.49-72.

临挑战,海湾战争引发不确定性;2009 年的衰退是 1960 年以来全球唯一出现的一次经济大幅缩水(而不仅仅是低增长)。几乎所有发达国家和超过一半的新兴市场国家陷入衰退,同步性之高也为近半个世纪之最。[①]

经济学家认为,对于统计上可以度量的事物,风险管理总是有效的。但事实上,不确定性总是来自那些在统计学上可能并不重要的事件和新的诱发因素。稀有事件可能产生严重的后果,但目前的金融体系无法应付此类"长尾效应"。

缓解全球流动性失衡,需要盈余国和赤字国的共同行动。整体来看,为确保充足的名义需求,赤字国较高的消费必须能够抵消盈余国的储蓄。如果各经济体的储蓄和投资较为平衡,全球的信贷密集度就不会如此之高。赤字国尤其需要限制金融体系中的过度债务创造。2014—2015 年,由于石油价格下跌,石油出口国的贸易顺差有所减小;2015 年中国贸易盈余已重返历史最高水平,由 2013 年约占全球 GDP 的 0.2%上升到 0.5%;韩国经常账户盈余占 GDP 的比例由 2007 年的 2%提高到 2015 年的 6%;德国贸易盈余占 GDP 的比例为 7%,这与其他欧元区国家的贸易盈余程度相当;而美国和英国的贸易赤字则继续增大。[②] 全球流动性失衡的缓解将有助于建立更稳定的全球经济。

金融资本的优化配置和金融创新也可以降低全球流动性失衡风险。美国在其中扮演着重要角色。作为国际货币体系"轴心",美国经济增长会通过本国金融市场带动世界经济的繁荣。膨胀的资本不仅为美国本国居民带来财富,也向其他国际金融市场寻求投资机会。资本在极短时间内大规模的流进流出,促使各国的货币政治实施和流动性管理复杂化。美国在吸引全球大量资本流入的同时,也担负着为全球提供流动性的职责。次贷危机期间,美联储就通过与全球主要央行签署双边货币互换协议,为其他国家提供流动性支持。在美国金融创新下产生的金融衍生品工具具有期限转换、套期保值和风险对冲的功能。美国在为全球提供流动性的过程中还有效传导了财富效应(wealth effects)。跨境资产持有与资产转移均对财富效应产生重要影响。

---

① 参见[美]M.阿伊汉·高斯、埃斯瓦尔·S.普拉萨德:《新兴市场:全球金融风暴下的弹性与增长》,田慧芳译,何帆校译,上海三联书店 2012 年版,第 109—113 页。

② 参见[英]阿代尔·特纳:《债务和魔鬼:货币、信贷和全球金融体系重建》,第 156—157 页。

第二节 对外负债引发全球金融危机

国际金融体系有内在的“疯狂、恐慌和崩溃”倾向,经常发生流动不稳、资本投机、债务危机或为追求更高收益率和安全避风港的资本出逃。① 美国对外负债式经济运行模式造成全球美元流动性泛滥,极易形成金融泡沫经济,导致金融危机频仍。金融泡沫经济是指金融产品与交易偏离实物生产与交易,在经济动荡时会放大波动的幅度。许多金融数理模型中,高债务水平会导致“多重均衡”,债务水平可能会持续也可能不会。对于何种事件会改变公众信心以及如何衡量信心脆弱性,模型通常无法给出精准定论。当国家对外负债过多,债务支撑的资产价格过度扩张,危机就可能爆发。本小节首先介绍金融危机的预测因素,然后解析美国对外负债与美国次贷危机、拉美债务危机、东南亚金融危机的关联影响。

一、危机预测因素

英国《金融时报》首席经济学家马丁·沃尔夫总结道,20 世纪 80 年代以来,世界经历了持续不断的金融危机:拉美债务危机、美国储蓄和贷款危机、斯堪的纳维亚银行业危机、美国房地产危机、日本房地产泡沫及随后的危机、墨西哥“龙舌兰”危机、亚洲和俄罗斯金融危机、长期资本管理公司(Long-Term Capital Management)破产、网络经济泡沫破灭以及次贷危机。20 世纪中叶,管理资本主义开始向全球金融主义转变。金融创新和冒险催生了信贷增长,进而推动资产价格上涨,并推动更大规模的信贷扩张和更高的资产价格。接下来会带来资产价格触顶、恐慌性抛售、信贷冻结、大批人失去偿还能力,最后步入衰退阶段。因此,一个缺乏监管、缺乏稳定的信贷体系易产生动荡。

国际金融危机频发的最主要原因是美国持续的大规模对外负债。段彦飞认为,美国债务经济的持续扩张导致全球流动性加速膨胀,最终引致金融危机。美元国际本位货币地位和美国各类金融资产的国际流动渠道畅通是

---

① Charles P. Kindleberger, *Manias, Panics, and Crashes: A History of Financial Crisis*, New York: Basic Books, 1978, Foreword, pp.1-8.

形成美国债务经济国际循环的两个支柱。① 王宇哲指出,国际贸易体系的崩溃源于后发展国家的贸易盈余被吸干;而国际金融体系的崩溃,则很大程度是由于国际货币发行国对外负债过度积累引起其他国家对其清偿能力的担忧,失去对其货币的信任。② 保罗·马森(Paul Masson)则认为货币危机同时发生的原因主要有以下三个方面:首先,发达国家对新兴市场国家采取的政策具有相同效应,发达国家经济变动带来新兴市场国家的货币危机,这被称为"季风效应"(monsoonal effects);其次,一个新兴市场国家的危机将影响其他新兴市场国家的宏观经济基本面,这被称为"溢出效应"(spillovers effects);最后,一国货币危机引起另一国货币危机,当无法用经济基本面因素解释时,其可能原因在于市场情绪(market sentiment)的变化或是对已知信息解释的变化。③ 张纯威借鉴"季风效应"的概念,将一国经济变动导致他国发生货币危机的现象称为"季风型货币危机"。他指出 20 世纪 80 年代以来的货币危机多属于"季风型货币危机",触发因素主要来自美国,尤其是美元本位制下美国的汇率和利率的变动。④ 王道平、范小云也发现,非对称性国际货币体系是全球经济失衡和金融危机的重要原因。⑤ 古里查斯和雷伊则利用丹尼尔·考夫曼(Daniel Kaufmann)构造的测量管制环境质量的指数,检测了金融危机与管制环境的相关关系,认为二者存在相关系数为 0.45 的正向相关关系。⑥

信贷扩张是金融危机的显著预测因素。在所有类型金融危机中,有三个经济变量影响十分显著:真实汇率、国内信贷与国内产出比率、官方储备与国内产出比率。古里查斯和奥伯斯法尔德利用离散选择面板模型分析得出,对于发达国家和新兴市场国家来说,国内信贷扩张以及真实汇率升值是

---

① 参见段彦飞:《美国债务经济的国际循环》,《美国研究》2008 年第 4 期。

② 参见王宇哲:《当代国际货币体系可持续性及治理研究》,清华大学博士学位论文,2014 年。

③ Paul Masson, "Contagion: Monsoonal Effects, Spillovers, and Jumps between Multiple Equilibria", IMF Working Papers, No.142,1998.

④ 参见张纯威:《美元本位、估值效应与季风型货币危机》,《金融研究》2007 年第 3 期。

⑤ 参见王道平、范小云:《现行的国际货币体系是否是全球经济失衡和金融危机的原因》,《世界经济》2011 年第 1 期。

⑥ Daniel Kaufmann, Aart Kraay and Massimo Mastruzzi, "The Worldwide Governance Indicators: Methodology and Analytical Issues", The World Bank Policy Reseach Working Paper Series, No.5430, 2010.

金融危机最显著的预测指标。[①] 莫里兹·舒拉里克(Moritz Schularick)和泰勒也认为,信贷扩张是金融危机预期因素之一,而且政策制定者经常忽略信贷过度繁荣的风险。[②] 多米尼克·詹诺内(Domenico Giannone)等则强调了金融危机严重程度与国内信贷市场自由化程度呈现强正向相关关系。[③] 虽然美国经常账户逆差逐年累积,对美国外部失衡影响显著,但经常账户并不能作为金融危机的预测因素,经常账户失衡与金融危机的关联性并不强。[④] 布兰查德等的研究表明,一国外部赤字与金融危机并不存在很强的正相关性。[⑤] 奥斯卡·乔达(ÒScar Jordà)、舒拉里克和泰勒在研究了 14 个发达国家 140 年的数据后也得出结论,外部失衡与随后的经济危机相互关联性非常小。[⑥]

此外,资产价格波动也是金融危机的预测因素之一。金融市场上,资产价格随时变动。金融资产价格的影响因素,包括汇率、利率、股票价格、国债收益率等相互联系十分紧密。一旦资产价格出现较大波动,影响就会迅速蔓延,威胁市场均衡,造成金融传染,甚至导致系统性金融危机。

二、美国次贷危机

20 世纪 80 年代以来,在新自由主义经济思潮影响下,美国鼓励推行金融创新,忽视风险管理,盲目创造出大量金融衍生工具。金融衍生产品具有十分明显的转嫁和放大风险的功能。次贷危机爆发前,金融机构利用资产证券化等手段转移风险,杠杆率不断上升,最终引发信贷违约并导致流动性危机。

---

① Pierre-Olivier Gourinchas and Maurice Obstfeld, "Stories of the Twentieth Century for the Twenty-first", NBER Working Paper, No.17252, 2011.

② Moritz Schularick, Alan M. Taylor, "Credit Booms Gone Bust: Monetary Policy, Leverage Cycles, and Financial Crises,1870-2008", NBER Wroking Paper, No.15512, 2009.

③ Domenico Giannone, Michele Lenza and Lucrezia Reichlin, "Market Freedom and the Global Recession", *IMF Economic Review*, Vol.59, No.1, 2011, pp.111-135.

④ Jeffrey A. Frankel and George Saravelos, "Are Leading Indicators of Financial Crisis Useful for Assessing Country Vulnerability? Evidence form the 2008-09 Global Crisis", NBER Working Paper, No.16047, 2010.

⑤ Olivier J. Blanchard, Hamid Faruqee and Mitali Das, "The Initial Impact of the Crisis on Emerging Market Countries", *Brookings Papers on Economic Activity*, No.41, 2010, pp.263-307.

⑥ ÒScar Jordà, Moritz Schularick and Alan M. Taylor, "Financial Crises, Credit Booms, and External Imbalances: 140 Years of Lessons", *IMF Economic Review*, Vol.59, No.2, 2011, pp.340-378.

(一)发生原因

美国住房市场次级抵押贷款是次贷危机的导火索。次级按揭贷款是将贷款贷给个人信用低于一定级别的人以谋取更高利息,美联储甚至以60倍的杠杆给低收入者做按揭贷款。这个类型兴起于2001年,当互联网经济泡沫破裂后,美国开始将房地产作为新的经济增长点。现代经济中,宏观经济不稳定的核心在于以下两个因素:第一,不受约束的银行和影子银行体系有无限的能力创造信贷、货币和购买力;第二,理想地段的城市土地缺乏供给弹性,而人们对这些土地的需求不断上升。随着房地产在总财富中的占比不断增大,土地成为除了劳动力和资本之外,描述经济运行的另一个关键要素。特纳指出,现代经济中"高科技"(hi-tech)和"高接触"(hi-touch)产生越来越重要的影响。"高科技"意味着网络外部性和创意将获得更高回报,"高接触"则意味着最实物形态的资产——土地将获得较高回报。① 而美国前财政部长亨利·保尔森(Henry M. Paulson),无端指责中国等国家干预汇率,持续保持对美贸易顺差,向美国提供过度流动性才导致了美国的楼市泡沫,并最终引发次贷危机。②

1950年,全球公司部门和家庭部门债务占当期GDP的50%,2007年,这些债务则达到占GDP的270%,其中大部分为房地产购买和房地产开发提供资金支持。次贷危机前十年,全球经常账户呈现加速失衡态势。全球经常账户顺差总和占GDP的比例由0.5%上升至2%,因此顺差国积累了对逆差国的巨额金融债权。2004年,美国私人住房拥有率高达69.2%。至2006年底,美国房地产总价值达20.5万亿美元,在家庭净财富中占比29.5%。住房抵押达9.8万亿美元,占住宅房地产的47.9%,占家庭债务的73.2%。2007年,全球政府债务净值总额达到23万亿美元。美国和日本对全球债务绝对量的增长影响巨大。2007—2012年,在全球债务增长量的贡献中,美国占12%、日本占25%;2012—2017年,美国占23%、日本占34%。③

次贷危机前,美国经常账户失衡也不断扩大。从2004年以来,美国经

① Adair Turner, "Wealth, Debt, Inequality and Low Interest Rates: Four Big Trends and Some Implications", Speech at Cass Business School, London, February 6, 2014.

② 参见王宇:《金融危机祸根在美国 中国责任论站不住脚——专访中国人民银行研究局局长张健华》,2009年1月16日,https://www.gov.cn/jrzg/2009-01/16/content_1207446.htm。

③ 参见[美]埃斯瓦尔·S.普拉萨德:《即将爆发的货币战争》,第122页。

常账户赤字一直超过GDP的5%,反映出资产价格泡沫以及外部融资的易得性,对外债务也开始过度累积。影响次贷危机的因素还包括:风险厌恶情绪增长,增长预期下降,资产价格下跌,金融紧缩状态,信息不对称及信用缺失,美国公司债券从AAA级降为BAA级等。[①] 贸易开放程度和私人信贷规模与GDP比率的增长,也加剧了次贷危机强度。[②] 马库斯·布伦纳梅尔(Markus Brunnermeier)进一步指出,逐日盯市制度、抵押品担保合约、追加保证金、风险价值模型共同造就了极具危险的顺周期金融体系,市场情绪和资产价格的初始变化被金融合约条款和风险控制规则层层放大。[③] 安德烈·施莱弗(Andrei Shleifer)则将次贷危机归结于投资者的"局部思维":在繁荣时期,投资者认为全额收回本息完全没有问题,对可能发生的损失视而不见。在次贷危机前,风险最高的贷款和债券几乎被视为无风险资产,投资者热衷于购买债券,银行也积极发放信贷。[④]

(二)冲击效果

次贷危机造成美国对外净头寸的巨额损失。美国跨境贷款占跨境头寸的1/3,债务类工具占对外负债的1/2。债务类工具中,政府债券大概占一半,另一半则包括公司债券以及结构化的信贷工具。美国国际投资头寸表显示,美国对外负债以安全性高流动性强的资产为主,包括银行贷款和债务类工具。1971年,这两部分占对外总负债的67%,到2007年达到63%;对外资产以风险性高收益性强的资产为主,包括对外直接投资和股票债权等。1971年,这两部分占对外总资产的54%,2007年达到60%。根据以上资产结构特点,平常时期,美国由于持有更大比例的风险资产而获得风险溢价,但在次贷危机期间,则会遭受更大规模的利益损失。从2007年4月到2009

① Patrick Honohan and Philip R. Lane, "Divergent Inflation Rates under EMU", *Economic Policy*, No.37, 2003, pp.358-394; Ruo Chen, Gian Maria Milesi-Ferretti and Thierry Tressel, "Euro Area Debtor Countries: External Imbalances in the Euro Area", Mimeo, International Monetary Fund, 2010.

② Philip Lane and Gian Maria Milesi-Ferretti, "The Cross-Country Incidence of the Global Crisis", IMF Working Paper, WP/10/171, 2010.

③ M. Brunnermeier and L. Pedersen, "Market Liquidity and Funding Liquidity", *Review of Financial Studies*, Vol.22, No.6, 2009, pp.2201-2238.

④ Nicola Gennaioli, Andrei Shleifer and R. Vishny, "Neglected Risks, Financial Innovation, and Financial Fragility", NBER Working Paper, No.16068, 2010.

年1月,美国对外净资产损失达到GDP的21%,其中16%源于外部证券的估值损失。[①]

2008年9月15日,雷曼兄弟公司破产后引发全球金融海啸。各国陆续推出的金融救市计划都堪称其历史上最庞大的,总额约为3.4万亿美元。其中美国达7000亿美元,英国达4000亿英镑,德国达5150亿欧元。在次贷危机期间,发达国家国内家庭总财富损失巨大:美国损失17.3万亿美元,英国损失2.7万亿美元,日本损失2.3万亿美元,欧元区损失1.3万亿美元。[②]2008年,全球股票市场亏损27万亿美元,亏损达50%以上。如果将房地产价格下降的估算也计算在内,则全球财富的下降程度超过全球GDP的100%。全球投资者都急于寻找"庇护所",大量资本开始涌入美国。2008年9月到10月,美国证券市场的资金净流入额高达5000亿美元,而且几乎全部来自私人投资者。这个数字超过了2008年前八个月美国证券市场净流入额的三倍多。[③] 安德鲁·罗斯(Andrew R. Rose)还验证了世界不同地区在次贷危机前后净国际投资头寸的变动情况(见表6-1)。[④]

表6-1 世界不同地区在次贷危机前后净国际投资头寸占GDP的比例

国家或地区	2007年	2012年
美国	−14.4%	−27.4%
日本	50.1%	56.8%
欧洲盈余国	22.4%	44.3%
欧洲赤字国	−45.6%	−51.7%
东亚	27.5%	26.1%
石油出口国	50.3%	55.7%

注:净国际投资头寸中不包含黄金储备。

① Kristin J. Forbes and Francis E. Warnock, "Capital Flow Waves: Surges, Stops, Flight and Retrenchment", *Journal of International Economics*, Vol.88, No.2, 2012, pp.235-251.

② Pierre-Olivier Gourinchas, Hélène Rey and Kai Truempler, "The Financial Crisis and the Geography of Wealth Transfers", NBER Working Paper, No.17353, 2011.

③ 参见[美]埃斯瓦尔·S.普拉萨德:《即将爆发的货币战争》,第22页。

④ Andrew R. Rose, "Surprising Similarities: Recent Monetary Regimes of Small Economics", NBER Working Paper, No.19632, 2013.

(三)应对措施

次贷危机后,随着税收收入下降和社会支出上升,财政赤字大幅增加。美国财政赤字占 GDP 的比例由 2007 年的 3.2%上升到 2009 年的 13.5%,赤字规模高达 1.42 万亿美元。扩大财政刺激可能会降低公共部门的杠杆率,但实际上的巨额赤字积累已经伴随着公共债务占 GDP 的比例大幅上升。美国公共债务占 GDP 的比例由 72%上升到 105%。① 汇率方面,美元非但没有出现预期中的贬值,反而持续升值。这主要因为次贷危机期间,国际资本并不寻求收益性,而主要寻求安全性,因此各国都急于购买美元资产,促使资本大量流入美国,美元进入强势升值周期。美联储开始实行降低基准利率等一系列扩张性货币政策。尽管利率已经长期处于接近于零的水平,但债务负担依然造成了低增长和不断蔓延的通缩。后次贷危机阶段的去杠杆化导致的真实利率水平过低,成为世界经济面临的核心难题。

次贷危机后,美国面对"财政悬崖",不得不屡次提高债务上限。这种做法来自 1917 年美国国会通过的《第二次自由债券法》,目的是使国会能够定期检查政府的开支情况。该上限确认了国会和政府承担的财政义务,使政府在赤字条件下可以继续借入资金,也表达了量入为出的财政管理希望。2013 年 5 月,美联储前主席伯南克提出要逐步退出量化宽松政策后,美国国债收益率开始上涨。8 月 16 日,美国 10 年期国债收益率飙升到 2.82%,不到三个月就暴涨了近 70%。美国国债收益率是整个美国金融市场的定价基准,它的剧烈上扬冲击了 38 万亿债券市场的定价,19 万亿美元股市的估值。从美国国债收益率大幅提升起,美国股市就在 2013 年 8 月出现了一年半以来的最大跌幅。②

面对巨额债务,所有政策工具似乎都失灵了,财政赤字能够刺激经济,抵消私人部门去杠杆的紧缩效应,但结果导致公共债务占 GDP 的比例上升,这会加剧投资者对美国债务可持续性的担忧。极度宽松的货币政策,例如零利率和量化宽松,只能通过刺激私人信贷进一步增长来发挥作用,但这也制造了另一个难题:私人信贷增长为高风险的金融工程提供机理,它对资产价格的影响扩大了贫富差距。虽然通过债务重组和债务减记等方式可以

---

① 参见[英]阿代尔·特纳:《债务和魔鬼:货币、信贷和全球金融体系重建》,第 187—188 页。
② 参见丁一凡、钮文新:《美元霸权》,第 226—228 页。

在一定程度上降低债务价值,但也可能加大通货紧缩压力。次贷危机后,美国私人债务占 GDP 的比例下降 12 个百分点,由 2008 年的 192%下降到 2013 年的 180%,但公共债务占 GDP 的比例由 72%上升到 103%。这意味着债务并未消失,只是从私人部门转移到公共部门。①

莱恩和费雷蒂认为次贷危机前的全球外部失衡对危机后的全球宏观经济结果有很强的解释力,尤其是考虑到不同国家汇率制度的差异性。大部分外部失衡是以"支出削减"(expenditure reduction)的形式,而"支出转换"(expenditure switching)政策仅起到有限作用。没有实施汇率"盯住"的国家,危机期间货币政策与危机前外部失衡规模有关,但实施汇率"盯住"的国家,这个条件不成立。没有实施汇率"盯住"的国家,估值效应变化处于稳定发展趋势,而实施汇率"盯住"的国家,真实汇率变动与危机前经常账户逆差显著负相关。这说明次贷危机期间,估值效应对于赤字国有显著负影响。②贝内斯特和莱恩还研究了次贷危机期间发达国家和新兴市场国家的财政余额差异性。财政收支平衡变动与系统性失业率变化与危机前私人信贷增长有关。政治制度受到更多制衡的国家,财政余额降幅较小;人均 GDP 越高,财政余额降幅越大。③ 古里查斯和奥伯斯法尔德则认为,次贷危机前新兴市场国家比发达国家的经济表现更具有弹性。新兴市场国家基本保持稳定的资产价格和健全的财政结构。除了中东欧一些国家,新兴市场国家尽管真实利率偏低,但并未显著增加内部杠杆率,④同时外部杠杆率也维持在较低水平。⑤

三、其他金融危机

20 世纪 70 年代末期,全球金融自由化步伐加快,国际资本流动冲击着各国的内外均衡。在次贷危机前发生的两次全球性金融危机,分别是 20 世

---

① 参见[英]阿代尔·特纳:《债务和魔鬼:货币、信贷和全球金融体系重建》,第 28—29 页,第 68—70 页。

② Philip Lane and Gian Maria Milesi-Ferretti, "Global Imbalances and External Adjustment after the Crisis ", IMF Working Paper, WP/14/151, 2014.

③ Agustín S. Bénétrix and Philip R. Lane, "International Differences in Fiscal Policy during the Global Crisis", NBER Working Paper, No.16346, 2010.

④ 内部杠杆率=国内信贷总额/国内总产出,外部杠杆率=一国总资产/一国总权益类资产负债。

⑤ Pierre-Olivier Gourinchas and Maurice Obstfeld, "Stories of The Twentieth Century for the Twenty-first", NBER Working Paper, No.17252, 2011.

纪80年代的拉美债务危机和始于1997年的东南亚金融危机。

(一)拉美债务危机

20世纪80年代,一些非产油的拉美国家试图通过大量举债弥补国内储蓄的不足和资金短缺,但由于经济结构落后和基础设施不足,得不到相应产出,从而无力偿还到期外债(通常是欠国际银行业的债务)。这导致这些拉美国家的国家信用严重下降,并使国际银行业陷入了资金危机。20世纪七八十年代,国际银行业贷款的最大特点是对主权国家贷款,大量资金进入非产油发展中国家,形成这些国家的对外负债。

由表6-2可知,1974—1984年,非产油发展中国家的外债增加了约4倍。另据世界银行数据,1973—1982年,私人银行贷款年均增长率为19.4%,而官方贷款的年均增长率为14.5%。其中,巴西、墨西哥等国接受银行贷款的速度远远高于拉美国家的平均速度。表6-2最后一行的外债偿债率是指每年还本付息总额与每年商品和劳务出口收入之比,比例越高,表示偿债能力越低。它是衡量一国债信和偿付能力的最直接和最重要的指标,一般以20%为警戒线。1983年,一些拉美国家的外债偿债率已经突破了100%。其中,巴西为117%、墨西哥为126%、阿根廷为153%、委内瑞拉为101%。[①]

表6-2 IMF非产油发展中国家的外债及偿债能力 单位:亿美元

	1974年	1975年	1976年	1977年	1978年	1979年	1980年	1981年	1982年	1983年	1984年
外债总额	1610	1910	2280	2910	3430	4060	4900	5780	6550	6942	7310
长期外债	1380	1640	1950	2380	2830	3400	3960	4640	4230	5800	6720
短期外债	230	270	330	530	600	660	940	1140	2320	1142	590
外债偿债率	14%	16%	15%	16%	19%	20%	18%	22%	25%	22%	22%

数据来源:陈彪如:《国际金融概论》,华东师范大学出版社1988年版,第387页。

美联储主席保罗·沃尔克曾联合国际货币基金组织针对拉美债务国情况提供了四条解决措施:第一,拉美国家政府出面接管国内私人债务,这表面上是为了防止企业破产给国家经济造成损失,而实际上则是为了保全美国自身的债权利益;第二,大幅削减政府预算,尽可能减小进口,取消政府对国民的生活和食品补贴,用节省下来的财力还债;第三,促使货币大幅贬值,以增加出口赚取外汇还债;第四,由国际基金组织出面对拉美债务国进行债

① 参见姜波克:《国际金融新编》(第五版),第231—233页。

务重组。这种方法是将债务国所欠债务延期，并把所欠利息变成债务本金，然后一并在未来的债务期限内支付与过去一样高的利息。拉美债务虽然得到重新安排，但要服从一系列附加条件：在稳定危机阶段，拉美国家不得不减少政府开支，控制货币发行，实施货币贬值。在调整阶段，除了继续执行稳定阶段的政策外，还要进行国内市场自由化、国有企业私有化、开放贸易、放松对劳动市场的管制等结构化改革。

美国针对拉美债务危机还提出债务资本化（贝克计划）、债权交换、债务回购、债务减免（布雷迪计划）等解决方式。贝克计划强调应对拉美债务国实施增长导向的结构性经济改革。作为对债务国经济调整的回应，商业银行应继续提供一个审慎数量的新贷款。解决债务危机，应当基于债权国和债务国、私人部门和官方组织、国内和国际机构共同努力的综合性解决战略，而不是单单取决于市场力量的调控作用。墨西哥经济学家赫苏斯·席尔瓦·埃尔索格（Jesus Silva Herzog）曾提出，发展中国家摆脱危机的唯一途径是在危机中实现增长。[①] 20 世纪 90 年代，美国利率开始显著下降，到 1992 年拉美债务危机基本结束。

（二）东南亚金融危机

20 世纪 90 年代，东亚各国经济高速增长，各国银行体系向私人部门贷款占 GDP 的比重迅速上升。然而，金融机构的投资行为存在极大的弊端。第一，信贷结构存在币种结构不匹配（借入外币，贷出本币）和期限结构不匹配（借入短期外资，贷出长期外币）的现象，带来了巨大的汇率风险和偿债风险。第二，大量资金通过金融机构进入房地产等高风险的长期投资项目中，推动了资产价格上升，造成国民经济虚假繁荣。金融机构不但向房地产企业提供贷款，而且使用自有流动资金和贷款所得资金直接进入房地产市场，增加自身经营风险。第三，亚洲各国的金融监管法律法规不完善。

泰国是东南亚金融危机中倒下的第一张“多米诺骨牌”。金融大鳄索罗斯（George Soros）利用对冲基金借入泰铢，做出美元资产多头（在外汇市场上买下大量美元远期外汇合约），做空泰铢。产生这样的预期后，泰国政府不得不卖出外汇储备以做空美元，使得泰国外汇储备急剧减少，汇率急剧贬值。泰国央行不得不放弃盯住汇率制，转而采纳货币目标制。随后又发生

① Jesus Silva Herzog, Blanca Heredia, "Interview: Jesus Silva Herzog", *Journal of International Affairs*, Vol.43, No.2, 1990, pp.327-342.

金融传染现象，危机迅速扩展至菲律宾、马来西亚、印度尼西亚、韩国、中国台湾和中国香港等。金融传染是指发生于一国的金融危机影响其他国家金融市场的利率、股票价格和货币的现象。金融传染并不是自发的，良好的政策、信息的沟通以及国际金融体系的透明化都可以防止金融传染。东南亚金融危机根源在于杠杆作用过度和监管套利，而深层次的原因在于流动性短缺，而这又源于美国在危机前提高利率而导致的资金供给减少。

东南亚金融危机还与东南亚国家和当时最大贸易伙伴国美国与东亚最大金融国日本之间的复杂互动和依存状态有关。当日本经济于1996年进一步实行通货紧缩，日本金融系统第一次出现破产事件，日本银行开始收回对亚洲的贷款以及利差交易的逆转，日元美元之间汇率的动荡，均使得东亚金融局势进一步恶化，这成为东南亚金融危机爆发的原因之一。格林斯潘则指出，东南亚金融危机的爆发根源于国内，主要由于“裙带资本主义”的治理特点，亚洲薄弱的金融基础设施以及俄罗斯的金融市场透明度过低。绍里片田(Saori Katada)则认为危机爆发的主要原因是东南亚受到了不稳定的资本流动以及过度依赖美元的影响。东南亚国家应采取更高程度的金融规制来应对危机，尤其在资本管制方面。①

(三)危机统计及金融稳定性

卡门·莱因哈特和肯尼思·罗格夫对历史上不同类别的经济危机进行详细统计。结果表明，1945—1970年仅出现了2次银行危机，1970—1980年出现了9次，而1980—2010年共出现了153次。② 杰弗里·弗兰科(Jeffrey Frankel)和安德鲁·罗斯(Andrew K. Rose)研究了一国对外负债各资产类别的成分效应如何影响货币危机发生的概率。③ 隆德·延森(Lund-Jensen)等指出系统性银行危机与资产价格过高的通货膨胀率有关。④ 古里查斯和奥伯斯法尔德则研究了发达国家及新兴市场国家1970—

① Saori Katada, “Japan and Asian Monetary Regionalization: Cultivating a New Regional Leadership after the Asian Financial Crisis”, *Geopolitics*, Vol.7, No.1, 2002, pp.85-112.

② C.M. Reinhart and K. Rogoff, *This Time is Different: Eight Centuries of Financial Folly*. Princeton, NJ: Princeton University Press, 2009.

③ Jeffrey Frankel and Andrew K. Rose, “Currency Crashes in Emerging Markets: An Empirical Treatment”, *Journal of International Economics*, No.41, 1996, pp.351-366.

④ Kasper Lund-Jensen, “Monitoring Systemic Risk based on Dynamic Thresholds”, IMF Working Paper, No.12/159, 2012.

2006年发生的货币危机、银行危机及政府违约情况(见表6-3)。其中,货币危机与资本管制条件下外汇储备受到投机资本的压力有关;银行危机更多涉及影子银行体系的不稳定性;政府违约通常源于直接违约,还与市场对于国内外公共债务违约的担心具有相关性。①

表6-3　1970—2006年发达国家及新兴市场国家发生经济危机情况统计

	货币危机	银行危机	政府违约	国家总数
发达国家	43	5	0	22
新兴市场国家	84	57	74	57
总数	127	62	74	79

注:国家总数是指发生过货币危机、银行危机或政府违约情况的国家数。即有22个发达国家及57个新兴市场国家发生过货币危机、银行危机或政府违约,而且这些国家中有的国家不止发生过一次危机或违约情况。

东南亚金融危机和次贷危机都属于资产负债表危机,金融机构的净值均受到严重影响,还伴随资产泡沫、过度流动性和杠杆作用以及拙劣的货币政策及银行坏账等相似因素。

东南亚金融危机后,国际货币基金组织和世界银行为其成员国实施金融部门评估计划,并提出金融稳定性概念。具体来看,金融稳定是指能够防止大量金融机构资不抵债和破产的环境,能够避免主要金融服务发生混乱的条件。这些金融服务包括储户存款、投资者的贷款和证券、储户和投资者的流动性及支付服务、风险多元化和保险服务、对资金使用者的监督以及对非金融公司治理结构的塑造。金融稳定性包括三大支柱:第一,政府的宏观审慎监督和金融稳定性分析,监控宏观经济和制度性因素对金融系统健康性和稳定性的潜在影响;第二,金融系统的监管帮助管理风险和脆弱性、保护市场完整性、激励有力的风险管理和良好的金融机构治理;第三,金融系统的基础设施,包括法律基础设施、如偿付机制和金融安全网,流动性基础设施,如货币和外汇操作、支付和证券结算系统等,透明度、治理和信息基础设施,如公司治理、会计审计框架等。这三大支柱都在机构、国家和全球层面支持着金融稳定性。

① Pierre-Olivier Gourinchas and Maurice Obstfeld, "Stories of the Twentieth Century for the Twenty-first", NBER Working Paper, No.17252, 2011.

第三节 对外负债导致中美经济失衡

中美作为世界前两大经济体，其经济关系呈现不对称相互依存状态。中国是美国重要的债权国和贸易伙伴关系国，美国是中国重要的商品和资本出口市场。中美经济关系失衡本质在于中美两国间的商品-资本双循环机制以及两国的金融发展差异性。

一、“不成熟的债权国”

改革开放以后，中国经济采取外向发展政策，中美的经济联系程度逐步加深。两国经济周期在某些历史时期具有较强的同步性。[①] 中国采取出口导向型战略，依靠经常账户顺差积累大量外汇储备，再将巨额资本投放回美国金融市场，大量购买收益率较低的美国国债并获得对美国的债权。而美国“进口”短期资本，“出口”长期资本（即借入短期资金发放中长期贷款），再以对外直接投资或购买股票方式对中国进行投资，从而获得对中国的股权。该资金流动过程中，中国完成的是由国内储蓄向国内投资转化，而美国提供了“金融中介功能”，获得利差以及转移支付，并促进“债权”转“股权”。

美国对外资产收益率高，对外负债回报率低，呈现正收益率差；而中国对外资产收益率低，对外负债回报率高，呈现负收益率差，这验证了国际资本流动中所谓的“斯蒂格利茨怪圈”。中国出口依存度偏高，接近 1/3 的 GDP 来自外需贡献，企业出口缺乏国际定价权，在国际贸易中尚无以价换量的能力。社会收入分配的不合理性也造成消费增长乏力，无法转向以内需为主的自我循环式增长模式。特纳指出，中国经济是投资驱动型，而投资又依靠信贷驱动。2008 年在推行四万亿刺激计划之后，中国的资本密集型部门存在着由信贷融资支持的过度投资产生的产能过剩。[②]

罗伯特·麦金农将那些不能以本币借给外国以平衡其积累的经常项目顺差的国家称为“不成熟的债权国”(immature creditor)。[③] 即使中国成为美

---

① 参见张兵：《中美经济周期的同步性及其传导机制分析》，《世界经济研究》2006 年第 10 期。

② 参见[英]阿代尔·特纳：《债务和魔鬼：货币、信贷和全球金融体系重建》，序言。

③ Eswar Prasad and Lei Ye, “Will the Renminbi Rule?” *Finance and Development*, Vol.59, No.2, 2012, pp.26-29.

国最大的债主，但由于资本项下人民币不可自由兑换，中国仍将处于金融劣势。因此，中国也是一个“防御型债权国”。王博、刘澜飚认为美元本位制下，随着美国大平稳时期的结束，中国“不成熟的债权国”地位确立以及中国对外资产偏向结构的条件下，估值效应调整渠道对中国经济呈现明显负面影响。① 中国虽是净债权国，但也面临巨额债务问题，债务与 GDP 之比从 2009 年的 150%上升到 2015 年的 250%。麦肯锡全球研究院（McKinsey Global Institute）2015 年报告显示，2007—2014 年，中国杠杆率由 158%升至 282%，若剔除金融体系内部债务，则由 134%升至 217%。实体经济杠杆率增大的主要原因在于私人部门信贷扩张快于名义 GDP 的增长速度。

中国对美国的脆弱性主要源于中国作为债权国，却以债务国货币（美元）提供贷款，这使中国易受美元贬值的影响。由于持有巨额美元资产，如果中国试图大规模减持美元实施多元化战略，都会面临触动美元贬值的风险。任何通过撤回投资或倾销美元来调整汇率对美元施加金融压力的尝试，都将为中国带来负面效应。这就是科什纳所谓的中国已经被美国“诱陷”。中国的关系性金融权力被美国的结构性金融权力制约。②

二、经济相互依赖状态

过去二十年里，中国对美国的主要资本流出渠道以官方购买美国政府债券和机构债券为主，同时积累自身外汇储备。1980—2007 年，中国 GDP 年均增速高达 10%，高速增长要求投资扩张，因此同期投资占 GDP 的比例高达 38%。中国同时保持较高储蓄率，高储蓄率甚至超过了高投资率，导致对美国国债需求激增，压低了美国国债收益率。③ 2002—2007 年，中国资本外流急剧膨胀，从 2002 年占全球 GDP 的 0.1%升至 2007 年占全球 GDP 的约 1%，加之中国国内金融市场的不发达导致了系统性风险累积。④

① 参见王博、刘澜飚：《金融渠道对中国外部失衡调整的影响研究》，《经济学动态》2013 年第 11 期。

② Gregory Chin and Eric Helleiner, “China as a Creditor: A Rising Financial Power?” *Journal of International Affairs*, Vol.62, No.1, 2008, pp.87-102.

③ Ben Shalom Bernanke, “The Global Saving Glut and the U.S. Current Account Deficit”, Remarks at the Sandridge Lecture, Virginia, Federal Research Board, March 10,2005.

④ 参见[美]巴里·艾肯格林：《嚣张的特权：美元的兴衰和货币的未来》，第 141 页。

(一)对外投资与经常账户

1985—1994 年,中国对外投资收益率为 3%,对外负债回报率为 1.56%,收益率差为 1.44%;而 1995—2009 年,虽然此阶段中国对外净资产为正,但对外投资收益率降为 2.42%,对外负债回报率则升为 4.80%,收益率差降为−2.38%。[①] 根据国家外汇管理局公布数据计算可得,2004—2016 年的 13 年间,中国年均对外资产收益率为 2.95%,年均对外负债回报率为 5.77%,收益率差为−2.82%。这意味着国际投资年均净损失率高达 2.82%,中国对外净资产规模越大,净损失越多。

表 6-4 展示了 2003—2016 年,美国对中国的经常账户逆差及其占美国对外经常账户逆差总额的比例。由数据可得,从 2009 年以来,美国对中国经常账户逆差占对外经常账户逆差总额的比例达 70%以上,2013 年和 2014 年更是超过 90%。由此可知中美两国经济存在相互依赖性,无论是从贸易渠道还是金融渠道,中国对美国对外负债可持续性均产生了直接影响。

表 6-4 美国对中国经常账户逆差与金融账户顺差及其比例 单位:百万美元

	美国对中国经常账户逆差	美国对外经常账户逆差总额	所占比例
2003 年	−132250	−518744	25.49%
2004 年	−173057	−631591	27.40%
2005 年	−219796	−745234	29.49%
2006 年	−262053	−805964	32.51%
2007 年	−296255	−711035	41.67%
2008 年	−307327	−681389	45.10%
2009 年	−262623	−372521	70.50%
2010 年	−300245	−430698	69.71%
2011 年	−313497	−444589	70.51%
2012 年	−328261	−426198	77.02%
2013 年	−324558	−349543	92.85%
2014 年	−342689	−373800	91.68%

① 参见张纯威、石巧荣:《金融债权大国崛起动因与效应分析》,《财贸经济》2010 年第 11 期。

续表

	美国对中国经常账户逆差	美国对外经常账户逆差总额	所占比例
2015年	−362103	−434598	83.32%
2016年	−332661	−451685	73.65%

注:所占比例指美国对中国经常账户逆差占美国对外经常账户逆差总额的比例。

数据来源:美国经济分析局(BEA)。

(二)利用外汇储备购买美国国债

中国外汇储备有两大来源:经常项目顺差和资本项目顺差。外汇储蓄的目的之一是应对中国即将到来的老龄化社会。范志勇认为,中国外汇储备规模远远超出了出于预防性需求所要求的正常外汇储备持有量。中国不仅要关注外汇资产安全性,还要关注外汇资产收益性。[①] 杜利认为,外汇储备积累反映出中国的发展战略是基于"由汇率低估、资本管制和以储备资产债权积累为形式的官方资本流出所支撑的出口导向型增长"。[②] 外汇储备规模并非越大越好。外汇储备的收益率较低,如果人民币对外币升值,又会造成外汇储备的大幅缩水。外汇储备积累还意味着机会成本的增大。为避免外汇储备累积导致基础货币的过度发行,央行不得不利用发行央票和提高法定存款准备金率等政策工具进行冲销。不断增加的冲销成本损害了我国央行的资产负债表。外汇储备的投资收益率通常较低,并且当人民币兑外币升值时,以外币计价的外汇储备会大规模缩水。中国应当建立更为灵活的汇率机制或利用保险合同来代替预防性储蓄,以降低持有巨额外汇储备的成本。

中国外汇储备的峰值是2014年6月的39932.13亿美元,截至2018年2月,外汇储备规模降为31344.82亿美元。由资产账户顺差积累的外汇储备的减少意味着中国海外资产或储蓄的减少。伴随全球资本流动性增强,如果热钱从中国流出,使国际投机者实现了套利平仓,则投机者所获收益也对应中国的损失。近年来,中国出现的资本外流现象,还源于中国高收入群

① 参见范志勇:《估值效应与中国外部均衡调整——以及外汇储备汇率风险研究》,东海证券研究所论文,2008年。

② Dooley P. Michael, David Folkerts-Landau and Peter Garber, "An Essay on the Revived Bretton Woods System", NBER Working Paper, No.9971, 2003.

体海外净资产的增加以及境内企业加速偿还前期美元债务。[①]

由表 6-5 可知，中国储备资产中基本为外汇资产，所占比例为 97%—98%。中国是世界最大外汇储备国，2010 年中国外汇储备达到所有新兴市场国家外汇储备总量的 42%，占世界总储备的 27%。当前中国外汇储备占全球外汇储备总额的 30%左右。中国外汇储备的币种构成中，美元大约占 65%，欧元占 26%，英镑占 5%，日元占 3%。[②] 外汇储备总量中，美国证券一直占有较大比重，但近年出现下降趋势，从 2006 年的 66%下降到 2012 年的 48%。非美元资产部分，则主要投资于以欧元、日元和英镑计价的证券。此外，外汇局在 2003—2009 年将其持有的黄金储备量翻了一番，从 2003 年的 600 吨增持至 1054 余吨，成为世界第五大贵金属持有者。[③] 外汇储备在中国对外总资产中也占有极大比例，但 2014 年以后，中国外汇储备资产开始呈现下降趋势，占对外总资产的比例也显著下降。2011 年 3 月外汇储备资产占对外总资产的比例为 70.01%，而到了 2016 年 9 月这一比例降为 48.98%。

表 6-5 中国外汇储备占储备资产及对外总资产的比例 单位：亿美元

	外汇储备	储备资产	外汇储备占储备资产的比例	对外总资产	外汇储备占对外总资产的比例
2011 年 3 月	30446.74	31156	97.72%	43440	70.01%
2011 年 9 月	32016.83	32779	97.67%	45944	69.69%
2012 年 3 月	33049.71	33831	97.69%	49309	67.03%
2012 年 9 月	32850.95	33653	97.62%	50755	64.72%
2013 年 3 月	34426.49	35157	97.92%	53827	63.96%
2013 年 9 月	36626.62	37260	98.30%	56960	64.30%
2014 年 3 月	39480.97	40096	98.46%	62027	63.65%

① 参见管涛：《汇率的本质》，中信出版社 2016 年版，序言。

② Emmanuel Farhi, Pierre-Olivier Gourinchas and Hélène Rey, "Reforming International Monetary System", *CEPR Report*, 2011, pp.20-43.

③ Jamil Anderlini and Javier Blas, "China Reveals Big Rise in Gold Reserves", *Financial Times*, 2009, April 24.

续表

	外汇储备	储备资产	外汇储备占储备资产的比例	对外总资产	外汇储备占对外总资产的比例
2014 年 9 月	38877.00	39459	98.52%	63861	60.87%
2015 年 3 月	37300.38	37848	98.55%	63842	58.43%
2015 年 9 月	35142.20	35903	97.88%	63092	55.70%
2016 年 6 月	32051.62	33032	97.03%	62835	51.01%
2016 年 9 月	31663.82	32641	97.01%	64639	48.98%

数据来源:国家外汇管理局。

中国外汇储备中很大一部分购买了美国国债。1985 年,中国首次尝试购买美国国债。美债的高流动性能满足企业用汇、国际偿付、以及预防外资撤离所依赖的外汇储备资产需随时交割变现的要求。美国国债在二战后平均收益率为 1%—3%,而二战后平均实物投资收益率大概为 10%,这就意味着如果投资于美国国债将有 7%的机会成本损失。[①] 因此,中国持有美国国债付出了较高的机会成本。非金融危机时期,持有美国国债收益很低,但在金融危机发生时,由于债券属于固定收益类资产,具有安全性,持有美债也使中国具有一定抵御金融风险的能力。中国持有美国国债的峰值出现在 2013 年 11 月的 13167 亿美元。截至 2017 年 12 月,中国持有美国国债数额降为 11849 亿美元,位居美债持有国第一位,比美债第二大持有国日本多了 1234 亿美元。虽然近两年来,中国出现减持美国国债的迹象,但迄今为止,美国长期国债依然是中国投资者持有最多的美国金融资产。伴随美联储进行“加息”和“缩表”,实施货币正常化策略,美元会逐步走强,这使得中国投资者可能会继续增持美国国债。[②]

(三)人民币兑美元汇率变动

国际货币市场上,各种货币的汇率之间有市场供求关系。例如,当美元供给充裕时,美元的汇率就会下滑,当美元供给紧张时,美元的汇率就会上

① 参见谢升峰、路万忠:《我国国际投资地位评析——基于国际投资头寸的考察》,《国家行政学院学报》2008 年第 1 期。

② 《中国投资者会持续大规模减持美国国债吗?》,2016 年 9 月 21 日,http://finance.huanqiu.com/roll/2016-09/9469004.html。

扬。因此，当美联储实行超宽松的货币政策时，外汇市场上美元供给加大，美元汇率下滑，如果人民币要保持与美元的汇率，中国只能买入大量美元，卖出人民币。但如果人民币过多，又流通不出去，必然引起通货膨胀，中国国内物价就会上涨。一国经济规模越大，国际化水平越高，其汇率政策的溢出效应就越强。21 世纪初的十多年，为了抑制人民币过快升值，中国人民银行在外汇市场上利用公开市场操作大量买进美元。

中国的汇率制度经历了数次重大变革：1994 年汇率制度并轨，之后人民币汇率在名义上一直是管理浮动制。从 1997 年到 2005 年，人民币汇率制度实质是“盯住”美元的固定汇率制。2005 年 7 月 21 日，人民币开始实行以市场供求为基础、参考一篮子货币进行调节、有管理的浮动汇率制度。2007 年以前，中国实行强制结售汇政策，但伴随外汇储备过多，开始推行“藏汇于民”政策。2014 年 3 月 17 日，人民币兑美元波动幅度由 1% 扩大到 2%。2015 年 8 月 11 日，人民币汇率再次改革，不再单一盯住美元，而是实行以市场供求为基础、参考一篮子货币计算人民币多边汇率指数，维护人民币汇率在合理均衡水平上的稳定。人民币定价机制基于“上一日收盘价＋CFETS 一篮子货币”。目前对于人民币汇率是否应自由浮动，学者还存在争论。从 2015 年 8 月到 2016 年 8 月，为避免人民币的快速贬值，维护人民币币值稳定，中国抛售了超过 5700 亿美元的外汇储备。之后由于中国经济回暖，央行加强市场干预和资本流动管理，美联储推迟加息，美元相对疲软，人民币汇率再次趋于平稳。

2018 年年初，人民币迎来新一轮强劲反弹。人民币兑美元汇率由 2017 年的 6.9 左右升至 2018 年 1 月的 6.4 左右。美元指数下跌是人民币短期波动的重要原因。其次，人民币升值还受到中国经济基本面变化的直接影响。我国经济维持中高速稳定增长，资本外流得到有效缓解，央行引入“逆周期调节因子”并合理引导市场预期。由于人民币兑美元的重新升值，外国投资者持有人民币资产的意愿上升，但央行不会让人民币兑美元升破 6.1 的历史高点。中国应该加快人民币汇率定价的市场化进程，实现外汇储备币种多元化，适度购买通胀保值国债，加大长期股权和战略资源投资，实现储备资产结构多元化，并逐步完善汇率形成机制。随着资本账户开放程度的不断提高，私人投资者将不断在其投资组合中增加海外资产，这必将推进中国对外投资模式的转型。

三、中国估值效应调整

作为“不成熟的债权国”，单从在金融资产方面来看，中国属于债权国，而在对外直接投资方面，中国又属于债务国。中国是官方资本债权国，而又是私人资本债务国。官方资本债权国地位源于外汇储备的快速增长，私人资本债务国地位源于私人资本的净流入。[①] 由于国内金融体制不完善，对外资产负债结构不合理，加之银行主导型金融体系特点，中国只能被动承受由汇率和资产价格变动造成的资产价值损失，而非主动利用估值效应对外部资产进行有效管理。祝丹涛指出，中国储蓄向投资转化效率低，必须付出较大成本依靠国外高效率的金融中介完成储蓄向投资的转化。[②]

由图 6-1 可知，中国历年主要受负估值效应影响。1992 年，估值效应为－384.42 亿美元，占当年 GDP 的－7.87%。1998 年之后估值效应开始呈现较大波动。2000 年伴随美国互联网经济泡沫破灭，中国的估值效应反转为正，并占当年 GDP 的 2.19%。2008 年次贷危机的爆发，使中国获得正估值效应 2120.4 亿美元，占当年 GDP 的 4.69%，达到历史最大值。2012 年受欧债危机影响，中国的估值效应也显著为正，达到 1177.9 亿美元，占当年 GDP 的 1.39%。由于中国对外资产以安全性好且收益固定的债券类资产为主，所以当发生全球金融危机时，中国可获得正估值效应。除了上述年份，中国估值效应基本均为负值，2014 年更是达到－6691.9 亿美元的规模，占当年 GDP 的－6.46%。2015 年继续为负估值效应，达－3455.8 亿美元，占当年 GDP 的－3.18%。利用第四章估值效应存在性检验中，考察美国出口(X)、进口(M)和对外净资产三变量关系的方法对中国的出口、进口和对外净资产同样建立向量误差修正模型，可以得到调整速度 α 值为－0.0929，从实证角度验证了中国存在负估值效应。

① 参见张纯威、石巧荣：《金融债权大国崛起动因与效应分析》，《财贸经济》2010 年第 11 期。

② 参见祝丹涛：《金融体系效率的国别差异和全球经济失衡》，《金融研究》2008 年第 8 期。

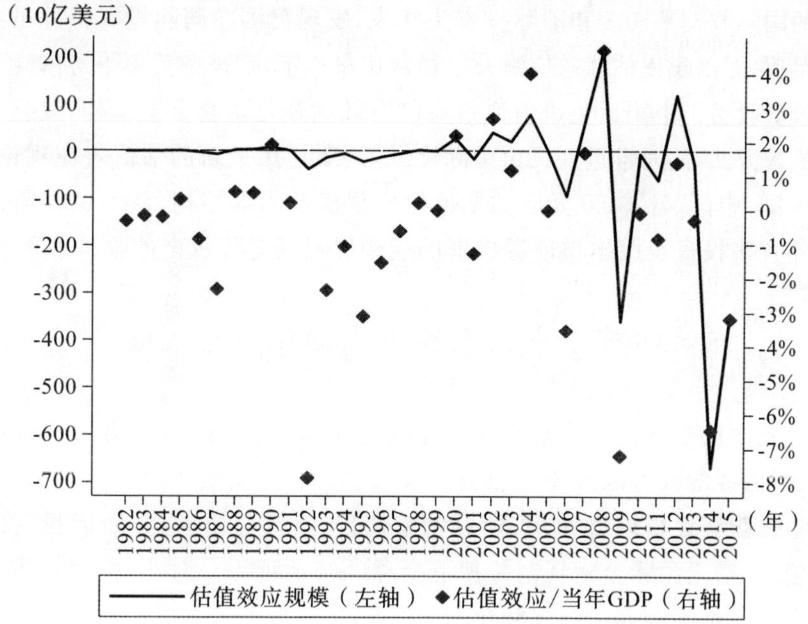

图 6-1 中国历年估值效应规模及占 GDP 的比例

数据来源:国家对外财富数据库(EWN,1970-2011),美国经济分析局(BEA)、国家外汇管理局。

宋效军等借鉴国外学者的研究成果,最先对中国的对外净资产的估值效应进行实证分析。他们认为中国存在负估值效应,经常项目盈余积累的大量资产无偿向外转移,并提出中国应正确选择对外资产负债的记账货币以及合理的安全期限结构等。① 杨权认为,外部财富(external wealth)动态是理解全球失衡的新标准。中国持续的经常账户盈余使外部财富由负转正,但是外部财富的估值效应则为负。② 廖泽芳、詹新宇指出,金融危机期间人民币汇率升值是引起中国负估值效应的重要原因。③ 宋芳秀、冯天骄认为,1982—2012 年,中国估值效应有 20 年为负值,且绝对规模不断增大。资产价格变动是影响估值效应变化的最主要因素。④ 牛薇薇、李林杰通过分析中美

① 参见宋效军、陈德兵、任若恩:《我国外部均衡调节中的估值效应分析》,《国际金融研究》2006 年第 3 期。

② 参见杨权:《全球失衡背景下中国外部财富分析》,《国际贸易问题》2008 年第 9 期。

③ 参见廖泽芳、詹新宇:《不成熟债权国、估值效应与中国的财富流失风险》,《当代经济科学》2012 年第 1 期。

④ 参见宋芳秀、冯天骄:《中国估值效应的规模及结构分析:2000—2012》,《学习与探索》2014 年第 7 期。

两国的国际收支平衡表和国际投资头寸表，发现美国净国际投资头寸虽然持续为负值，但由于正估值效应弥补了经常账户赤字，带来中美不平等的融资格局和投资收益。中国避免负估值效应的有效途径是优化金融结构，改善国际资本流入方式，同时推进人民币国际化。[①] 刘琨运用最新的估值效应理论，测算了美国、中国、日本、欧元区的估值效应规模及内部结构，认为中国需要扩大对外直接投资及股本类证券投资的规模以提高对外资产的收益水平。[②]

第四节　中国人民币国际化应对策略

美元本位制下，美国利用国际货币主导国地位，拥有了结构性金融权力、制度性金融权力以及关系性金融权力。在对外负债式经济运行框架下，美国不仅能够延长调整赤字、延迟调整期限、重构经济利益，还能投射宏观经济偏好，建立国际金融规制并塑造全球经济地理等。对此，中国最重要的应对方式应是推动人民币国际化。

一、人民币国际化含义

人民币国际化主要是指人民币可以作为国际贸易及金融交易的计价和结算货币，人民币可跨境自由流通，并成为在其他国家的外汇储备货币。人民币升值和利差是人民币国际化进程中的两大驱动力。人民币国际化能够提高中国金融机构的融资效率，简化向弹性汇率机制的过渡过程，促进中国国际金融中心的发展，分散美元作为关键国际货币并提升中国在国际金融规则制定中的话语权。货币国际化的主要决定因素包括货币价值稳定、具有深度和广度的金融市场以及在世界经济中的庞大交易网络。[③]

由于金融体系内在的脆弱性以及经济结构缺乏弹性，我国实行资本管制策略，导致资本项下人民币不可自由兑换，这也是人民币国际化的主要阻碍因素。赵柯指出，货币国际化并不等于简单的解除资本管制和实施金融

---

① 参见牛薇薇、李林杰：《基于 IIP 的中美国际投资收益比较研究》，《国际金融研究》2010 年第 8 期。

② 参见刘琨：《估值效应的规模及结构的测算理论与方法研究——基于中、美、日及欧元区的比较分析》，《世界经济研究》2016 年第 1 期。

③ M. Chinn, J. Frankel, "Will the Euro Eventually Surpass the Dollar as Leading International Reserve Currency?" NBER Working Paper, No.11510, 2005.

业的对外开放，因为其不能构成对一国货币国际化可持续的支撑。强大的工业竞争力以及对全球产业链和商品交易网络的控制才是大国货币国际化的有效途径。[①] 郑建华认为，人民币国际化的首要条件是币值稳定，其次是考虑流动性问题。[②] 如果中国尚未满足利率和汇率市场化的条件，过快推进本币国际化容易出现负面效应。美元本位制下，面对美国大规模对外负债以及全球经济失衡，中国的资本账户自由化更应以审慎的方式进行。在人民币国际化之前，中国应加快金融市场的改革，积极构建在全球经济中的广泛交易网络。

二、人民币国际化路径

中国作为经常账户顺差和资本账户顺差的"双顺差"国家，为了实现本币国际化，必须使人民币在境外可获得。中国选择了贸易进口结算作为人民币国际化的突破口。在进口环节使用人民币，有利于人民币有序流出，增加境外人民币存量，为人民币在其他环节实现国际化创造必要条件。人民币国际化的具体路径可以从以下五方面着手。

第一，推进人民币对外贸易结算。中国要想成为"成熟债权国"，必须实现国际投资的人民币计价并推动跨境贸易的人民币结算。由于国际体系的非对称性和金融一体化矛盾导致国际流动性短缺常态化，人民币国际化突破口是增强人民币的流动性，方式是推动人民币的跨境贸易计价结算以及推动人民币资本项目可兑换。中国在推进人民币对外贸易结算过程中，还要促进大陆外汇市场与香港外汇市场的有效结合。根据环球银行金融电信协会数据，2014 年 11 月，人民币的国际支付量达到 2.17%的份额，逼近日元的 2.69%，取代加元和澳元成为全球第五大支付货币，排位仅次于美元、欧元、英镑和日元。[③] 2022 年，跨境人民币收付总额达到 42 万亿元，人民币在本、外币跨境收付总额中的占比提升至约 50%。[④]

---

① 参见赵柯：《工业竞争力、资本账户开放与货币国际化——德国马克的国际化为什么比日元成功》，《世界经济与政治》2013 年第 12 期。

② 参见郑建华：《关于国际货币体系改革的探讨——兼论人民币国际化问题》，《宏观经济研究》2014 年第 7 期。

③ 参见李巍：《制衡美元：政治领导与货币崛起》，第 28 页。

④ 参见邱海峰：《跨境支付、投融资、储备和计价等国际货币功能全面增强——人民币"国际朋友圈"持续扩容》，《人民日报》（海外版）2023 年 05 月 30 日。

第二，渐进推动人民币汇率市场化，防止人民币过快升值。在中国，由于汇率效应传导的劳动替代约束和资本存量约束，货币贬值效应能较快地传导到外延经济的增长上，而货币升值效应则只能缓慢地传导到内涵经济的增长上，由此形成了汇率变动的不对称效应，简称"棘轮效应"。劳动替代约束和资本存量约束，是由我国经济的客观情况决定的，因此通过人民币升值来促进企业技术进步和产业结构升级的传导机制不通畅，缺乏人民币大幅升值的基础。人民币汇率政策必须充分考虑社会可承受的失业率底线，货币升值的速度必须要适应我国出口企业由成本优势向技术优势转变的进程，维护社会发展和技术进步的平衡。

第三，人民币加入特别提款权货币篮子。特别提款权最早发行于1969年，是国际货币基金组织的一种记账请求权。美国掌握着国际资本的调配权和国际资本融通规则的制定权，在国际货币基金组织中具有压倒性话语权，因此获得了最多SDR分配额度和投票权比例（见表6-6）。

表6-6　国际货币基金组织中SDR配额以及投票权占比前十位国家

国家	配额		投票权
	百万SDRs	所占比例/%	所占比例/%
美国	82994.2	17.60	16.66
日本	30820.5	6.54	6.21
中国	30482.9	6.46	6.14
德国	26634.4	5.65	5.37
英国	20155.1	4.27	4.07
法国	20155.1	4.27	4.07
印度	13114.4	2.78	2.66
俄罗斯	12903.7	2.74	2.61
巴西	11042.0	2.34	2.24
沙特	9992.6	2.12	2.03

数据来源：国际货币基金组织（IMF）。

2006—2010年，SDR的权重分配大致为：美元44%，欧元34%，日元11%，英镑11%。2015年11月30日，国际货币基金组织执行董事会讨论并全票通过SDR审查报告，认为人民币已经满足了出口和可自由使用标准，决定将人民币纳入特别提款权货币篮子。2016 年 10 月 1 日，人民币正式加入国际货币基金组织的 SDR 货币篮子，分配权重为 10.92%。有学者指出，SDR 本身只是货币衍生品，不具有货币属性，没有主权国家的征税能力，只能应用于国际货币基金组织官方部门之间交易，不被私人部门接受，也无法作为商品贸易中的计价货币。特别提款权仅能发挥有限角色，作为现存储备的一种补充。2009 年 4 月，国际货币基金组织增发 2500 亿美元特别提款权后，特别提款权在全球储备中所占份额仍不足 5%。但特别提款权优势之处在于，其作为一种记账请求权，并不会损耗实际资源，寻求额外储备的国家不必为了得到特别提款权而放弃消费或保持出超。[①] 人民币加入 SDR 货币篮子，有助于中国参与完善全球货币金融治理，为人民币国际化提供制度担保，借助外力倒逼国内金融体制改革。

第四，逐步开放资本市场与资本账户自由化。鉴于中国金融体系的脆弱性以及缺乏具有吸引力的金融工具，资本账户自由化必须以一种渐进可控的方式进行。艾肯格林和库珀指出，中国资产账户不开放，存在严重的资本管制，且中国金融市场不发达、金融制度不健全，所以人民币国际化必将是一个缓慢的过程。[②]

资本账户自由化的前提条件应是利率和汇率的自由化。2010 年，中国开始推行"合格境内机构投资者"(QDII)政策，在资本流出可控的前提下，集中国内投资者资金以较大规模投资于海外。截至 2014 年 6 月，中国企业债和广义货币供应量(M2)对 GDP 之比已经分别达到 120%和 180%。次贷危机后推出的四万亿刺激计划，使中国金融脆弱性大大增加。由于中国金融的不稳定性和国际金融的不确定性，在没有资本管制屏障的保护下，任何外部冲击都可能引发大规模资本外流，进而导致人民币大幅度贬值、利息率飙升、资产泡沫破裂、金融机构违约和破产。因此，在资本账户完全自由化之前，中国应该注意开放的步骤，首先完成利率和汇率的自由化，培育足够强大的风险管理能力。中国的资本账户自由化还应遵循一定的内部次序。资本账户自由化之前应先进行经常账户自由化，间接投资自由化之前先进行

① 参见[美]巴里·艾肯格林:《嚣张的特权:美元的兴衰和货币的未来》,第 173—174 页。

② Barry Eichengrenn, "Sterling's Past, Dollar's Future: Historical Perspective on Reserve Currency Competition", NBER Working Paper, NO.11336, 2005; Richard N. Cooper, "The Future of the Dollar", Peterson Institute For International Economics Policy Brief, No.PB09-21, 2009.

国外直接投资自由化，短期资本自由化之前先进行长期资本自由化，借贷自由化之前先进行证券投资组合自由化，资本外流自由化之前先进行资本内流自由化。在资本账户自由化的进程中，还应积极构建风险管理和扭曲最小化的组织能力。

第五，建立人民币离岸市场。货币可自由兑换以及在国际金融市场的广泛使用是该币种离岸市场发展的前提条件。例如，20 世纪 60 年代末 70 年代初美国货币政策的过度扩张带来的欧洲美元市场的兴起。2009 年 9 月 28 日，中国财政部在香港发行 60 亿元人民币国债，这是中国政府首次在内地以外地区发行人民币国债。这一方面是为海外不断增加的人民币存款找到出路，另一方面也为其他机构在海外发行人民币债券提供基准利率依据，同时促进人民币离岸市场的发展。全球大约 60％的资金、50％的金融交易发生在离岸金融市场。当前在香港和伦敦都有人民币无本金交割远期外汇交易。离岸市场的人民币价格由市场供求决定，并且离岸市场和在岸市场的人民币价格通常存有差异，从而激励市场主体进行跨境套利交易，对人民币国际化产生正向驱动作用。

三、人民币国际化展望

2007 年 6 月，首支人民币债券登录香港，拉开了人民币国际化序幕。2009 年 9 月，中国财政部首次在香港发行了政府债券。2009—2010 年，中国借贷给发展中国家的资金甚至超越了世界银行。[①] 2010 年 7 月，任何公司都被准许在香港开立人民币银行账户并自由兑换人民币。香港的金融机构被允许创设人民币计价的投资产品。2010 年 11 月，亚洲开发银行成为第一个在香港发行人民币债券的国际金融机构。[②] 2012 年，以人民币结算的国际贸易达到中国国际贸易总额的大约 1/10。2013 年 8 月，上海自由贸易试验区成立，其金融改革包括利率市场化、汇率自由汇兑、金融产品创新、开放人民币资本项目和离岸金融中心等重大举措。[③] 2014 年，中国和马来西亚

---

① G. Dyer, J. Anderlini and H. Sender, "China's Lending His New Heights", *Financial Times*, January 17, 2011.

② R. Cookson, "ADB Issues Landmark Renminbi Bond", *Financial Times*, October 19, 2010.

③ 参见郑建华:《关于国际货币体系改革的探讨——兼论人民币国际化问题》,《宏观经济研究》2014 年第 7 期。

签署了建立人民币清算机制的备忘录。截至2023年5月,香港是全球最大的离岸人民币清算中心,伦敦和新加坡分别居于第二位和第三位。在人民币“出海”过程中,中国进出口银行和中国开发银行扮演着重要角色。中国进出口银行主要职能是为国际贸易提供融资。据估算,2014年底,该行提供的海外贷款总额约为530亿美元。中国开发银行主要为中国及外国公司的海外经营提供贷款。2015年底,中国开发银行的海外贷款总额上升至近3300亿美元。[①] 近年来,人民币国际化从快速推进期进入调整巩固期。当前我国经济虽面临着增长速度换挡和结构化调整的难题,但在对外直接投资、熊猫债、国际信贷、外汇交易等环节依然有所突破。

增强人民币流动性是人民币国际化的突破口。国际流动性短缺是非对称国际货币体系中的常态。中心国家可以通过流动性互换协议彼此协助,而外围国家只能通过外汇储备和资本管制进行缓解。通过资本账户将人民币流动性注入世界其他国家的方式,具有一定局限性。首先,通过进口结算向人民币离岸市场注入流动性,决策者可能因为变动成本(路径依赖)而不愿改变这种方式;其次,中国可能无法长期维持经常账户盈余,这意味着中国无法通过资本账户逆差向其他国家提供净人民币流动性,因为中国运行资本账户赤字的能力有限;再次,中国对外直接投资的大部分目的地为中东和北非,资产安全性有很大风险。最后,中国作为一个新兴市场国家,是否应当成为资本输出国也有待商榷。

2014年11月15日,中国国家主席习近平在二十国集团领导人第九次峰会上曾提出建立公平公正、包容有序的国际货币体系的概念。多极化国际货币体系将会潜在扩大供给安全资产的财政能力,从而解决全球安全资产短缺问题。在多极化国际货币体系里,只要一国能够保证本国财政能力能维持其货币作为储备资产,就会获得流动性溢价。对财政能力的竞争性将导致各国采取谨慎的财政政策,以确保财政能力。不同储备资产可以相互替代,限制了汇率和储备资产价格的波动性。

2015年12月25日,亚洲基础设施投资银行正式成立,标志着中国在东亚金融和货币外交中的最新举措。由于中国在亚洲生产网络中的显著地位,人民币也适合通过区域贸易先成为地区结算货币来开启国际化进程。

---

① 参见[美]埃斯瓦尔·S.普拉萨德:《赢得货币战争》,第230页。

在中国影响倡议下，金砖国家也开始尝试建立自身的区域性金融机构，如金砖国家开发银行、金砖应急储备机制等。金砖新开发银行是 1991 年欧洲复兴开发银行成立以来设立的第一个重要的区域性多边贷款机构。2013 年金砖国家峰会上，各方正式同意建立金砖国家开发银行以及初始规模为 1000 亿美元的应急储备安排，2014 年金砖国家峰会上公布了相关细节。其中，金砖新开发银行法定资本 1000 亿美元，初始认缴资本 500 亿美元，由创始会员国平等出资。投票权方面，中国为 39.95％，俄罗斯、印度、巴西为 18.10％，南非为 5.75％。[①]

中共十九大提出的"一带一路"倡议是推进人民币国际化的一个突破口。中国可以借助"一带一路"倡议解决东亚地区的资源错配和货币错配难题，在全球范围进行投融资，有效地配置资产，并促进欧洲人民币市场和香港人民币市场的发展。"一带一路"倡议建设的亚洲基础设施投资银行与丝绸基金等将弥补现有金融市场的缺陷，提升中国参与国际金融新秩序的话语权。中国在与"一带一路"沿线国家开展贸易、投资与援助时，可以使用人民币作为结算货币，这将有利于发展中国家摆脱发达国家"负外部性"的货币政策，降低汇率大幅度波动带来的影响。

① 参见李巍：《制衡美元：政治领导与货币崛起》，第 286—289 页。

结 论

对外负债具有强烈的国际政治属性，是一国融资能力最重要的体现方式，是大国间博弈的重要领域，也是决定国家兴衰的关键。“债务周期”理论认为，一国经济发展过程中国际收支呈现阶段性变化，依次为成长债务国、成熟债务国、债务清偿国、新兴债权国、成熟债权国。[①] 但美国似乎并未遵从这一发展路径。从美国对外负债历史演进方面看，无论处于债务国地位还是债权国地位，作为非对称国际货币体系中的核心国，美国对外经济战略都对全球经济未来发展趋势影响显著。[②]

美国掌握国际货币主导权，意味着美国拥有超出任何其他国家的借款能力，可以低成本从国外获得大量美元借款，而还款采用的却是本国政府印刷的货币。国际货币主导权的一个重要前提是主导国必须总体上追求保守型宏观经济政策，以创造一个自我持续的市场逻辑。货币主导国的政策可信度为全球其他国家提供了追随动机，这种追随关系又给货币主导国创造了大量的潜在收益。货币主导权使美国可以大举借款，为本国的经常账户赤字、财政赤字和负储蓄融资。

布雷顿森林体系解体后，国际货币体系进入美元本位制时代。美元是官方外汇储备中最主要的货币，也是国际贸易以及全球金融交易中最重要的计价货币和结算货币，美元本位制成为美国对外负债的制度背景及信用来源。从货币权力衍生出的金融霸权，使美国得以全面掌控国际信贷分配的过程和制度，并将自身意志、原则、规则强制性地在全球金融体系内推行，

① 参见石巧荣：《中国债权国地位与国际投资调控策略》，《国际金融研究》2010 年第 4 期。

② 参见丁一凡、赵柯：《主权债务、融资能力与国家兴衰——应对全球债务格局之变》，《欧洲研究》2014 年第 1 期。

从而维系美国对外负债的平稳运行。估值效应渠道则是美国对外负债调整的重要渠道,其主要受汇率变动和资产价格变动的影响。估值效应能放松美国经济的外部约束,平滑经常账户赤字,并在全球合理有效地分配资源。

截至2017年第三季度,美国对外总资产(不包括金融衍生品)达25.15万亿美元,对外总负债(不包括金融衍生品)达32.95万亿美元,分别占美国GDP的128.97%和168.98%。得益于货币权力和全球金融体系的非对称相互依赖特点,美国对外负债具有一定可持续性,规模经济的货币惯性也使美元的基轴货币地位长期保持,但美国自利型货币政策不断透支着美国的国家信誉,对外负债规模的持续扩张又引起全球流动性失衡以及金融危机频发。

美国获取外国金融支持的能力不是无限制的。如果不进行适当的外部失衡调整,持续增加的高额债务将导致美国财政危机并引发利率暴增、币值波动及股市崩盘。从国际货币体系视角来看,单一货币空间结构并非最优结构,只有多极均衡才可能达到最优情况。美元本位制不会一直持续,欧元、日元、英镑也是重要的国际货币,且对非对称性、非公平性的美元本位制和美国金融霸权日益不满。中国作为世界第二大经济体以及最重要的新兴市场国家,注定会成为货币主导国在全球范围内的主要对标国。伴随人民币国际化进程的加快,国际货币体系终将朝向稳定、可预期、多元化的格局发展,这必将加强对美国的外部金融约束,也有利于全球经济持久健康地发展。

附　录

附录 A　估值效应计算模型推导

国际货币基金组织在 2005 年规定，一国净国际投资头寸应符合下式：

$$NFA_t - NFA_{t-1} = NX_t + CT_t + IA_t + KA_t + EO_t + KG_t \quad \text{(A-1)}$$

其中，NX_t表示商品和服务余额（即净出口），CT_t表示经常转移余额（即现金转移支付），IA_t表示经常账户下的投资收益余额①，KA_t表示资本转移支付（即资本与金融账户余额），EO_t表示净误差与遗漏，KG_t表示净资本利得。② 将上式右端变形可得：

$$NFA_t - NFA_{t-1} = (NX_t + CT_t + IA_t) + KA_t + EO_t + KG_t \quad \text{(A-2)}$$

等号右侧第一项括号里面表示净出口、经常转移余额与投资收益余额三者相加之和即为经常账户余额：

$$CA_t = NX_t + CT_t + IA_t \quad \text{(A-3)}$$

由于现实中转移支付（$CT_t + KA_t$）和净误差与遗漏项EO_t数额较小，通常忽略，则式（A-2）可进一步化简为：

$$NFA_t - NFA_{t-1} = CA_t + KG_t \quad \text{(A-4)}$$

$$NFA_t - NFA_{t-1} = NX_t + IA_t + KG_t \quad \text{(A-5)}$$

式子两边同时除以第 t 年的 GDP 可得（小写字母表示各项与 GDP 的比值）：

---

① 包括直接投资项下的利润利息收支和再投资收益、证券投资收益（股息、利息等）和其他投资收益（利息）。

② 与前面投资收益的概念明显不同，资本利得是从存量角度计算，经常账户下的投资收益从流量角度考虑。

$$nfa_t - nfa_{t-1} = nx_t + \frac{i_t}{1+r_t}nfa_{t-1} + \frac{k_t}{1+r_t}nfa_{t-1} - \frac{r_t}{1+r_t}nfa_{t-1} \quad \text{(A-6)}$$

化简后得：

$$nfa_t - nfa_{t-1} = nx_t + \frac{i_t - r_t}{1+r_t}nfa_{t-1} + \frac{k_t}{1+r_t}nfa_{t-1} \quad \text{(A-7)}$$

其中，r_t为一国 GDP 名义增长率，i_t表示投资收益率，k_t表示对外净资产的资本利得收益率。

同理，nx_t表示净出口，$\frac{i_t - r_t}{1+r_t}nfa_{t-1}$表示经常账户下的投资收益，两者合并为经常项目即

$$ca_t = nx_t + \frac{i_t - r_t}{1+r_t}nfa_{t-1} \quad \text{(A-8)}$$

而$\frac{k_t}{1+r_t}nfa_{t-1}$代表资本利得，也就是估值效应。所以可得：

$$va_t = \frac{k_t}{1+r_t}nfa_{t-1} \quad \text{(A-9)}$$

因此，对外净资产变化由经常项目余额和估值效应共同起作用。

$$nfa_t - nfa_{t-1} \approx ca_t + va_t \quad \text{(A-10)}$$

由于对外净资产的核算公式在每一期都成立，如果考虑跨期均衡，必须把未来每一期的对外净资产的变化进行折现并加总，得到跨期均衡约束条件：债务国未来净出口的现值必须等于当期净外债的价值，这样才能保证债务国的未来债务偿付能力（因为长期来看估值效应的影响并不大）。应当注意的是，此处可排除“庞氏博弈（Ponzi Game）”的情况。在庞氏博弈中，债务国利用永久循环借款的方式为外部失衡融资。在跨期均衡中，对外债务应长期维持在一个稳态水平上。由此可得：

$$nx^* = \frac{k+i-g}{1+g}\overline{nfa} \quad \text{(A-11)}$$

其中，g 表示一国实际增长率，i 表示投资收入收益率，k 表示资本利得收益率，nx^*表示稳态时的净出口，$\overline{nfa} = nfa_t - nfa_{t-1}$表明经常项目差额使对外净资产占 GDP 的比重处于长期稳定的状态。在保持外部均衡$\overline{nfa}$稳态的条件下，如果 g 和 i 保持不变，则代表估值效应的资本利得率 k 就成为影响稳态净出口规模的决定因素。如果当期净出口偏离稳态的净出口规模，则

该国对外净头寸也将偏离长期稳态。

如果对外资产与对外负债的收益率不相等，则对外净资产的公式可以表达为：

$$nfa_t - nfa_{t-1} = nx_t + \frac{r_t^L - g_t}{1+g_t} nfa_{t-1} + \frac{r_t^A - r_t^L}{1+g_t} a_{t-1} \tag{A-12}$$

其中，r^L表示对外负债总收益率（投资收益 i + 资本利得 k），r^A表示对外资产总收益率（投资收益 i + 资本利得 k），a_{t-1}表示 $t-1$ 期的对外资产，则稳态净出口的公式可表示为：

$$nx^* = \frac{r^L - g}{1+g}\overline{nfa} - \frac{r^A - r^L}{1+g}\bar{a} \tag{A-13}$$

此公式表明，若一国对外净资产规模较大，如果$r^A - r^L$小于零，则需要较大程度的贸易调节。这个公式可以用来检验贸易平衡和对外净资产对外部非均衡的动态反映，从而检验估值效应的显著性。在跨期预算约束条件下，无论一国是对外短期负债还是长期负债，债务规模大小程度如何，长期来看，都必须依靠经常项目盈余来偿还外债本金和利息。虽然短期中，贸易余额和对外净资产会偏离这种关系，但长期来看，必须通过经常项目余额、估值效应两者共同调整来恢复。

估值效应渠道在调节外部不均衡时，主要通过检验净出口与对外净资产在面临冲击时的动态反映。这种冲击是指上述两个变量对国家跨期预算约束条件下的长期关系的偏离，后者可以表示为：

$$NFA_t = \sum_{t=0}^{\infty} R_{t,t+i}(X_{t+i} - M_{t+i}) \tag{A-14}$$

其中，NFA_t表示基于 GDP 平减指数的实际对外净资产，X 和 M 分别代表商品和服务的出口和进口，$R_{t,s}$代表 s 时期净出口的折现因子，它是对外净资产真实收益率r_t的函数，具体可表示为：

$$R_{t,s} = \prod_{i=0}^{s} \frac{1}{1+r_{t+i}} \tag{A-15}$$

通过贾恩卡洛·科尔塞蒂（Giancarlo Corsetti）和帕纳约蒂斯·康斯坦丁努斯（Panagiotis Th. Konstantinou）的研究，可以得到以下近似的对数线性方程[①]：

$$x_t - \gamma m_t + (\gamma - 1) nfa_t = \sum_{i=1}^{\infty} \rho^i [\Delta x_{t+i} - \gamma \Delta m_{t+i} + (\gamma - 1) r_{t+i}] \quad \text{(A-16)}$$

其中，x_t、m_t 和 nfa_t 分别表示对出口、进口和对外净资产取对数，Δ 表示相应变量的一阶差分，r 表示对外净资产的总回报率，γ 和 ρ 则分别代表跨期预算约束方程中的相关参数。如果 Δx_t、Δm_t 和 r_t 是平稳的，上式就意味着 x_t、m_t 和 nfa_t 三个变量存在约束性协整关系，等式左边（协整残差）代表了三个变量对长期关系的偏离。以上公式也意味着如果协整残差不是一个常量，则它预示着未来净出口的变化或对外净资产收益的变化或两者共同的变化。如果一个国家拥有逐年增大的贸易赤字以及稳定的对外净资产头寸，对于这种长期关系偏离的纠正，要么是通过未来进出口增长，要么是通过未来对外资产负债存量净收益的增长或二者共同的作用。[②]

估值效应还存在另一种计算方式。根据传统的跨期均衡模型，一国从 $t-1$ 期到 t 期的对外净头寸的变化等于其 t 期的经常账户值：

$$NFA_{t+1} - NFA_t = CA_t \quad \text{(A-17)}$$

布雷顿森林体系崩溃后，伴随全球金融一体化，传统模型中关于 NFA 变化的定义不再合理。一国 t 期 NFA 的决定值还要加上 t 期持有的 NFA 存量价值的变动部分，表示如下：

$$NFA_t = R_t \cdot NFA_{t-1} + NX_t \quad \text{(A-18)}$$

其中，NFA_t 表示 t 期的对外净资产，NFA_{t-1} 表示 $t-1$ 期的对外净资产，R_t 是该国对外净头寸从 $t-1$ 期到 t 期总收益率，NX_t 表示该国在 t 期的净出口。对上述公式变形后可得

$$\begin{aligned} NFA_t - NFA_{t-1} &= (R_t - 1) NFA_{t-1} - NI_t + NX_t + NI_t \\ &= [(R_t - 1) NFA_t - NI_t] + CA_t \\ &= VA_t + CA_t \end{aligned} \quad \text{(A-19)}$$

其中，NI_t 表示净投资收入，（$NX_t + NI_t$）表示 t 期经常账户值，VA_t 表示 t

① Giancarlo Corsetti and Panagiotis Th. Konstantinou, "Current Account Theory and the Dynamics of US Net Foreign Liabilities", CEPR Discussion Paper, No.4920, 2005.

② IMF, *World Economic Outlook-Globalization And External Imbalances*, Washington D.C: IMF Multimedia Service Division, 2005, pp.144-146.

期估值效应值。一国从 $t-1$ 期到 t 期的对外净资产变化等于 t 期的经常账户变动部分加上估值效应部分。对外净头寸收益率 R_t 可以分解为资产收益率 R_t^A 和负债收益率 R_t^L 的加权平均值，$R_t=\lambda_t^A R_t^A-\lambda_t^L R_t^L$。其中，$\lambda_t^A$ 表示资产在对外净头寸中的占比，λ_t^L 表示负债在对外净头寸中的占比，并且 $\lambda_t^A-\lambda_t^L=1$。[①] 两边分别除以本国在 t 期的 GDP 得到：

$$nfa_t-nfa_{t-1}=cfa_t+[(\gamma_t-1)-ni_t]+\frac{\gamma_t}{1+\gamma_t}nfa_{t-1} \quad \text{(A-20)}$$

此外，莱恩和费雷蒂也总结设计了估值效应的计算方法[②]，具体如下所示：

$$NFA_{t+1}-NFA_t=CA_t+KG_t+E_t \quad \text{(A-21)}$$

其中，CA_t 代表经常账户余额，KG_t 代表对外净资产的资本利得或损失（此处等于对外净资产的存量变化减去潜在的流量变化），E_t 代表资本转移、误差与遗漏项。$CA_t=NX_t+i_t^A A_{t-1}-i_t^L L_{t-1}$，其中，$NX_t$ 表示商品和服务贸易差额与经常转移之和，A_{t-1} 与 L_{t-1} 分别表示上年度的对外资产和对外负债，i_t^A 与 i_t^L 分别代表对外资产和对外负债的名义收益率，$i_t^A A_{t-1}-i_t^L L_{t-1}$ 表示净投资收益。于是式(A-21)可化简为：

$$NFA_{t+1}-NFA_t=NX_t+(i_t^A A_{t-1}-i_t^L L_{t-1}+KG_t)+E_t \quad \text{(A-22)}$$

将上式两边分别除以 GDP，以小写字母代表各个变量与 GDP 的比值，并对 GDP 的定义式 $Y_t=Y_{t-1}(1+g_t)(1+\pi_t)$ 进行化简，由于 $g_t\pi_t$ 很小可省略，经上述处理后可得：

$$nfa_t-nfa_{t-1}=$$
$$nx_t+\frac{i_t^A A_{t-1}-i_t^L L_{t-1}}{Y_t}+\frac{KG_t}{Y_t}-\frac{g_t+\pi_t}{(1+g_t)(1+\pi_t)}nfa_{t-1}+\varepsilon_t \quad \text{(A-23)}$$

其中，g_t 为 GDP 的真实增长率，π_t 表示通货膨胀率，ε_t 表示资本转移、误差与

---

① 上述公式的详细推导参考：Pierre-Olivier Gourinchas and Hélène Rey, "From World Banker to World Venture Capitalist: US External Adjustment and the Exorbitant Priviledge", NBER Working Paper, No. 11563, 2005; Pierre-Olivier Gourinchas, "Valuation Effects and External Adjustment: A Review", *Series on Central Banking, Analysis and Economic Policies*, Santiago: Banco Central de Chile, Vol.12, 2008, pp.195-236; Pierre-Olivier Gourinchas and Hélène Rey, "External Adjustment, Global Imbalances and Valuation Effects", NBER Working Papers, No.19240, 2013.

② Philip R. Lane and Gian Maria Milesi-Ferretti, "A Global Perspective on External Positions", NBER WorkingPaper, No.11589, 2005.

遗漏项对 GDP 的比值。

式(A-23)可分解为五大部分：nx_t 为净出口，$\frac{i_t^A A_{t-1} - i_t^L L_{t-1}}{Y_t}$ 表示投资收入累积部分，$\frac{KG_t}{Y_t}$ 表示估值效应变动，$\frac{g_t + \pi_t}{(1+g_t)(1+\pi_t)} nfa_{t-1}$ 表示经济增长部分，ε_t 表示其他因素。

莱恩和费雷蒂在式(A-23)的基础上，详细分析了美国、日本、欧洲从 2002 年到 2005 年这五大成分的变动，得出估值效应累积部分占 GDP 的比例如下：美国为 17.2%，日本为－7.4%，欧元区为－9.2%。①

令 kg_t^A 和 kg_t^L 分别表示对外资产与对外负债的资本利得率，可得 $KG_t = kg_t^A A_{t-1} - kg_t^L L_{t-1}$，则对外资产与对外负债的真实收益率分别为：

$$r_t^A = \frac{1 + i_t^A + kg_t^A}{1 + \pi_t} - 1, \quad r_t^L = \frac{1 + i_t^L + kg_t^L}{1 + \pi_t} - 1 \tag{A-24}$$

将其代入式(A-23)并整理得：

$$nfa_t - nfa_{t-1} = nx_t + \frac{r_t^L - g_t}{1 + g_t} nfa_{t-1} - \frac{r_t^A - r_t^L}{1 + g_t} a_{t-1} + \varepsilon_t \tag{A-25}$$

其中，a_{t-1} 为上一年对外总资产占 GDP 的比重。

莱恩和香博在 2010 年对估值效应的估算做了更加详细的分析②，明确区分了汇率变动和资产价格变动引起的估值效应。

$$\begin{aligned} NFA_t - NFA_{t-1} &= TB_{t-1} + FC_{t-1} \\ &= TB_{t-1} + NI_{t-1} + VAL_{t-1}^{MV} + VAL_{t-1}^{XR} \end{aligned} \tag{A-26}$$

式中，TB_{t-1} 和 FC_{t-1} 分别表示贸易余额和对外净头寸的净收益，FC_{t-1} 又可分解为投资收益账户 NI_{t-1}、资产价格变动产生的估值效应 VAL_{t-1}^{MV} 以及汇率变动产生的估值效应 VAL_{t-1}^{XR} 三部分。

根据国际货币基金组织编制的《国际收支平衡表和国际投资头寸表手册(第六版)》对净国际投资头寸的重新定义，每年净国际投资头寸的变化分为金融流量变动、汇率变动、资产价格变动、其他因素四部分，其中后三项被

① Philip R. Lane and Gian Maria Milesi-Ferretti, "Europe and Global Imbalances", Economic Policy, Vol.22, No.51, 2007, pp.519-573.

② Philip R. Lane and Jay C. Shambaugh, "Financial Exchange Rates and International Currency Exposures", *American Economic Review*, Vol.100, No.1, 2010, pp.518-540.

划归为估值效应部分。[①]

$$\Delta NIIP_c = FLOW_c + P_c + E_c + O_c \qquad \text{(A-27)}$$

其中，$FLOW_c$表示金融资产流量，P_c表示资产价格变动，E_c表示汇率变动，O_c表示其他因素变动。根据式(A-27)，美国的资产利得既依靠纯资产利得的增加，也需要每期资产流量调节。此外，贺力平、林娟提出估值效应是影响货币当局的收益率、外汇市场干预能力和对冲型货币政策可持续以及货币错配的显著因素。他们利用现有统计数据，提出了三种推测估值效应的方法，即间接推导法、直接推算法和解析法。间接推导法是用每年净国际投资头寸的变化值减去当年的经常账户余额；直接推算法计算外汇储备常规变动与外汇储备交易变动的差别；解析法则计算汇率引起的外汇资产价值变动。[②]

附录B 金融加权汇率指数推导

莱恩和香博研究发现，贸易加权汇率指数不足以充分解释货币运动的财富效应，由此创立了金融加权汇率指数。他们首先将汇率运动视作外生变量，建立部分均衡模型，为动态随机一般均衡模型提供了分析基础。然后在动态随机一般均衡模型中，将证券组合投资和汇率变化引起的财富效应视作内生变量。[③] 一国净国际投资头寸的改变量可表示如下：

$$NFA_t - NFA_{t-1} = CA_t + VAL_t \qquad \text{(B-1)}$$

其中，VAL_t表示对外资产负债下的净资本利得。将净资本利得分解后得：

$$VAL_t = KG_t^A - KG_t^L = kg_t^A A_{t-1} - kg_t^L L_{t-1} \qquad \text{(B-2)}$$

其中，kg_t^A和kg_t^L分别表示对外资产资本利得收益率和对外负债资本利得回报率。此公式表明当对外资产负债总规模扩大时，有利于净资本利得的增加。

将汇率变动因素扩展至货币运动层面，将式(B-2)与货币变动相联系

---

① Six Edition of the IMF's Balance of Payments and International Investment Position Manual, 2013.

② 参见贺力平、林娟：《论外汇投资中的估值效应及其经济影响》，《金融评论》2011年第6期。

③ Philip R. Lane and Jay C. Shambaugh, "Financial Exchange Rates and International Currency Exposures", *American Economic Review*, Vol.100, No.1, 2010, pp.518-540.

可得：

$$\frac{\partial VAL_t}{\partial E_t}=\frac{\partial kg_t^A}{\partial E_t}A_{t-1}-\frac{\partial kg_t^L}{\partial E_t}L_{t-1} \tag{B-3}$$

其中，E_t表示t期的汇率。式(B-2)表明，货币运动的估值影响取决于它对资产负债端资本利得的影响程度。

然后在详细分解一国对外资产负债项的货币组成的基础上，构建金融加权有效汇率指数。

$$\omega_{ijt}^A=\sum_{k=1}^{N}\lambda_{it}^{Ak}\cdot\omega_{ijt}^{Ak},\qquad \omega_{ijt}^L=\sum_{k=1}^{N}\lambda_{it}^{Lk}\cdot\omega_{ijt}^{Lk} \tag{B-4}$$

其中，ω_{ijt}^A，ω_{ijt}^L分别表示i国在t期的j货币在资产和负债端的汇率指数，λ_{it}^{Ak}和λ_{it}^{Lk}则分别表示i国t期的资产和负债项下k类资产（分别为股票、FDI、债券、外汇储备）的相对重要性，ω_{ijt}^{Ak}和ω_{ijt}^{Lk}分别表示i国t期的资产和负债项下k类资产下j货币的权重。

$$\frac{\partial VAL_{it}}{\partial E_{ijt}}=\omega_{ijt}^A A_{it-1}-\omega_{ijt}^L L_{it-1} \tag{B-5}$$

其中，A、L和VAL都是用原始值除以GDP后得到的相对值。A表示资产，L表示负债，VAL表示由估值效应引起的对外净头寸变动。定义总的净金融权重为：

$$\omega_{ijt}^F=\omega_{ijt}^A S_{it-1}^A-\omega_{ijt}^L S_{it-1}^L \tag{B-6}$$

其中，$S_{it-1}^A=\dfrac{A_{it-1}}{A_{it-1}+L_{it-1}}$，而$S_{it-1}^L=\dfrac{L_{it-1}}{A_{it-1}+L_{it-1}}$。

然后进一步定义i国有效资产的汇率指数如下：

$$I_{it}^A=I_{it-1}^A\cdot\left(1+\sum\omega_{ijt}^A\cdot\%\Delta E_{ijt}\right) \tag{B-7}$$

$$I_{it}^L=I_{it-1}^L\cdot\left(1+\sum\omega_{ijt}^L\cdot\%\Delta E_{ijt}\right) \tag{B-8}$$

其中，E_{ijt}为i、j两国在t期的名义汇率。在此定义的基础上，可将估值效应影响表示成：

$$\frac{\partial VAL_{it}}{\partial E_{ijt}}=\omega_{ijt}^F\cdot IFI_{it-1} \tag{B-9}$$

其中，

$$IFI_{it-1}=A_{it-1}+L_{it-1} \tag{B-10}$$

进而定义净国际投资头寸对货币运动的总敏感度为：

$$VAL_{it}^{XR}=\%\Delta I_{it}^{A}\cdot A_{t-1}-\%\Delta I_{it}^{L}\cdot L_{t-1} \tag{B-11}$$

其中，VAL_{it}^{XR}表示由汇率变动引起的估值效应。综合上述公式，总的金融加权汇率指数为：

$$I_{it}^{F}=I_{it-1}^{F}\cdot(1+\%\Delta I_{it}^{A}\cdot S_{it-1}^{A}-\%\Delta I_{it}^{L}\cdot S_{it-1}^{L}) \tag{B-12}$$

或者简写为：

$$VAL_{it}^{XR}=\%\Delta I_{it}^{F}\cdot IFI_{it-1} \tag{B-13}$$

在得到金融加权汇率指数后，莱恩和香博还构造了外币敞口公式：

$$FX_{it}^{AGG}=\omega_{it}^{A}\cdot S_{it}^{A}-\omega_{it}^{L}\cdot S_{it}^{L} \tag{B-14}$$

其中，ω_{it}^{A}表示外币计价的外国资产比重，ω_{it}^{L}表示外币计价的外国负债比重。对于外部调节的净影响可表示为：

$$NETFX_{it}=FX_{it}^{AGG}\cdot IFI_{it-1} \tag{B-15}$$

将外币敞口公式进一步扩展可得

$$FX_{it}^{AGG}=\omega_{it}^{A}\cdot\frac{A_{it}}{A_{it}+L_{it}}-\omega_{it}^{L}\cdot\frac{L_{it}}{A_{it}+L_{it}} \tag{B-16}$$

将外汇敞口分解为两个主要部分为

$$FX_{it}^{AGG}=\left(\frac{NFA_{it}}{A_{it}+L_{it}}\right)+\left[\omega_{itDC}^{L}\cdot\left(\frac{L_{it}}{A_{it}+L_{it}}\right)-\omega_{itDC}^{A}\cdot\left(\frac{A_{it}}{A_{it}+L_{it}}\right)\right] \tag{B-17}$$

公式右端第一部分为净国际投资头寸，第二部分为以本币计价的债务减去债权。将式(B-17)进一步细分，可化为：

$$FX_{it}^{AGG}=\left(\frac{A_{NRit}-L_{it}}{A_{it}+L_{it}}+\frac{FXR_{it}}{A_{it}+L_{it}}\right)+\left(\frac{PEQL_{it}+FDIL_{it}}{A_{it}+L_{it}}+\frac{DEBTL_{it}^{DC}}{A_{it}+L_{it}}-\frac{A_{NRit}^{DC}}{A_{it}+L_{it}}\right) \tag{B-18}$$

其中，FXR_{it}表示外汇储备，$PEQL_{it}$、$FDIL_{it}$、$DEBTL_{it}^{DC}$分别表示对外负债中的股票、FDI和以本币计价的狭义对外负债，A_{NRit}^{DC}表示本币计价的对外资产。

参考文献

一、中文文献

(一)图书

[1]类成曜:《国债的分析理论》,中国人民大学出版社 2002 年版。

[2]李巍:《制衡美元:政治领导与货币崛起》,上海人民出版社 2015 年版。

[3]李晓、丁一兵:《亚洲的超越:构建东亚区域货币体系与“人民币亚洲化”》,当代中国出版社 2006 年版。

[4]李扬、张晓晶:《失衡与再平衡:塑造全球治理的新框架》,中国社会科学出版社 2013 年版。

[5]刘建飞、林晓光:《政治文化与 21 世纪中美日关系》,中国人民解放军出版社 2006 年版。

[6]马君潞、陈平、范小云:《国际金融》,高等教育出版社 2011 年版。

[7][马来西亚] 沈联涛:《十年轮回:从亚洲到全球的金融危机》,杨宇光、刘敬国译,上海远东出版社 2015 年版。

[8][英] 阿代尔·特纳:《债务和魔鬼:货币、信贷和全球金融体系重建》,王胜邦、徐惊蛰、朱元倩译,中信出版社 2016 年版。

[9][美] 埃斯瓦尔·S.普拉萨德:《即将爆发的货币战争》,刘寅龙译,新世界出版社 2015 年版。

[10][美] 埃斯瓦尔·S.普拉萨德:《赢得货币战争》,刘寅龙译,新世界出版社 2018 年版。

[11][美] 巴里·艾肯格林:《嚣张的特权:美元的兴衰和货币的未来》,

陈召强译，中信出版社 2011 年版。

[12][美] 保罗·萨缪尔森、威廉·诺德豪斯：《经济学》（第 19 版）下册，萧琛译，商务印书馆 2012 年版。

[13][美]保罗·沃尔克、[日]行天丰雄：《时运变迁：世界货币、美国地位与人民币的未来》，于杰译，中信出版社 2016 年版。

[14][美] 迈克尔·赫德森：《金融帝国：美国金融霸权的来源和基础》，嵇飞、林小芳等译，中央编译出版社 2008 年版。

[15][美] M.阿伊汉·高斯、埃斯瓦尔·S.普拉萨德：《新兴市场：全球金融风暴下的弹性与增长》，田慧芳译，上海三联书店 2012 年版。

[16][美] 乔纳森·科什纳：《货币与强制：国际货币权力的政治经济学》，李巍译，上海人民出版社 2013 年版。

[17][美] 乔纳森·科什纳：《金融危机后的美国权力》，江涛、白云真译，上海人民出版社 2016 年版。

[18][加] 蒙代尔：《蒙代尔经济学文集（第六卷）——国际货币：过去、现在和未来》，向松祚译，中国金融出版社 2003 年版。

[19][英] 苏珊·斯特兰奇：《国家与市场》，杨宇光等译，上海人民出版社 2012 年版。

[20][德]桑德拉·希普：《全球金融中的中国：国内金融抑制与国际金融权力》，辛平、罗文静译，上海人民出版社 2017 年版。

（二）论文

[1]陈建奇：《破解“特里芬难题”——主权信用货币充当国际储备的稳定性》，《经济研究》2012 年第 4 期。

[2]陈志武：《资本化的奥秘是什么》，《国际融资》2007 年第 7 期。

[3]陈思进：《美联储新领袖鲍威尔的货币政策猜想》，《金融博览》2018 年第 1 期。

[4]程希、舒艳：《估值效应波动——基于面板 VAR 的分析》，《国际金融研究》2014 年第 5 期。

[5]程希：《估值效应与外部失衡研究》，西南财经大学博士学位论文，2014 年。

[6]丁振辉、陈苗：《美国债务经济与国际货币体系》，《当代经济研究》2013 年第 9 期。

[7]丁志杰、谢峰:《美元过度特权、经济暗物质与全球治理变革》,《国际金融研究》2014 年第 11 期。

[8]丁一凡、赵柯:《主权债务、融资能力与国家兴衰——应对全球债务格局之变》,《欧洲研究》2014 年第 1 期。

[9]段彦飞:《美国债务经济的国际循环》,《美国研究》2008 年第 4 期。

[10]范小云、肖立晟、方斯琦:《从贸易调整渠道到金融调整渠道——国际金融外部调整理论的新发展》,《金融研究》2011 年第 2 期。

[11]范小云、陈雷:《国际流动性安排与人民币国际化》,《南开学报》(哲学社会科学版)2015 年第 5 期。

[12]范志勇、沈俊杰:《估值效应与中国外汇储备损益评估》,《学习与探索》2009 年第 4 期。

[13]付争:《对外负债在美国金融霸权维系中的作用》,吉林大学博士学位论文,2013 年。

[14]郭步超:《货币权力视角的人民币国际化研究》,南开大学博士学位论文,2015 年。

[15]韩召颖、孙志强:《美国对外资产负债扩张下的国际借贷格局》,《新金融》2017 年第 11 期。

[16]贺力平:《估值效应和货币错配再定义:兼论汇率风险概念的一个宏观经济新应用》,《国际金融研究》2015 年第 9 期。

[17]贺力平、林娟:《论外汇投资中的估值效应及其经济影响》,《金融评论》2011 年第 6 期。

[18]黄晓龙:《全球失衡、流动性过剩与货币危机——基于非均衡国际货币体系的分析视角》,《金融研究》2007 年第 8 期。

[19]康成东、金雪军:《外国直接投资、外国证券投资与经济增长:以美国为例》,《国际贸易问题》2006 年第 1 期。

[20]康欣:《国家债权与霸权转移——美国对英国的债权政治研究(1917—1945)》,复旦大学博士学位论文,2014 年。

[21]卢瑾:《全球经济失衡:特征、机制及可持续性》,中国社会科学院研究生院博士学位论文,2010 年。

[22]刘琨:《估值效应的规模及结构的测算理论与方法研究——基于中、美、日及欧元区的比较分析》,《世界经济研究》2016 年第 1 期。

[23]刘玮:《国内政治与货币国际化——美元、日元和德国马克国际化的微观基础》,《世界经济与政治》2014 年第 9 期。

[24]刘琨、郭其友:《估值效应规模及结构对外部均衡调整的影响——基于中、美、日及欧元区的实证研究》,《亚太经济》2016 年第 1 期。

[25]刘少英:《美元贬值对美国经常账户影响的估值效应分析》,《世界经济研究》2012 年第 3 期。

[26]刘晓鑫:《基于金融视角的中美经济关系问题研究》,吉林大学博士学位论文,2010 年。

[27]李尚英、马婧:《中国碳市场现状的实证研究及对统一碳市场建立的启示——以北京和天津为例》,《中国市场》2015 年第 34 期。

[28]李石凯:《美国国际投资头寸的规模与结构变迁》,《广东金融学院学报》2007 年第 3 期。

[29]李俊久、姜默竹:《美元本位制下的货币-金融依附》,《世界经济研究》2011 年第 6 期。

[30]李晓、周学智:《美国对外负债的可持续性:外部调整理论的扩展》,《世界经济》2012 年第 12 期。

[31]李晓、周学智:《美国净对外负债前景与美元汇率调整》,《国际金融研究》2014 年第 2 期。

[32]李向阳:《布雷顿森林体系的演变与美元霸权》,《世界经济与政治》2005 年第 10 期。

[33]李向阳:《特朗普经济政策评估》,《国际经济评论》2017 年第 4 期。

[34]李巍:《制衡美元的政治基础——经济崛起国应对美国货币霸权》,《世界经济与政治》2012 年第 5 期。

[35]廖泽芳、詹新宇:《不成熟债权国、估值效应与中国的财富流失风险》,《当代经济科学》2012 年第 1 期。

[36]廖泽芳、雷达:《全球经济失衡的利益考察——基于估值的视角》,《世界经济研究》2012 年第 9 期。

[37]陆晓明:《美国公共债务的可持续性及其影响》,《国际金融研究》2011 年第 8 期。

[38]林东:《法哲学研究范式下的货币权力探析》,《河北法学》2014 年第 8 期。

[39]卢锋:《特朗普的经济主张》,《国际经济评论》2017 年第 1 期。

[40]聂丹:《浅析对铸币税、国际铸币税的正确认识与测算》,《华东师范大学学报(哲学社会科学版)》2009 年第 5 期。

[41]牛薇薇、李林杰:《基于 IIP 的中美国际投资收益比较研究》,《国际金融研究》2010 年第 8 期。

[42]那明、戴振亚:《估值效应规模及结构对中国外部财富的影响》,《首都经济贸易大学学报》2017 年第 2 期。

[43]齐天翔、陈瑞、林博:《亚洲国家估值效应波动分析》,《国际贸易问题》2016 年第 6 期。

[44]盛宏清:《巨额对外债务、美元贬值与经常账户赤字动态调整》,《金融研究》2005 年第 11 期。

[45]宋效军、陈德兵、任若恩:《我国外部均衡调节中的估值效应分析》,《国际金融研究》2006 年第 3 期。

[46]宋国友:《中国购买美国国债:来源、收益与影响》,《复旦学报(社会科学版)》2008 年第 4 期。

[47]宋泓:《特朗普上台后美国贸易及相关政策的变化和影响》,《国际经济评论》2017 年第 1 期。

[48]石巧荣:《中国债权国地位与国际投资调控策略》,《国际金融研究》2010 年第 4 期。

[49]谭雅玲:《我国资本流出与海外资产配置被引导的深思》,《国际贸易》2017 年第 3 期。

[50]涂锐:《后危机时代中国参与东亚区域金融合作的战略选择》,《改革与开放》2017 年第 9 期。

[51]王志军:《美国近百年来的对外负债》,《国际金融研究》2008 年第 4 期。

[52]王道平、范小云:《现行的国际货币体系是否是全球经济失衡和金融危机的原因》,《世界经济》2011 年第 1 期。

[53]王博、刘澜飚:《金融渠道对中国外部失衡调整的影响研究》,《经济学动态》2013 年第 11 期。

[54]王宇哲:《当代国际货币体系可持续性及治理研究》,清华大学博士学位论文,2014 年。

[55]王湘穗:《币权:世界政治的当代枢纽》,《现代国际关系》2009 年第 7 期。

[56]吴信如、潘英丽:《美元汇率与美国国际投资头寸》,《华东师范大学学报(哲学社会科学版)》2011 年第 6 期。

[57]吴秀波:《特朗普激进经济政策主张对中国的不利影响及应对策略》,《价格理论与实践》2016 年第 11 期。

[58]魏尚进:《不透明性的经济成本:外国投资损失以及额外经营成本》,《经济学(季刊)》2001 年第 1 期。

[59]许少强:《美元霸权:生存基础、影响和我国的对策》,《复旦学报(社会科学版)》2005 年第 4 期。

[60]谢晓光、周帅:《包容性国际金融体系与中国策略选择——国际货币权力结构视角》,《东北亚论坛》2015 年第 2 期。

[61]徐明棋:《美国国际收支经常账户逆差不断扩大对世界经济的影响》,《国际金融研究》2006 年第 4 期。

[62]徐明棋:《美国的自由主义经济思想是否正走向终结——特朗普政府"新干预主义"经济政策评析》,《学术前沿》2017 年第 3 期。

[63]徐琤:《从债权国到债务国——美国国际债务模式转变的逻辑分析》,《世界经济研究》2011 年第 10 期。

[64]肖立晟、王博:《全球失衡与中国对外净资产:金融发展视角的分析》,《世界经济》2011 年第 2 期。

[65]姚枝仲:《美国贸易逆差的可持续性:调整及其影响》,《国际经济评论》2006 年第 3 期。

[66]尹应凯、崔茂中:《美元霸权:生存基础、生存影响与生存冲突》,《国际金融研究》2009 年第 12 期。

[67]杨权:《全球失衡背景下中国外部财富分析》,《国际贸易问题》2008 年第 9 期。

[68]杨力、李蕊:《"特朗普经济学"框架下的美国宏观经济政策分析》,《国际观察》2017 年第 5 期。

[69]郑建华:《关于国际货币体系改革的探讨——兼论人民币国际化问题》,《宏观经济研究》2014 年第 7 期。

[70]张纯威:《美元本位、估值效应与季风型货币危机》,《金融研究》

2007年第3期。

[71]张纯威:《美元本位、美元环流与美元陷阱》,《国际金融研究》2008年第6期。

[72]张纯威、石巧荣:《金融债权大国崛起动因与效应分析》,《财贸经济》2010年第11期。

[73]张茉楠:《2014年国际金融形势分析与2015年展望》,《经济与金融》2015年第2期。

[74]张茉楠:《中美经济失衡"另解"——解析中美之间的"暗物质"之谜》,《发展研究》2010年11期。

[75]张兵:《中美经济周期的同步性及其传导机制分析》,《世界经济研究》2006年第10期。

[76]张燕玲:《特朗普减税,中国怎么办?》,《中国经济报告》2018年第1期。

[77][美]罗纳德·麦金农:《落入国际美元本位制陷阱》,《新金融》2005年第7期。

[78][美]威廉·塔布:《美国债务膨胀、经济泡沫与新帝国主义》,吴娓、付强摘译,《国外理论动态》2006年第11期。

[79][日]竹中正治、张虎:《美国对外负债的可持续性与国际货币体系的未来》,《国际经济评论》2011年第4期。

二、外文文献

(一)图书

[1] Benjamin J. Cohen, *Organizing the World's Money: The Political Economy of International Monetary Relations*, New York: Basic Books, 1977.

[2] Brian Tew, *The Evolution of the International Monetary System, 1945-1981*, London: Hutchinson, 1982.

[3] David Cortright, and George A. Lopez, *Smart Sanctions: Targeting Economics Statecraft*, New York: Rowman & Littlefriend Publishers, 2002.

[4] Chalmers A. Johnson, *MITI and the Japanese Miracle: The Growth of Industrial Policy, 1925-1975*, Stanford: Stanford University Press, 1982.

[5]Charles P. Kindleberger, *The World in Depression, 1929-1939*, Berkeley: University of California Press, 1973.

[6]Charles P. Kindleberger, *Manias, Panics, and Crashes: A History of Financial Crisis*, New York: Basic Books, 1978.

[7]Peter G. M. Dickson, *The Financial Revolution in England: A Study in the Development of Public Credit, 1688-1756*, London: Macmillan, 1967.

[8]E. D. Domar, *Essays in the Theory of Economic Growth*, New York: Oxford University Press, 1957.

[9]E. Victor Morgan, *A History of Money*, Baltimore: Penguin, 1965.

[10]David Graeber, *Debt: The First 5000 Years*, London: Penguin UK, 2012.

[11]Robert L. Heilbroner, *The Nature and Logic of Capitalism*, New York: W.W. Norton, 1985.

[12]John Hicks, *A Theory of Economic History*, Oxford: Oxford University Press, 1969.

[13]Jonathan Kirshner, *Currency and Coercion: The Political Economy of International Monetary Power*, Princeton: Princeton University Press, 1995.

[14]John Zysman, *Governments, Markets, and Growth: Financial Systems and the Politics of Industrial Change*, Ithaca: Cornell University Press, 1983.

[15]Klaus Knorr, *The Power of Nations*, New York: Basic Books, 1973.

[16]Mira Wilkins, *The History of Foreign Investment in the United States, 1914-1945*, Cambridge, MA: Harvard University Press, 2004.

[17]Milton Friedman, *The Optimum Quantity of Money: And Other Essays*, Piscataway, NJ: Transaction Publishers, 1969.

[18]Meghan L. O'Sullivan, *Shrewd Sanctions: Statecraft and State Sponsors of Terrorism*, Washington: Brookings Institution Press, 2003.

[19]Cliff Prattern, *Overseas Investments, Capital Gains and the Balance of Payments*, Research Monograph No. 48, London, UK: Institute for International Affairs, 1992.

[20]Robert A. Mundell, *International Economics*, New York: Macmillan,

1968.

[21]C. M. Reinhart, and K. Rogoff, *This Time is Different: Eight Centuries of Financial Folly*, Princeton, NJ: Princeton University Press, 2009.

[22] David Roche and Bob McKee, *New Monetarism*, London: Independent Strategy, 2007.

[23] Robert J. Shiller, *Market Volatility*, Cambridge, MA: MIT Press, 1992.

[24] Robert Z. Aliber, *The International Money Game*, New York: Basic Books, 1987.

[25] R. Skidelsky, *John Maynard Keynes, 1883-1946: Economist, Philosopher, Statesman*, London: Pan Macmillan, 2003.

[26]Susan Strange, *Sterling and British Policy: A Political Study of an International Currency in Decline*, London: Oxford University Press, 1971.

(二)论文

[1]Aaron Tornell and Philip R. Lane, "The Voracity Effect", *American Economic Review*, Vol.89, No.2, 1999.

[2] Alan Ahearne, William Griever and Francis Warnock, "Information Cost and Home Bias: An Analysis of US Holdings of Foreign Equities", *Journal of International Economics*, Vol.62, 2004.

[3] R. S. Aiyagari, "Uninsured Idiosyncratic Risk and Aggregate Saving", *The Quarterly Journal of Economics*, Vol.109, No.3, 1994.

[4] R. S. Aiyagari, "Optimal Capital Income Taxation with Incomplete Markets, Borrowing Constraints, and Constant Discounting", *Journal of Political Economy* ,Vol.103, No.6, 1995.

[5] Barry Eichengreen, Ricardo Hausmann and Ugo Panizza, "Currency Mismatches, Debt Intolerance and Original Sin: Why They are not the Same and Why it Matters", NBER Working Papers, No.10036, 2003.

[6]Berry E. Carter and Ryan M. Farha, "Overview and Operation of the Evolving U.S. Financial Sanctions, Including the Example of Iran", *American Society of International Law*, Vol.107, 2013.

[7] Benjamin J. Cohen, "The Benefits and Costs of an International

Currency: Getting the Calculus Right", *Open Economics Review*, Vol.23, No.1, 2012.

[8] Benjamin J. Cohen and Tabitha M. Benney, "What Does the International Currency System Really Look Like?" *Review of International Political Economy*, Vol.21, No.5, 2014.

[9] R. Cookson, "China Revs up Renminbi Expansion", *Financial Times*, July 28, 2010.

[10] R. Cookson, "ADB Issues Landmark Renminbi Bond", *Financial Times*, October 19, 2010.

[11] Richard N. Cooper, "Prolegomena to the Choice of an International Monetary System", *International Organization*, Vol.29, No.1, 1975.

[12] Richard Cooper, "American's Current Account Deficit is not only Sustainable, It is Perfectly Logical Given the World's Hunger for Investment Returns and Dollar Reserves", *Financial Times*, November 1, 2004.

[13] G. Dyer, J. Anderlini and H. Sender, "China's Lending His New Heights", *Financial Times*, January 17, 2011.

[14] G. B. Eggertsson and P. Krugman, "Debt, Deleveraging, and the Liquidity Trap: A Fisher-Minsky-Koo Approach", *Quarterly Journal of Economics*, Vol.127, No.3, 2012.

[15] Barry Eichengreen and Donald J. Mathieson, "The Currency Composition of Foreign Exchange Reserves: Retrospect and Prospect", Paper prepared for the UNU/WIDER Conference on the Future of the International Montary and Financial System, Helsinki, November 11-12, 1999.

[16] Guillermo A. Calvo, Leonardo Leiderman and Carmen Reinhart, "Capital Flows to Developing Countries in the 1990s: Causes and Effects", *Journal of Economic Perspectives*, No.10, 1996.

[17] John Kitchen, "Sharecroppers or Shrew Capitalists? Projections of the US Current Account, International Income Flows, and Net Internatioal Debt", *Review of International Economics*, Vol.15, No.5, 2007.

[18] Karl W. Deutsch, "The Impact of Science and Technology on

International Politics", *Daedalus*, Vol.88, No.4, 1959.

[19] Kent E. Calder, "The Emerging Politics of the Trans-Pacific Economy", *World Policy Journal*, Vol.2, No.4, 1985.

[20] Aart Kraay, Norman Loayza, Luis Serven and Jaume Ventura, "Country Portfolios", NBER Working Paper, No.7795, 2000.

[21] Michele Cavallo and Cédric Tille, "Could Capital Gains Smooth a Current Account Rebalancing?" Federal Reserve Bank of New York Staff Reports, No.237, 2006.

[22] Michael B. Devereux and Alan Sutherland, "Valuation Effects and the Dynamics of Net External Assets", NBER Working Paper, No.14794, 2009.

[23] Paul Masson, Jeroen Kremers and Jocelyn Horne, "Net Foreign Assets and International Adjustment: The United States, Japan and Germany", *Journal of International Money and Finance*, Vol.13, No.1, 1994.

[24] Paul Masson, "Contagion: Monsoonal Effects, Spillovers, and Jumps between Multiple Equilibria", IMF Working Papaers, No.142, 1998.

[25] Menzie D. Chinn and Hiro Ito, "What Matters for Financial Development? Capital Controls, Institutions, and Interactions", *Journal of Development Economics*, Vol.81, 2006.

[26] Michael Kouparitsas, "Is the Current Account Deficit Sustainable?" Chicago Fed Letter, No.215, 2005.

[27] Peter A. Diamond, "National Debt in a Neoclassical Growth Model", *The American Economic Review*, Vol.55, No.5, 1965.

[28] Philip R. Lane and Gian Maria Milesi-Ferretti, "External Capital Structure: Theory and Evidence", IMF Working Paper, WP/00/152, 2000.

[29] Philip R. Lane and Gian Maria Milesi-Ferretti, "The Transfer Problem Revisited: Net Foreign Assets and Real Exchange Rates", CEPR Discussion Paper, No.2511, 2000.

[30]Philip R.Lane and Gian Maria Milesi-Ferretti, "Long-term Capital Movements", NBER Working Papers, No.8366, 2001.

[31] Philip R. Lane and Gian Maria Milesi-Ferretti, "International Financial Integration", *IMF Staff Papers*, Vol.50, Special Issue, 2003.

[32] Philip R. Lane and Gian Maria Milesi-Ferretti, "Financial Globalization and Exchange Rate, Dollars, Debt, and Deficits-60 Years After Bretton Woods", International Conference Co-organized by the Banco de Espana and the IMF, Madrid, June 14-15, 2004.

[33] Philip R. Lane and Gian Maria Milesi-Ferretti, "International Investment Patterns", IMF Working Paper, WP/04/134, 2004.

[34]Philip R. Lane and Gian Maria Milesi-Ferretti, "A Global Perspective on External Positions", NBER Working Paper, No.11589, 2005.

[35]Philip R. Lane and Gian Maria Milesi-Ferretti, "The External Wealth of Nations Mark II: Revised and Etended Estimations of Foreign Assets and Liabilities, 1970-2004", IMF Working Paper, WP/06/69, 2006.

[36] Philip R. Lane and Gian Maria Milesi-Ferretti, "Europe and Global Imbalances", *Economic Policy*, No.22, 2007.

[37]Philip R. Lane and Gian Maria Milesi-Ferretti, "Where did All the Borrowing Go? A Forensic Analysis of the U.S. External Position", *Journal of the Japanese and International Economics*, Vol.23, No.2, 2009.

[38]Philip R. Lane and Jay C. Shambaugh, "Financial Exchange Rates and International Currency Exposures", *American Economic Review*, Vol.100, No.1, 2010.

[39]Philip R. Lane and Jay C. Shambaugh, "The Long or Short of It: Determinants of Foreign Currency Exposure in External Balance Sheets", *Journal of International Economics*, Vol.80, No.1, 2010.

[40] Philip R. Lane and Gian Maria Milesi-Ferretti, "The Cross-Country Incidence of the Global Crisis", IMF Working Paper, WP/10/171, 2010.

[41]Patrick McGuire and Goetz von Peter, "The US Dollar Shortage in Global Banking and the International Policy Response", BIS Working Papers, No.291, 2009.

[42]Panagiotis Th.Konstantinou, "Adjustment of US External Imbalances: At What Horizon?" *Economic Letters*, Vol.106, No.3, 2010.

[43]Ricardo Jorge Caballero and Arvind Krishnamurthy, "Bubbles and

Captial Flow Volatility: Causes and Risk Management", NBER Working Paper, No.11618, 2005.

[44] Ricardo Jorge Caballero, and A. Krishnamurthy, "Global Imbalances and Financial Fragility", *American Economic Review*, Vol.99, No.2, 2009.

[45] Ricardo Jorge Caballero, Emmanuel Farhi and Pierre-Olivier Gourinchas, "An Equilibrium Model of 'Global Imbalances' and Low Interest Rates", NBER Working Paper, No.11996, 2006.

[46] Ricardo Jorge Caballero, Emmanuel Farhi and Pierre-Olivier Gourinchas, "Global Imbalances and Currency Wars at the ZLB", NBER Working Paper, No.21670, 2015.

[47]Stephanie E. Curcuru, Thomas Dvorak and Francis E. Warnock, "Cross-border Returns Differentials", NBER Working Paper, No.13768, 2008.

[48]Stephanie E. Curcuru, Charles P. Thomas and Francis E. Warnock, "Current Account Sustainability and Relative Reliability", NBER Working Paper, No.14295, 2008.

[49]Steven Davis, Jeremy Nalewaik and Paul Willen, "On the Gains to International Trade in Risky Financial Assets", Mimeo, Chicago Graduate School of Business, 2001.